FLORIDA

VISTA POINT VERLAG

Eine Übersichtskarte von Florida mit den eingezeichneten Reiserouten finden Sie in der vorderen Umschlagklappe.

In der hinteren Klappe steckt eine herausnehmbare Landkarte von Florida mit Stadtplänen.

Karl Teuschl

FLORIDA

VISTA POINT VERLAG

Inhalt

I Sumpf, Sand und Sonne

Florida, der Spielplatz Amerikas

Die meisten der Klischees über Florida liegen gar nicht so falsch: An den langen, feinsandigen Stränden aalen sich die gut geölten Sonnenanbeter, in Miami Beach posieren langbeinige Models für die Top-Fotografen aus aller Welt, in den perfekt organisierten Kunstwelten der Vergnügungsparks von Orlando leben Mickey und Donald, Miss Piggy und »Terminator« Arnold Schwarzenegger in kunterbunter Eintracht. Nirgendwo sonst in Amerika lässt es sich so schön in einem Cabrio unter Palmen fahren und beim Drink auf einer Terrasse über dem Golf von Mexiko den feuerroten Sonnenuntergang genießen.

Das Leben ist leicht und unbeschwert im Ferienland Florida. Ganz nach dem Motto: »Life is a beach«. Alles easy. Die bunten Lockbildchen der Reiseprospekte zeigen durchaus reale Ferienszenen aus dem Land der Sonne. Und doch beschreiben sie nur die halbe Wirklichkeit. Wer sich aus dem Liegestuhl am Strand nicht aufmacht zu Ausflügen und Touren, wird die unglaubliche Vielfalt dieses Staates schlicht verpassen. Florida bietet mehr als Sand und Sonne. Die andere Realität der fast 800 Kilometer langen Halbinsel liegt oft nur wenige Auto-Minuten von den Swimmingpools der Strandhotels entfernt. Man muss sie sich nur erobern, erreisen.

Auf einer Rundfahrt durch den sonnenverwöhnten Staat erweist sich Florida als ein buntes Mosaik, das an jeder Ecke mit einer neuen, ganz anderen Attraktion aufwartet.

Der Herr der Sümpfe: Alligator in den Everglades

Lunch mit Heckflossen im Dezerland Surfside Beach Hotel

Wer hat noch nicht von Disney World gehört, oder vom Weltraumbahnhof Cape Canaveral? Wer möchte nicht die einzigartige Natur der Everglades kennenlernen oder einmal selbst überprüfen, was am legendären Ruf von Miami Beach, den Keys oder Palm Beach dran ist? Vom halbkaribischen Paradiesvogel Key West bis zu den altspanischen Mauern in St. Augustine, von stillen Eichenalleen mit Südstaatenflair bis zu quirligen Strandpromenaden bietet Florida jedem etwas. Und längst nicht alles ist aus Plastik.

Jeden Erstbesucher wird vor allem die üppige Natur überraschen. Saftiges Grün und farbenprächtige Blüten umrahmen Häuser und Highways, Reiher stolzieren auf dem Mittelstreifen der Autobahn, und Alligatoren lauern im Tümpel am Golfplatz. Verantwortlich für die subtropische Vegetation ist der Golfstrom, der Wärme und Pflanzensamen aus der Karibik brachte und bringt. Die Feuchtigkeit der Meere ringsum bewahrt Florida vor dem Wüstenschicksal der Sahara, auf deren Breitengrad es liegt. Im Süden der Halbinsel ist das Binnenland sogar weithin von den Sümpfen der Everglades geprägt – ein faszinierendes Ökosystem mit seltenen Vögeln, Pflanzen und Reptilien.

Doch gerade diese Sümpfe und das schwülheiße Klima haben den Aufstieg Floridas zum Lieblingsziel der Urlauber lange verzögert. Die Spanier, die im 16. Jahrhundert als erste Weiße Florida betraten, kamen mit einer gänzlich unpassenden Ausrüstung: mit Schwertern, schweren Rüstungen und robusten Schlachtrossen statt mit Sonnenöl, Badehose und Surfbrett. Anstatt sich dem Rauschen der Wellen und dem süßen Nichtstun hinzugeben, machten sie sich – goldgierig, wie sie waren – ins Landesinnere auf, fanden aber nur Morast, Moskitos und feindselige Rothäute.

Den wahren Wert des Landzipfels erkannten erst die Amerikaner, die das Territorium 1819 übernahmen. Mit dem Bau der Eisenbahnen begann um die Wende zum 20. Jahrhundert die Entwicklung des Staates zum Touristenmekka. Zunächst waren es nur die Reichen, die sich luxuriöse Fluchtburgen bauten, um den kalten Winter des Nordens mit

Der Overseas Highway nach Key West: eine echte »Wasserstraße«

Floridas Sonne zu vertauschen. Bald entdeckte aber auch der Mittelstand sein Urlaubsbedürfnis. Die Senioren erkannten, dass sich das Alter mit ewiger Sonne auf den Falten und mit milder Seeluft in den Lungen viel besser ertragen ließ. Dank der Klimaanlage, dem Automobil und später dem Jumbo-Jet stiegen die Bevölkerungszahlen und die Zuwachsraten im Fremdenverkehr schnell in ungeahnte Dimensionen. Florida ist heute unbestritten das beliebteste Ferienziel der Amerikaner.

Längst steht das junge Sonnenland auch auf dem alten Kontinent hoch im Kurs. Jahr für Jahr erfüllen sich mehr Europäer einen Ferientraum und genießen die idealen Einrichtungen des Sunshine State. Frische Luft zählt überall zur Selbstverständlichkeit. Fast 13 000 Kilometer Küsten – samt allen Buchten und Inseln –, davon gut 1600 Kilometer saubere Sandstrände, bieten alle nur denkbaren Wassersportmöglichkeiten: Schnorcheln und Tauchen, Surfen und Jet-Skiing, Parasailing und Hochseefischen. Wer seine Angelrute in Ruhe auswerfen oder mit dem Kanu über das Wasser gleiten möchte, begibt sich an einen von 30 000 Seen und 166 Flüssen. Und auch an Land hat man die Qual der Wahl: Soll man nun den Vormittag mit Tennis, Golf, Wandern, Radfahren oder Sandburgenbauen ausfüllen?

Freilich ist nicht alles Gold, was glänzt, auch das Paradies hat Probleme. Baulöwen und Grundstücksspekulanten haben die rasante Entwicklung mancherorts rücksichtslos ausgenutzt und der Natur arge Wunden zugefügt, die Wasserversorgung des Staates steht auf wackligen Beinen, die Millionenmetropole Miami kämpft mit Kriminalität, die vor einigen Jahren sogar in brutalen Raubüberfällen auf Touristen gipfelte. Und gar nicht weit von den Marmorvillen der Superreichen in Palm Beach stehen schäbige

Armenviertel. Pro und Contra wie in jedem US-Staat also. In einem aber wird Florida immer voraus sein: Es ist ganz einfach sonniger und wärmer als der Rest der USA.

Die Wärme sollte man genießen, baden, es sich gut gehen lassen. Und dazwischen – schon um der Haut im Bräunungsstress Erholung zu gönnen – bummeln, einkaufen, den Sunshine State kennenlernen. Und das kann schwierig werden, denn immerhin ist Florida mit 151 714 Quadratkilometern Fläche fast doppelt so groß wie Österreich. Wo soll man da anfangen, wie planen in einem fremden Land mit so viel Neuem und Unbekanntem bei nur zwei bis drei Urlaubswochen, um nichts Wichtiges auszulassen und trotzdem genügend Zeit zur Muße am Strand zu haben?

Dieser Reiseführer will dabei helfen, Florida zu einem Erlebnis zu machen. Er stellt die Sehenswürdigkeiten im interessanten Wechsel mit den schönsten Erholungsplätzen vor und teilt sie in leicht verdauliche »Tageshappen« ein. Tipps und Tricks ermöglichen es, zur rechten Zeit am richtigen Ort zu sein. Die Routenvorgaben und Tagesplanungen sind so gestaltet, dass sich Landschaften und Attraktionen, Städte und Strände zu einer abgerundeten Erfahrung des Landes zusammenfügen.

Um diesen Vorschlägen eine praktische Form zu geben, erscheinen die für die jeweilige Region wichtigen Informationen übersichtlich zusammengefasst auf den »blauen Seiten« vor dem erzählenden Kapitel über dieses Gebiet. Die detaillierten Kilometerangaben und die Tageseinteilung sollen Anhaltspunkte geben und die eigene Planung der jeweiligen Tagestouren erleichtern. Abstecher und persönliche Entdeckungen lassen sich mühelos einbauen. Das Register am Ende des Buches erleichtert das Auffinden von Orten, Sehenswürdigkeiten und Personen.

Pastellfarben und Palmen: Miami Beach

II Die Routenplanung
Varianten für acht Tage bis drei Wochen

Ein Florida-Urlaub kann so erholsam sein (und langweilig) wie ein Badeurlaub an der Adria oder so faszinierend wie eine Fernreise in karibische Exotik mit einem kräftigen Schuss Amerika. Aber man sollte sich vorher klar machen, was man möchte. Zwei Wochen Sonne und einen reinen Badeurlaub? Dann sind St. Petersburg oder Fort Myers, Miami Beach oder die Gold Coast zwischen Palm Beach und Fort Lauderdale die idealen Ziele. Wassersport und Nachtleben? Dann dürfen die Keys nicht im Programm fehlen. Für eine Rundfahrt mit Baden und Besichtigen sollte man sich schon zwei Wochen Zeit lassen. Eine intensivere Tour durch den ganzen Sunshine State dauert mindestens drei Wochen.

Die Voraussetzungen für spannende und abwechslungsreiche Urlaubstage jedenfalls sind ideal: herrliches Wetter, eine ausgezeichnete Infrastruktur mit guten Highways, preisgünstigen Mietwagen, gepflegten Resort-Hotels und soliden Motels, dazu noch eine höchst freundliche Bevölkerung und eine großartige subtropische Natur mit seltenen Tierarten, geheimnisvollen Zypressensümpfen und herrlichen Muschelstränden.

Doch zu einer gelungenen Reise gehört mehr als nur diese äußeren Umstände. Einerseits will man das Land möglichst vollständig bereisen, andererseits aber auch nicht die ganze Zeit hinter dem Steuer sitzen und Kilometer fressen. Man möchte baden und braun werden, schnorcheln oder golfen, andererseits aber auch keine Attraktionen und Highlights des Landes verpassen. Einerseits möchte man stundenlang über einen stillen Strand spazieren oder in bunten Hafenstädtchen die Zeit verbummeln, andererseits aber auch Mickey in Orlando besuchen, die Astronauten am Cape Canaveral und Hemingway in Key West. Und am Ende sollte man auch noch erholt aus dem Urlaub heimkehren.

Da ist es sinnvoll, bereits vorab eine Route zu planen und sich Ziele und Grenzen zu stecken, um den Florida-Urlaub auch tatsächlich zu einer erholsamen Traumreise werden zu lassen. Zum Glück ist der Staat recht überschaubar: zwei Küsten, zwei Großstädte, dazu die Inselkette der Keys und die Naturlandschaften der Everglades und Nordfloridas.

Für eine Rundfahrt sollten Sie sich dennoch nicht zu viel vornehmen. In 10 bis 14 Tagen etwa lassen sich gut Orlando, Miami, die Keys und eine der beiden Küsten erkunden. Dann bleibt genügend Zeit für die Erholung am Strand und für den gemütlichen Cappuccino im Café. Haben Sie etwas mehr Zeit, sollten Sie einen Ausflug nach St. Augustine einplanen oder sich die zweite Küste vornehmen. Für Abstecher in den Panhandle im Norden ist eine knappe weitere Woche nötig. Von Hurrikanen brauchen Sie sich übrigens nicht abschrecken zu lassen – Touristen werden im Fall der Fälle schon Tage vorab evakuiert (s. S. 240).

Auf den folgenden Seiten finden Sie einige Tourenvorschläge für unterschiedliche Aufenthaltsdauern.

Route für acht Tage: Die Highlights (ca. 950 km)

1. Tag: Anreise nach Orlando
2.–3. Tag: Orlando (Epcot, Universal Studios)
4. Tag: Orlando–Cape Canaveral–Palm Beach
5. Tag: Palm Beach–Miami Beach
6. Tag: Miami Beach–Everglades National Park–Key West
7. Tag: Key West–Miami und abends Rückflug
8. Tag: Ankunft in Europa

(Gut kombinierbar hiermit sind einige Tage oder eine Woche Badeurlaub in Miami Beach oder Fort Lauderdale.)

Route für elf Tage: Florida im Überblick (ca. 1300 km)

1. Tag: Anreise nach Miami/Fort Lauderdale
2. Tag: Miami Beach–Key West
3. Tag: Key West–Everglades National Park–Naples
4. Tag: Naples–Fort Myers–St. Petersburg
5. Tag: St. Petersburg–Orlando
6.–9. Tag: Orlando (Disney World, Universal Studios, Sea World) und Tagesausflug nach Cape Canaveral
10. Tag: Rückflug von Orlando
11. Tag: Ankunft in Europa

(Gut kombinierbar hiermit sind einige Tage oder eine Woche Badeurlaub in Naples, Fort Myers oder St. Petersburg.)

Route für zwei Wochen Rundfahrt: Baden und Besichtigen (ca. 1900 km)

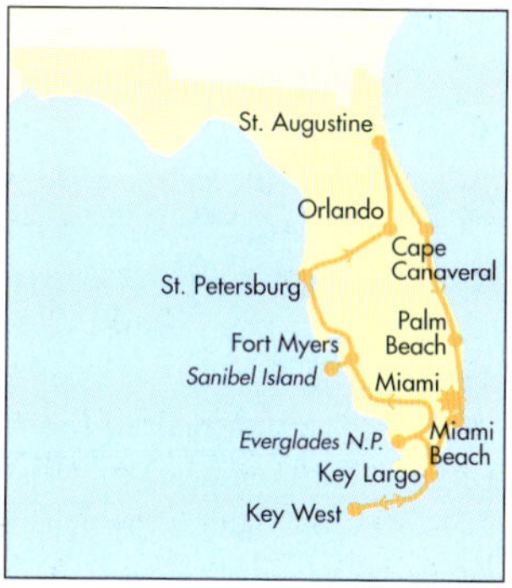

1. Tag: Anreise nach Miami
2. Tag: Miami Beach–Key West
3. Tag: Key West–Key Largo
4. Tag: Key Largo–Everglades National Park–Fort Myers
5. Tag: Fort Myers (Baden auf Sanibel Island)
6. Tag: Fort Myers–St. Petersburg
7. Tag: St. Petersburg–Orlando
8.–10. Tag: Orlando (Disney World, Universal Studios, Sea World)
11. Tag: Orlando–St. Augustine
12. Tag: St. Augustine–Cape Canaveral
13. Tag: Cape Canaveral–Palm Beach–Miami Beach
14. Tag: Miami Beach (Baden, Shopping) und abends Rückflug
15. Tag: Ankunft in Europa

(Die Tour kann natürlich ebenso gut in Orlando, Fort Myers oder Daytona gestartet werden und ist gut mit einer Badewoche zu kombinieren.)

Route für drei Wochen: Florida im Detail (ca. 1900 km)

1. Tag: Anreise nach Miami/Fort Lauderdale
2. Tag: Miami/Miami Beach
3. Tag: Miami/Miami Beach
4. Tag: Miami Beach–Key West
5. Tag: Key West–Key Largo
6. Tag: Key Largo–Everglades National Park–Naples
7. Tag: Naples–Fort Myers
8. Tag: Fort Myers/Sanibel Island (Baden)
9. Tag: Fort Myers–Sarasota
10. Tag: Sarasota–St. Petersburg
11. Tag: St. Petersburg (Baden in St. Pete Beach)
12. Tag: St. Petersburg–Orlando

13.–16. Tag: Orlando (Disney World, Universal Studios, Sea World)

17. Tag: Orlando–St. Augustine
18. Tag: St. Augustine–Cape Canaveral
19. Tag: Cape Canaveral–Palm Beach
20. Tag: Palm Beach–Miami Beach/Fort Lauderdale
21. Tag: Baden, Shopping und abends Rückflug
22. Tag: Ankunft in Europa

(Die Tour kann natürlich ebenso in Orlando, Fort Myers oder Daytona gestartet werden und ist gut mit einer Badewoche zu kombinieren.)

Route für drei Wochen: Nordflorida-Rundfahrt im Hochsommer (ca. 1700 km)

1. Tag: Flug nach Orlando

2.–5. Tag: Orlando (Disney World, Universal Studios, Sea World)

6. Tag: Orlando–St. Augustine
7. Tag: St. Augustine–Daytona Beach
8. Tag: Daytona Beach–Cape Canaveral
9. Tag: Cape Canaveral–St. Petersburg
10. Tag: St. Petersburg Beach
11. Tag: St. Petersburg–Cedar Key
12. Tag: Cedar Key–Apalachicola/St. George Island
13. Tag: Apalachicola–Panama City Beach

14.–16. Tag: Panama City Beach

17. Tag: Panama City Beach–Fort Walton Beach
18. Tag: Fort Walton Beach–Pensacola
19. Tag: Pensacola–Tallahassee
20. Tag: Tallahassee und Rückflug
21. Tag: Ankunft in Europa

»Familienroute« für drei Wochen mit Kindern (ca. 1300 km)

1. Tag: Anreise nach Orlando
2.–7. Tag: Orlando (Vergnügungsparks mit Ruhetagen am Pool und evtl. ein Tag Abstecher nach Cape Canaveral)
8. Tag: Orlando–St. Petersburg
9.–11. Tag: Baden in St. Petersburg Beach
12. Tag: St. Petersburg–Fort Myers/Naples
13.–16. Tag: Baden bei Fort Myers/Naples und Radtouren auf Sanibel Island
17. Tag: Fort Myers/Naples–Bootstour in den Everglades–Miami Beach
18. Tag: Miami Beach
19. Tag: Miami Beach–Key West
20. Tag: Key West
21. Tag: Key West–Miami Beach und abends Rückflug
22. Tag: Ankunft in Europa

Die Routenvorschläge in diesem Buch erschließen die verschiedenen Regionen Floridas in ausgewogenen Tagesetappen. Die einzelnen Teilstücke können Sie ganz nach Gusto kombinieren, je nach verfügbarer Urlaubszeit und persönlichen Interessen. Dabei sollen die Etappen als »roter Faden« dienen, den man in jeder Region neu aufgreifen kann, um sich die einzelnen Besichtigungstage so ideal wie möglich zu gestalten. In zweieinhalb bis drei Wochen sind die vorgeschlagenen Routen (ohne Panhandle) gut zu schaffen – bei weniger Urlaubszeit picken Sie sich die Rosinen aus den beschriebenen Attraktionen heraus und folgen nur den für Sie interessanten Tages- und Halbtagestouren.

Dank zahlreicher neuer Flugverbindungen ist Miami nicht mehr der einzige und wichtigste Ausgangspunkt für Rundfahrten. Orlando, Fort Lauderdale, Fort Myers und mehrere andere Städte sind auf Linien- und Charterflügen von Europa aus gut zu erreichen. So können Sie Ihre Tour nahezu in jeder Ecke Floridas beginnen – und auch woanders beenden, denn bei den meisten Gabelflügen verlangen die Liniengesellschaften keinen Aufpreis. Auch der Mietwagen darf meist ohne One-Way-Aufschlag woanders zurückgegeben werden – besonders ideal bei einer Fahrt in den Panhandle.

Sie können die Florida-Reise als Rundfahrt mit mehreren Stopps oder eher stationär planen, mit Aufenthalt in einem Ferienresort und längeren Ausflügen von dort. Mit Kindern wäre es ideal, den Urlaub zumindest in mehreren Etappen mit nur zwei- oder dreimaligem Umzug anzulegen: also etwa mit den Standorten Orlando, St. Petersburg, Fort Myers/Naples oder Ft. Lauderdale (zum Baden) und einem längeren Abstecher auf die Keys (zum Schnorcheln, Bummeln und Besichtigen). Zudem sollten Sie die Jahreszeit mit im Auge behalten: Florida ist zwar ein Ganzjahresziel, doch im Winter kann es im Norden recht kühl und im Sommer im Süden sehr schwül werden (vgl. auch Reisezeit, S. 246).

Werfen Sie schon vorab einen Blick auf den Kalender der Feste in Florida (s. S. 250 ff.) und surfen Sie nach aktuellen Daten und Ihren ganz speziellen Interessen im Internet. Meist kann man die Route so variieren, dass man zu einem Festtermin im entsprechenden Ort ist. Beachten Sie, dass es auch im Sommer wegen der Nähe zum Äquator in Südflorida früher dunkel wird als in Mitteleuropa.

III Konquistadoren im goldenen Sand

Streifzüge durch die Geschichte

Schon der erste Weiße, der Floridas Boden betrat, war fast ein Rentner. Der 53 Jahre alte Ponce de León suchte allerdings keinen Altersruhesitz, sondern eine sagenhafte Quelle, die angeblich ewige Jugend verleihen sollte. Der Konquistador Ponce war ein Veteran aus dem zweiten Expeditionskorps, das von Christoph Kolumbus in die Neue Welt geführt worden war. Der spanische König hatte ihm das neue Land nördlich des eben entdeckten Puerto Rico gegeben. Er brauchte es nur noch zu erobern und zu kolonisieren.

Die Geschichte Floridas reicht natürlich weit in die Zeit vor den blassen Eroberern aus Europa zurück. Vor mehreren hundert Millionen Jahren spuckten Vulkane feurige Lava ins warme Urzeitmeer, sie schufen so die Grundlage der heutigen Halbinsel Florida und vermutlich auch vieler karibischer Inseln. In den folgenden Jahrmillionen versank die entstandene Bergkette wieder im Wasser, Schicht um Schicht legten sich Meeresablagerungen darauf: Dünensand, Muschelschalen und vorzeitliche Korallenriffe. Die mächtigen Kalk- und Sandsteinschichten reichen heute bis in eine Tiefe von 4000 Metern, erst dort beginnt das Grundgestein.

Das Land sollte noch lange unter Wasser bleiben. Während sich in der übrigen Welt Dinosaurier tummelten, wogte über Florida noch die See. Erst vor etwa 20 Millionen Jahren tauchte die Halbinsel als jüngstes Anhängsel Nordamerikas aus den Fluten auf. Pflanzen und Tiere aus den nördlichen Breiten und aus den im Süden angrenzenden Tropen siedelten sich langsam auf dem Neuland an. Nachfolgende Eiszeiten, die den Wasserstand der Weltmeere senkten, brachten Florida zwar keine Gletscher, doch legten sie neuen Ozeangrund frei, den das schmelzende Eis später wieder überflutete. Erst vor etwa 6000 Jahren, nach dem Ende der letzten Eiszeit, nahm die Halbinsel ihre heutige Form an.

Zu dieser Zeit lebten bereits archaische Indianervölker in den Savannen und Sümpfen der Region. Ihre wanderlustigen Vorfahren waren nach heutigen archäologischen Erkenntnissen vor 10 000 bis 30 000 Jahren auf den Fährten der Mammute über die Beringstraße aus Sibirien gekommen. In mehreren Wellen stießen sie nach Süden vor und besiedelten den amerikanischen Doppelkontinent bis hinab nach Feuerland. Die ersten dieser pleistozänen Jägerstämme erreichten Florida vermutlich um 8000 vor unserer Zeitrechnung.

Im Lauf der letzten Jahrtausende verbreiteten sich die Indianer über das ganze Landgebiet. Sie spalteten sich in mehrere Volksgruppen, entwickelten Töpferei und Landwirtschaft. Auf großen Feldern in der Nähe ihrer Palisadendörfer bauten sie Mais, Kürbisse, Bohnen und Tabak an. Die Küsten und Flüsse boten ihnen reiche Ausbeute an Fischen und Muscheln, die Wälder Rehe und kleineres Wild. In ihren größeren Siedlungen errichteten sie bis zu 20 Meter hohe Tempel- und Bestattungshügel, deren überwachsene Formen bis heute vor allem im Norden des Landes zu finden sind. Manche

Im 16. Jahrhundert: Floridas Ureinwohner bei der Alligatorenjagd

Stämme pflegten den Brauch, ihren Toten vor der Bestattung das Fleisch von den Knochen zu lösen; woraufhin prompt Gerüchte von Kannibalismus unter den ersten weißen Entdeckern die Runde machten.

Die Berichte der Eroberer aus Europa zeigen aber auch, wie beeindruckt sie von der natürlichen und doch ausgeklügelten Lebensweise der heidnischen »Wilden« waren. Dieterich de Bry beschrieb die bronzehäutigen, reich tätowierten Floridianer so: »Sie haben schwartze Haar biß auff die Hüffte herab hangend, welche sie doch fein artig in einem Knopff zusammen flechten. Sie sind grosse Gleißner und neidisch, aber doch dapffer und streitbar unnd haben keine anderen Waffen dann Pfeil und Bogen. Die Senne am Bogen können sie meisterlich auß Hirschdärmen oder Leder machen, dass es die Frantzosen selbst nicht verbessern können, die sie dann mit mancherley Farben anstreichen: An statt der Spitzen irer Pfeil haben sie Fischzäne und Steine gar geschicklich daran gemacht. Die jungen Gesellen uben sich mit Lauffen, Bogen schiessen und Ballen schlagen ...«

Diese »militärische« Ausbildung konnten die Ureinwohner bald gut gebrauchen, denn die ersten Spanier, die schon kurz nach der Entdeckung Amerikas gekommen waren, führten keine Reiseführer im Gepäck, sondern Kreuz und Schwert. Ponce de León, dem offiziell die Entdeckung Floridas 1513 zugeschrieben wird, stieß irgendwo an der nördlichen Ostküste auf Land. Er nannte es im Gedenken an das eben gefeierte Osterfest »Florida« (vgl. S. 27).

Von den erhofften Schätzen war allerdings zumindest vom Strand aus nichts zu sehen. Vom Jungbrunnen fand sich ebenfalls keine Spur. Und zu allem Überfluss waren die

Ein schmucker Entdecker: Ponce de León

wehrhaften Indianer auch nicht zu vergleichen mit den friedlichen Indios der Karibik, die sich so leicht versklaven ließen. Bei seiner zweiten Expedition erkundete León die Westküste und wollte ins Hinterland vordringen. Doch Krankheiten und Scharmützel mit den Indianern dezimierten die Zahl seiner Männer, er selbst starb an einer Pfeilverletzung wenige Wochen später auf Kuba.

Ähnlich wie Ponce de León erging es den folgenden Expeditionen. Mit schöner Regelmäßigkeit segelten die frischernannten *adelantados*, die vom König eingesetzten Gouverneure, in Spanien los, setzten Hunderte Männer in polierten Rüstungen samt ihrem Tross an Land – und Jahre später tauchten dann meist nur ein paar zerlumpte Überlebende wieder auf. Nicht allein die Indianer, sondern das unwirtliche Land, die endlosen Sümpfe und die Moskitos zermürbten und vernichteten die Heere von Vasques de Ayllon und Pánfilo de Narvaéz, Hernando de Soto und Don Tristan de Luna.

Als einige Jahre später schließlich die Franzosen ihr Augenmerk auf Florida richteten und Hugenotten sogar die Siedlung Fort Caroline an der Nordostküste gründeten, geriet Spanien in Zugzwang. Pedro Menéndez de Avilés brach mit 1500 Soldaten und Siedlern auf, um endlich eine Kolonie zu gründen. Nach der Ankunft im September 1565 erbaute er eine kleine Befestigung und nannte sie San Augustin – sie sollte die älteste dauerhafte Siedlung Nordamerikas werden. Menéndez eroberte das nahe gelegene französische Fort und ließ die gesamte Besatzung aufhängen. 600 weitere französische Siedler, die einige Tage später ankamen, wurden ebenso brutal hingemetzelt – Hugenotten waren für die katholischen Spanier ohnehin Ketzer.

Der Machtanspruch war gewahrt, San Augustin konnte wachsen – aber nicht ungestört, denn in den folgenden Jahrzehnten überfielen immer wieder britische Freibeuter den kleinen Außenposten des spanischen Imperiums. Sir Francis Drake brannte es 1586 nieder, John Davis nahm es 1768 erneut ein. Im 17. Jahrhundert legten die Engländer sogar eigene Kolonien weiter nördlich an, in Georgia und South Carolina, die bald zu Ausgangspunkten für weitere Angriffe auf Florida wurden. Während des Spanischen Erbfolgekrieges vernichteten die britischen Kolonisten zwischen 1702 und 1706 nahezu alle Missionsstationen und Siedlungen der Spanier in Nordflorida; die getauften Indianer der Missionen nahmen sie als Sklaven mit. Weitere, allerdings weniger erfolgreiche Attacken folgten 1725 und 1740.

Am Verhandlungstisch kamen die Briten schließlich doch zum Ziel. Im Frieden von Paris tauschten sie 1763 Florida gegen Kuba ein, das sie kurz zuvor erobert hatten. Prompt begann England auch gleich damit, eigene Siedlungen anzulegen. Neue Indigo- und

Zitrusplantagen entstanden, und der Schotte Andrew Turnbull brachte 1400 Siedler aus Menorca, Italien und Griechenland, um das neu gegründete New Smyrna zu bevölkern.

Als sich 1776 die 13 älteren amerikanischen Kolonien gegen England auflehnten, stand paradoxerweise Florida loyal zur britischen Krone und wurde zur Fluchtburg der königstreuen Siedler aus Georgia und South Carolina. Doch alle Loyalität nutzte nichts: Im Friedensvertrag von 1783 gab das treulose England Florida wieder an Spanien zurück – dieses Mal im Tausch gegen die Bahamas.

Das Rad der Geschichte drehte sich in den nächsten Jahrzehnten über der Halbinsel munter weiter. Ein Stückchen Westflorida ging an Frankreich, dann nahmen die Briten Pensacola ein, und Amelia Island nördlich von St. Augustine wurde gar zur Kolonie Venezuelas erklärt.

Darüber hinaus bereiteten auch die Indianer den Spaniern neue Schwierigkeiten. Die Ureinwohner Floridas waren zwar durch Krankheiten und Kämpfe mittlerweile praktisch ausgerottet, doch hatten sich nun Creek-Indianer, die von Engländern und Amerikanern aus Georgia vertrieben worden waren, in die Sümpfe Floridas gerettet und dort festgesetzt. Der Stein des Anstoßes war, dass diese Creek – später meist als Seminolen bezeichnet – entlaufenen Negersklaven aus den Südstaaten Zuflucht gewährten. Ein für die Amerikaner völlig unverständlicher Akt der Gastfreundschaft.

General Andrew Jackson, der wegen seiner militärischen Erfolge schließlich sogar das Weiße Haus eroberte, marschierte ab 1817 mit seinen Truppen wiederholt ins spanische Territorium Florida, um »Indianer zu bestrafen«. Hinter den Feldzügen dieses

Szene aus den Seminolenkriegen um 1850

Ersten Seminolenkrieges stand jedoch der immer stärkere Wunsch der Amerikaner, Florida zu annektieren.

Spanien, dessen Weltreich langsam zu bröckeln begann, gab im Jahr 1819 klein bei und trat Florida an die USA ab für fünf Millionen Dollar erlassene Schulden – Andrew Jackson kehrte als erster Gouverneur des neuen Territoriums nach Florida zurück. Nicht alle Amerikaner waren jedoch mit dem Landgewinn einverstanden. Noch während der Verhandlungen wetterte der Abgeordnete John Randolph im Kongress zu Washington gegen die Übernahme der nutzlosen Halbinsel: »Florida, Sir, ist den Kauf nicht wert. Es ist ein Land von Sümpfen, von Morast, von Fröschen und Alligatoren und Moskitos! Kein Mensch, Sir, würde nach Florida einwandern. Nein, mein Herr! Kein Mensch würde nach Florida einwandern – nicht mal aus der Hölle selbst!«

In den folgenden Jahrzehnten wurde Herr Randolph bald widerlegt. Neue Farmen und Orangenplantagen schossen im Norden aus dem Boden, auf den von gefährlichen Riffen umgebenen Keys florierte die Bergungsbranche, und in Key West ließen sich die ersten Tabakdreher nieder. Die Bevölkerung Floridas vervierfachte sich zwischen 1830 und 1860 auf 140 000 Menschen. Als »Menschen« galten damals allerdings nur Weiße – Indianer oder gar Schwarze wurde in die Gesamtbevölkerung nicht eingerechnet. Die Indianer wären sowieso nicht zu zählen gewesen. Die Seminolen lebten zurückgezogen in den gewaltigen Sümpfen des Green Swamp nordöstlich der Tampa Bay und in den Everglades. Den verstärkten Ansturm der weißen Pioniere beobachteten sie argwöhnisch. Zu Recht, denn 1830 befand der alte Floridakrieger Andrew Jackson, nunmehr in höherer Position als Präsident in Washington, dass alle Rothäute östlich des Mississippi zu verschwinden hätten. *Removal*, »Entfernung der Indianer«, nannte er das lapidar.

Die Cherokee und Creek in Georgia wurden umgehend zusammengetrieben und nach Westen abgeschoben, aber die Seminolen fühlten sich sicher in ihren Sümpfen und weigerten sich, nach Oklahoma umzusiedeln. Sie horteten Munition und bereiteten sich auf eine Auseinandersetzung vor, die zum blutigsten Indianerkrieg in der an Grausamkeiten nicht gerade armen Geschichte der USA führen sollte.

Zwar gelang es den Generälen bei Verhandlungen, einige Häuptlinge zum Aufgeben zu überreden, aber der einzige Kommentar eines jungen Kriegshäuptlings namens Osceola war: »Den einzigen Vertrag, den ich je machen werde, ist dies«, und damit rammte er sein Messer durch das Papier auf dem Vertragstisch. Er warnte die Weißen vor seinem Zorn: »Wenn meine Entscheidung fällt, werde ich handeln. Was ich sage, werde ich tun. Wenn der Hagel prasselt, lasst die Blumen zerdrückt werden. Die Eiche im Wald wird dem Himmel und Sturm die Stirn bieten, stolz und unbeschadet.«

So begann der Zweite Seminolenkrieg, in dem die Indianer einen perfekten Guerillakampf führten. Im Schutz der Nacht überfielen sie Militärlager und kleine Siedlungen, und ehe die Soldaten sich sammeln konnten, waren die Krieger schon wieder in die undurchdringlichen Sümpfe verschwunden. Häuptling Osceola führte die Seminolen drei Jahre, ehe er im Jahr 1837 – getäuscht von General Thomas Jesup – bei angeblichen Waffenstillstandsverhandlungen gefangen genommen wurde. Er starb wenig später im Kerker eines Militärforts in South Carolina.

Dennoch kämpften die Seminolen weiter. Erst als die Soldaten tief in die Everglades vordrangen und Felder und Wälder abfackelten, um die Krieger auszuhungern, gaben diese 1842 auf. Rund 3000 Indianer wurden nach Oklahoma verbracht. Einige Hundert versteckten sich jedoch in den Everglades, wo sie 1855 den Dritten und letzten Semi-

Seminolen-Indianer vor ihren Cheekees, den traditionellen Grashütten

nolenkrieg fochten. Nur drei Jahre konnten Häuptling Billy Bowlegs und seine wenigen Krieger allerdings gegen die Übermacht der Truppen durchhalten, dann wurden auch sie nach Oklahoma gebracht. Die Nachkommen der letzten 300 Seminolen, die sich in den Sümpfen verbargen, leben noch heute dort – unbesiegt und immer noch ohne Friedensvertrag.

Nachdem Florida erst 1845 offizieller Bundesstaat der USA geworden war, erklärte es schon 16 Jahre später als einer der ersten Südstaaten wieder seinen Austritt aus der Union. Der amerikanische Bürgerkrieg 1861–65 sah zwar Floridianer an der Front, aber nur eine größere Schlacht auf dem Boden des Staates. Trotzdem hemmten der Krieg und die nachfolgende Militärregierung die Entwicklung für einige Jahrzehnte.

Langsam wurde die Landwirtschaft wieder aufgebaut, und nun kamen auch die ersten Touristen, die mit Schiffen, Eisenbahnen auf Holzschienen und Pferdekarren den Norden Floridas bereisten – alles sehr gemächlich, kurzweilig und angenehm: »Die Reise auf dieser primitiven Eisenbahn führte durch flaches oder nur leicht welliges Land, bewachsen mit Kiefern, Palmetto und Eichen. Die Fahrt wurde belebt dadurch, dass der Waggon zwei oder dreimal aus den Gleisen sprang, da die alten Holzschienen brachen. Dann halfen die männlichen Passagiere fröhlich dem sehr gutmütigen Schaffner, den Waggon wieder gerade zu setzen und eine neue Schiene zu finden und zu verlegen. Alle waren wohlgelaunt und schienen dies als Teil der Zugfahrt zu sehen – eine Art zusätzliche Unterhaltung.« So in G. M. Barbours »Florida for Tourists, Invalids and Settlers« – Abenteuerurlaub anno 1882.

Mit Dampf durch die Südfrüchte: die ersten Touristen kommen

Die 80er Jahre des 19. Jahrhunderts brachten den ersten größeren Wirtschaftsaufschwung in der Entwicklung Floridas. Systematisch wurden Sümpfe trockengelegt und riesige Orangenplantagen angepflanzt, in Tampa siedelten sich die Zigarrenhersteller an und in Tarpon Springs die Schwammtaucher. Erste Immobilienhändler spekulierten beim Landkauf. Die wichtigste Neuerung ging jedoch von zwei schwerreichen Industriellen aus. Henry M. Flagler und Henry B. Plant erkannten das touristische Potenzial des Staates und bauten Eisenbahnlinien und Hotels, um wärmesuchende, reiche Winterurlauber anzulocken. Plant erschloss die Westküste um Tampa, Flagler die Atlantikküste: zuerst St. Augustine, später Palm Beach und Miami, und er hörte nicht auf zu bauen, bis er 1913 Key West erreichte.

Bald bevölkerten Scharen von Touristen die neuen Transportmittel. Zunächst nur die Millionäre, die die Winterstürme New Yorks und Chicagos mit den Orangenbäumen und rauschenden Festen in den Luxushotels Flaglers vertauschten. Wenig später entdeckten auch die wohlhabenderen Mittelstandsfamilien, dass sie einen Urlaub am Sandstrand verdienten. Danach kamen die ersten Autotouristen, und reiche ältere Amerikaner begannen sich für ihren Lebensabend in Florida niederzulassen.

Der Erste Weltkrieg konnte den Boom Floridas nur kurz bremsen. In den glorreichen 1920er Jahren geriet die Grundstücksspekulation gänzlich außer Rand und Band. Der junge Walter Fuller in St. Petersburg zum Beispiel kaufte kurz nach dem Krieg 40 Morgen Land für 45 Dollar. Nach vier Jahren verkaufte er es, ohne es je gesehen zu haben, für 40 000 Dollar an einen Anwalt aus Philadelphia, der wiederum nur neun Monate später 60 000 erlöste. Die Spekulationsspirale drehte sich immer schneller. Ein englischer Reporter beschrieb die fieberhaft bauende und spekulierende Szene etwas weiter südlich: »Jeder in Miami war Immobilien-verrückt. In den hohen Bürotürmen, fast ausschließlich von Maklern gemietet, spielten sich unbeschreibliche Szenen von Enthusiasmus und Verwirrung ab. Überall wurden Hände geschüttelt, Schultern geklopft und allgemein Reklame gemacht. Jeder, den ich sah, schien Hände zu schütteln, Zigarren anzubieten, seltsam aussehende Diagramme von ›ausgezeichnet gelegenen Wohngebieten‹ zu studieren.«

Millionen Dollar wurden umgesetzt, neue Inseln schon verkauft, ehe sie aus dem Meer gebaggert waren. Immer niedrigere Anzahlungen wurden verlangt, und immer mehr Grundstücke wechselten pro Tag den Besitzer – auf dem Papier. Doch im Winter 1926 wendete sich das Blatt. Am 7. Dezember begann in St. Petersburg der Kongress der Investment-Bankiervereinigung Amerikas. Am selben

Henry M. Flagler

Flotte Szenen – schon in den 1920er Jahren

Tag fing es an zu regnen, es war kalt und ungemütlich. Am nächsten Tag regnete es noch mehr, und am übernächsten schüttete es richtig. Die Bankiers reisten ab und verkündeten ihren Freunden im ganzen Land, was sie vom sonnigen Florida hielten. Als in den folgenden Monaten durch eine Kältewelle die Orangen erfroren, verließen viele Wintertouristen die ungastliche Region – die Grundstückspreise sanken rapide, die Bankmanager trafen sich zu Krisensitzungen. Zwei Hurrikane in Südflorida, 1926 und 1928, versetzten dem Tourismus noch den letzten Dolchstoß.

Die Spekulanten waren ruiniert, die Hoteliers in Miami standen vor einem Trümmerhaufen. Wirbelstürme hatten schon früher Florida heimgesucht (und später, wie zuletzt 1992 oder 2005), aber noch nie mit solcher Auswirkung auf die Wirtschaft des Staates. Es sollte bis weit in die 1930er Jahre dauern, ehe sich Florida von der Rezession erholte.

Die Bahnlinie auf die Keys, Henry Flaglers Stolz, vor ...

Ein weiterer Hurrikan fiel 1935 über die Keys her und zerstörte Henry Flaglers Eisenbahn, deren Brücken danach für die neue Staatsstraße verwendet wurden. Ernest Hemingway, der an den Aufräumarbeiten nach diesem katastrophalen Hurrikan beteiligt war, beschrieb die Folgen sehr anschaulich: »Als wir Lower Matecumbe erreichten, trieben Leichen im Dock der Fähre. Das Gebüsch war ganz braun, als sei der Herbst gekommen zu diesen Inseln, die keinen Herbst haben, sondern nur einen noch gefährlicheren Sommer. Aber das war, weil die Blätter alle fortgeweht waren. Zwei Fuß Sand lagen auf dem höchsten Teil der Insel. Die See hatte ihn hingetragen. All die schweren Fahrzeuge für den Brückenbau waren umgekippt. Wo die See darübergefegt war, sah die Insel wie das verlassene Bett eines Flusses aus. Der Eisenbahndamm war verschwunden, und die Männer, die dahinter gekauert hatten und sich schließlich, als das Wasser kam, an den Schienen festhielten, waren ebenfalls verschwunden. Man konnte sie, Gesicht nach unten oder Gesicht nach oben, in den Mangroven finden. Die meisten Toten waren in den zerrupften, immergrünen, aber jetzt braunen Mangroven hinter den Tankwägen und den Wassertürmen. Dort hingen sie, geschützt, bis sie der Wind und das steigende Wasser davontrugen ...

Im Camp Fünf überlebten acht von 187, aber wir finden nur 67 von ihnen und noch zwei am Damm. Aber alle anderen sind in den Mangroven. Man braucht keinen Jagdhund, um sie zu finden. Andererseits sind keine Bussarde in Sicht. Absolut keine Bussarde. Wieso? Kaum zu glauben! Der Wind tötete all die Bussarde und all die großen Vögel wie Pelikane ebenso.«

Doch während das übrige Amerika noch unter den Folgen der Depression und des Börsenkrachs von 1929 ächzte, begann die Rekonvaleszenz des Sunshine State. Sand, Sonne und die milde Luft lockten schon bald wieder Urlauber und Rentner unwiderstehlich an. Erst der Zweite Weltkrieg forderte einschneidende Veränderungen. Florida wurde zum Truppenübungsplatz. Über den weiten, flachen Sümpfen übten die Pilotenschüler, unten im Morast bereiteten sich die Pioniere auf den Dschungelkrieg in Südostasien vor.

Sogar echte Kampfhandlungen konnten Floridianer und Badegäste an der Atlantikküste beobachten: Deutsche U-Boote griffen im Winter 1942 die amerikanischen Frachter auf den Schifffahrtsstraßen vor Florida an. Anfangs weigerten sich die Strandorte sogar, die Verdunklungsorder zu befolgen – aus Furcht, das Nachtleben der Urlauber zu beeinträchtigen. So konnten die U-Boot-Kapitäne vor der Lichterkette am Strand die dunklen Silhouetten der Tanker und Versorgungsschiffe deutlich erkennen. Allein im Mai 1942 wurden 86 Schiffe versenkt. Die amerikanische Abwehr war hoffnungslos überfordert, und die Überlebenden beobachteten von ihren Rettungsbooten hilflos, wie »junge, sonnenverbrannte« Deutsche Schnappschüsse von untergehenden Schiffen machten.

Seit dem Zweiten Weltkrieg hat sich Florida in mächtigen Sprüngen zur wirtschaftlichen (und natürlich touristischen) Elite der US-Staaten hochgekämpft. Der wichtigste technische Fortschritt war die Einrichtung des Raketenzentrums Cape Canaveral 1947. Nach dem Sputnik-Schock baute die amerikanische Raumfahrtbehörde NASA die Abschussrampen zum Weltraumbahnhof aus, inszenierte 1969 die erste Mondlandung und in den 80er Jahren das Space-Shuttle-Programm. Computer- und Rüstungsfirmen siedelten sich um Cape Canaveral an; den Wissenschaftlern und Technikern tut es gar nicht leid, deshalb im sonnigen Florida leben zu müssen.

Aber noch viele andere wollten sich hier ansiedeln: Senioren aus den USA und Kanada, darunter viele New Yorker Juden, strömten für ihren Lebensabend ins milde Klima von Miami Beach, Palm Beach und St. Petersburg. Der Wirtschaftsboom der

... und nach dem Hurrikan von 1935

Luxus auf Schienen: ein Parlor Car des »Havana Special« in den 1920er Jahren

1950er Jahre brachte Hunderttausende Touristen. Die ehemaligen Soldaten des Zweiten Weltkrieges kehrten mit ihren Familien zum Urlaub an die Strände zurück, die sie zuvor nur im Kampfanzug kennengelernt hatten.

Grünbraune Tarnanzüge waren allerdings Anfang der 1960er Jahre erneut im Stadtbild von Miami zu sehen. Eine halbe Million Kubaner wanderte in den Jahren nach Fidel Castros Revolution nach Florida, in den traditionellen Hafen der Flüchtlinge, aus. Mit der Unterstützung Kennedys und des CIA versuchten sie von dort aus den Kommunismus aus Kuba zu vertreiben. Doch nach dem Debakel in der Schweinebucht 1961 mussten sie ihre Hoffnungen begraben und begannen sich eine neue Existenz in Miami aufzubauen: ein weiterer Stein im ethnischen Mosaik der heute mehr als 15 Millionen Einwohner Floridas.

Der Zustrom von neuen Siedlern und immer mehr Touristen – heute sind es gut 40 Millionen jedes Jahr – ließ Florida in den letzten Jahrzehnten aufblühen. Es wurde immer weiter gebaut, der Grundstücksboom erfasste jeden noch so abgelegenen Winkel des Staates, und manche Strände wurden regelrecht zubetoniert. Dabei sind es längst nicht mehr nur die Strände, die die Besucher anlocken: Seit 1971 Disney World in Orlando eröffnete, wuchs tief im Binnenland Zentralfloridas eine ganz neue Feriendestination heran – eine fröhliche Kunstwelt aus gigantischen Vergnügungsparks, Golfresorts und fein gepflegten Pool-Landschaften, eine vom Menschen gestaltete Urlaubswelt der Zukunft.

Parallel zur Rundum-Erschließung Floridas entstand jedoch auch eine Gegenbewegung, ein Versuch, die reiche, ursprüngliche Natur der subtropischen Halbinsel zu erhalten. Mit der Schaffung des Everglades National Park 1947 rettete der Kongress in Washington das letzte noch unberührte Feuchtgebiet an der Südspitze Floridas vor der Trockenlegung. Zahlreiche Vogelarten, die seltenen Seekühe und die wegen ihres Leders nahezu ausgerotteten Alligatoren wurden unter strikten Schutz gestellt – mit teilweise sehr gutem Erfolg. Heute gibt es wieder fast zwei Millionen Alligatoren in Florida.

Mittlerweile haben Politiker ebenso wie Geschäftsleute erkannt, dass eine intakte Natur auch für den so wichtigen Fremdenverkehr Pluspunkte bringt. Drei Nationalparks und mehr als 100 State Parks schützen heute die Naturschätze des Staates, und sogar die Renaturierung der bedrohten Sumpflandschaften der Everglades wird nun aktiv betrieben. 1994 wurde vom Parlament in Tallahassee der »Everglades Forever Act« verabschiedet: ein gewaltiges, zwei Milliarden Dollar teures Projekt, mit dem die einzigartigen Feuchtgebiete im Süden Floridas wieder in ihren Urzustand verwandelt werden sollen. Kein leichtes Unterfangen, nachdem Zuckerrohr- und Orangenpflanzer die Sümpfe außerhalb des Everglades National Park über Jahrzehnte hinweg ausgetrocknet und mit Dünger verseucht haben. Das Programm zeigt Erfolge, und 2007 konnte die UNESCO die Everglades von ihrer Roten Liste des bedrohten Weltnaturerbes nehmen. Ein erster Schritt in die Zukunft Floridas zwischen Naturschutz und wirtschaftlicher Entwicklung.

Funkelnde neue Urlaubswelt: Epcot in Walt Disney World

IV Landeschronik

Daten zur Geschichte Floridas

10 000 Jahre vor unserer Zeitrechnung bis 1500 n. Chr. Erste Jägervölker dringen in mehreren Wellen aus dem Mississippi-Gebiet nach Südosten vor. Im Laufe der Jahrtausende entwickeln sie die Töpferei und den Ackerbau. Wichtige Nahrungsgrundlage bleiben jedoch erjagte Rehe, Fische und Muscheln. Schon sehr früh entsteht die Aufsplitterung in die großen historischen Stammesgruppen, die vermutlich noch durch Einwanderung und kulturelle Einflüsse aus der Karibik verstärkt werden: die Apalachee im Gebiet des Panhandle, die Timucua im Norden und Nordosten, die kriegerischen Calusa im Südwesten und auf den Keys sowie die Tequesta an der Südostküste. Etwa 10 000 Indianer leben um 1500 n. Chr. im heutigen Florida.

1502 In Spanien erscheint die erste Landkarte von Nordamerika, die ganz im Südosten der Neuen Welt einen Wurmfortsatz zeigt. Dieser kartographische Fortschritt, der erste Hinweis auf Florida, ist vermut-

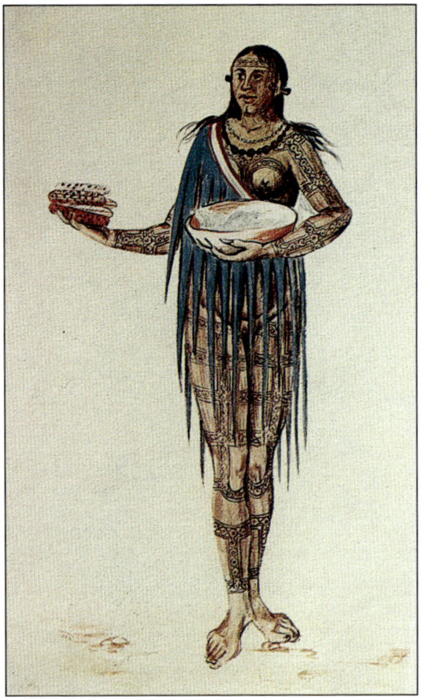

Die reich tätowierten Ureinwohner Floridas in Zeichnungen der ersten französischen Entdecker

Hernando de Soto

Seminolenhäuptling Osceola

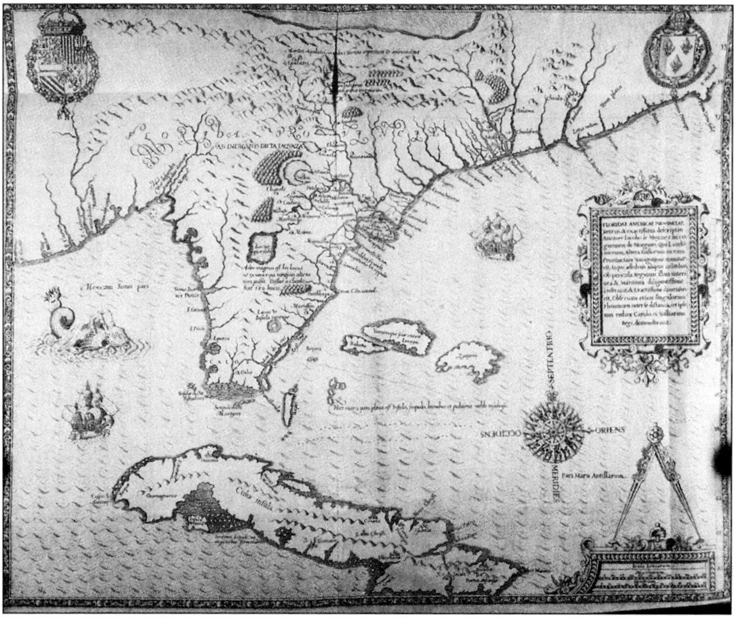

Spaniens Bild von der Neuen Welt gegen Ende des 16. Jahrhunderts

lich das Verdienst des venezianischen Entdeckers Giovanni Caboto, der die Halbinsel 1498 umrundet, ohne jedoch an Land zu gehen.

1513 Der Konquistador Juan Ponce de León erforscht die Küsten der Halbinsel und betritt am 2. April als erster Europäer den Boden Floridas. Zur Erinnerung an das Osterfest *(pascua florida)* benennt er seine Entdeckung Florida. Als er acht Jahre später zurückkehrt, um das Land zu besiedeln, schlagen ihn Indianer zurück.

1516–61 Mehrere Versuche der Spanier, dauerhafte Kolonien zu gründen, scheitern. Die Truppen von Pánfilo de Narvaéz, Hernando de Soto und Don Tristan de Luna irren auf der Suche nach Gold und Perlen jahrelang im Landesinneren herum und werden durch Indianer- und Moskito-Attacken aufgerieben.

1563 Der Franzose Jean Ribaut erkundet die Küste und versucht, Florida für seinen König zu erobern. Seinem Kartographen und Zeichner Jacques Le Moyne verdanken wir die ersten grundlegenden Kenntnisse über Lebensweise und Aussehen der Indianer.

1565 Als sich im Frühjahr erste französische Kolonisten an der Küste Nordfloridas niederlassen, wacht Spanien auf. Pedro Menéndez de Avilés gründet St. Augustine, die älteste dauerhafte Siedlung in Nordamerika. Von diesem Stützpunkt aus vernichtet er die französische Kolonie. (Seinerseits wird St. Augustine 1586 vom englischen Freibeuter Sir Francis Drake geplündert und niedergebrannt.)

1565 Spanische Jesuiten- und Franziskanermönche beginnen mit der Missionierung der Ureinwohner, deren Zahl durch europäische Krankheiten und Kriege bereits auf ein Viertel geschrumpft ist. Im folgenden Jahrhundert entstehen weitere spanische Siedlungen und Missionsstationen, die jedoch während des Spanischen Erbfolgekrieges 1702–06 fast alle von britischen Angreifern zerstört werden.

1763 Als Frankreich nach sieben Jahren Krieg in Nordamerika und Europa im Frieden von Paris seine gesamten nordamerikanischen Besitzungen an England abtritt, tauscht auch Spanien seine Kolonie Florida gegen das zuvor von England eroberte Kuba ein. Unbeeindruckt von den englischen Versuchen, die noch fast unerschlossene und menschenleere Halbinsel systematisch zu besiedeln, zieht ein anderer Indianerstamm von Georgia und Alabama nach Florida: die Creek oder Seminolen.

1776 Im amerikanischen Unabhängigkeitskrieg bleibt die Kolonie treu auf der Seite der Briten. Zahlreiche loyalistische Siedler fliehen aus den rebellierenden 13 Kolonien nach Florida: der Anfang einer langen Tradition des Landes als Zufluchtsort für Heimatlose und Entrechtete. Im Pariser Frieden von 1783 erhält Spanien Florida von den Engländern im Tausch gegen die Bahamas wieder zurück. Doch wird in den nächsten Jahrzehnten der Druck seitens der expansionslüsternen Amerikaner immer stärker. Indianeraufstände und flüchtige Sklaven werden von den US-Truppen immer wieder als Vorwand zu Strafexpeditionen nach Florida benutzt.

1819 Florida wechselt das letzte Mal seinen Besitzer. Das Sternenbanner geht über dem Territorium hoch, dafür erlassen die USA den Spaniern fünf Millionen Dollar Schulden. Etwa zur selben Zeit legen frühe Siedler nahe dem heutigen St. Petersburg die ersten Orangenplantagen an.

1823 Tallahassee wird zur neuen Hauptstadt Floridas erklärt. Eine Welle weißer Siedler strömt ins Land – ohne einen Gedanken an die Besitzansprüchen der Seminolen, für die ein langer Leidensweg beginnt.

1835 Die Weigerung von Häuptling Osceola, der Zwangsumsiedlung seines Stammes ins heutige Oklahoma zuzustimmen, löst den Zweiten und den Dritten Seminolenkrieg aus (1835–1842, 1855–1858). Nach langem Guerillakrieg und vielen Grausamkeiten auf beiden Seiten werden die Indianer schließlich deportiert. Nur etwa 300 können sich in den undurchdringlichen Sümpfen der Everglades verstecken.

1845 Florida wird als 25. Staat in die Union aufgenommen; in der Folge besiedeln vermehrt Farmer den Norden des Staates.

1861–65 Im Sezessionskrieg kämpfen 16 000 Floridianer in der Armee der Konföderierten. Nach dem verlorenen Krieg wird die Sklaverei abgeschafft und Florida bis 1877 von einer Militärregierung aus den Nordstaaten geführt.

1884/85 Eine neue Siedlungswelle hat innerhalb von 20 Jahren die Bevölkerung auf 270 000 verdoppelt und die Erschließung Südfloridas eingeleitet. Zwei Eisenbahnmagnaten gehen nun daran, auch den Tourismus zur Sonne Floridas ernsthaft anzukurbeln. Das erste Dampfross von Henry B. Plants *Atlantic Coast Line* erreicht Tampa von Richmond, Virginia, kommend. Die neue Nord-Süd-Verbindung erleichtert vielen Siedlern und Industriellen den Sprung in den Süden. Noch größerer Einfluss auf das Wachstum des Staates geht von der *Florida East Coast Railway* von Henry M. Flagler aus. Dieser hatte die Schienen ursprünglich nur als eine Art Zubringerdienst zu seinen Luxushotels in St. Augustine geplant. Doch er baut immer neue Hotels weiter südlich und treibt zugleich seine Eisenbahn weiter vor, bis die Linie schließlich 1912 in Key West ihren endgültigen Abschluss findet.

1898 Im Hafen von Havanna explodiert das US-Kriegsschiff »Maine« unter mysteriösen Umständen. Daraufhin bricht der Spanisch-amerikanische Krieg aus. Florida wird mit seinen großen Häfen zur Brücke ins Kriegsgeschehen. Die siegreichen US-Soldaten erzählen bei ihrer Heimkehr in den Mittelwesten und Nordosten begeistert von dem Paradies im Süden. Bei den sonnenhungrigen Touristen und den Rentnern, die ein warmes Winterquartier suchen, finden sie offene Ohren. Dieses Interesse und die Verkehrserschließung lassen den Tourismus in den nächsten Jahrzehnten stetig zunehmen.

1920 Der große Grundstücksboom beginnt. Eben erst aus dem Meer gebaggerter Sand wird – noch feucht – in kürzester Zeit zum vierfachen Preis gehandelt. Neue Städte wie St. Petersburg oder Sarasota werden förmlich aus dem Boden gestampft. 1925 entstehen allein in Miami 481 neue Hotels und Apartmenthäuser.

Die Bevölkerung des Staates überschreitet die Millionengrenze. Ein kalter Winter und schwere Hurrikane kühlen jedoch im Jahre 1926 das Interesse merklich ab, der Börsenkrach des »Schwarzen Freitags«

Die ersten motorisierten Touristen: Daytona Beach zu Anfang des 20. Jahrhunderts

bringt 1929 die Boom-Millionäre endgültig an den Bettelstab. Schon Mitte der 30er Jahre hebt ein neuer Boom an, 1936 besuchen zwei Millionen Touristen Florida.

1941 Eintritt der USA in den Zweiten Weltkrieg. Florida dient als militärisches Trainingscamp, vor allem für Piloten und für den Dschungelkampf im Pazifikraum. Hunderttausende von Soldaten kehren bald nach dem Krieg als Touristen an die Strände Floridas zurück.

1947 Nach jahrelanger Trockenlegung der Sümpfe Südfloridas und unkontrollierter Jagd auf Alligatoren, Seekühe und Wasservögel wird ein erster Schritt zur Erhaltung der ursprünglichen Natur des Landes getan: die Gründung des Everglades National Park.

1950er Jahre Die Fremdenverkehrsindustrie wächst zum wichtigsten Wirtschaftszweig Floridas heran. Orte wie Palm Beach und Miami Beach werden zu den beliebtesten Wintererholungsplätzen der USA. Tausende von Rentnern siedeln sich im warmen Klima des Südens an – die Klimaanlage macht das Leben in Südflorida auch im Sommer erträglich.

1961 Die ersten Touristenattraktionen florieren schon seit einigen Jahren, aber ganz andere, spektakulärere »Sightseeing-Touren« starten nun vom neuen Weltraumbahnhof Cape Canaveral. 1969 gelingt die erste Mondlandung, 1981 beginnen die Flüge mit wiederverwendbaren Raumfähren. Das Weltraumprogramm der USA wird jedoch 1986 nach der Explosion des Shuttle »Challenger«, bei der die gesamte Besatzung ums Leben kommt, für mehrere Jahre unterbrochen.

1971 Ein weltberühmtes Nagetier wählt seinen neuen Wohnsitz im bis dahin völlig unbekannten Orlando in Zentralflorida. Seitdem hat der Staat ein neues Symbol: die Mickymaus. Jahr für Jahr strömen mehr Feriengäste in die bunte Fantasiewelt von Disney World – und schon bald entstehen nahebei weitere Vergnügungsparks wie Universal Studios und Sea World.

Beschwingt nach Süden: Flaglers Zug nach Key West in der 1920er Jahren

1980er Jahre Floridas Einwohnerzahl nimmt ständig zu; zwischen 1980 und 1990 verzeichnet der Staat einen Zuwachs von 34 Prozent auf 13 Millionen Menschen. Ein Viertel aller Amerikaner, die im Alter über 65 Jahren noch einmal umziehen, kommt nach Florida. Aber nicht alle Zuwanderer sind US-Bürger: Als Castro 1980 (und erneut 1994) für einige Zeit die Grenzen öffnet, strömen rund 140 000 Kubaner ins Land, vorwiegend nach Miami, das heute bereits zu 55 Prozent spanischsprachig ist. Ein neuer Grundstücks- und Bauboom erschließt vor allem die Südwestküste.

Seit 1971 in Orlando: Mickey und Minnie

1992 Am frühen Morgen des 24. August fegt Hurrikan »Andrew« über Südflorida hinweg.

1993/94 Tatort Miami: Überfälle auf Besucher führen zu einem drastischen Rückgang des Tourismus aus Europa. In einem Sicherheitsprogramm verbessert die Stadt die Beschilderung der Straßen und verstärkt die Polizeitruppe. Die Everglades werden in die Rote Liste des bedrohten UNESCO-Weltnaturerbes aufgenommen.

1997 Die Bevölkerung Floridas überschreitet 14 Millionen, statistisch gesehen ziehen täglich rund 900 Menschen in Florida zu. Das noch 1970 völlig unbekannte Orlando zählt nun rund eine Million Einwohner – und 36 Millionen Besucher jährlich.

2001 Die Terroranschläge des 11. September 2001 und die folgenden Kriege in Afghanistan und Irak belasten auch Florida. Die Gästezahlen der Vergnügungsparks schrumpfen und die internationalen Besucher bleiben aus.

2004 Vier Wirbelstürme zwischen August und Oktober richten Schäden von gut 22 Milliarden Dollar an. Besonders betroffen sind die Westküste bei Port Charlotte und der Panhandle um Pensacola.

2007/2008 Trotz landesweiter Immobilienkrise erlebt Florida – vor allem Dank des sinkenden US-Dollars – einen Aufschwung im internationalen Tourismus. – Die Everglades werden von der Roten Liste des UNESCO-Weltnaturerbes wieder gestrichen. – In Orlando eröffnen neue Vergnügungsparks wie etwa der Wasserpark Aquatica. Und nach weiteren Hurrikanen 2005 ist das Wetter ruhig geblieben.

V ROUTENVORSCHLÄGE FÜR DEN SUNSHINE STATE

Miami/Miami Beach – Route

1. Tag – Route: Miami Beach – Key Biscayne – Miami Beach (40 km/25 mi)

Zeit	Route
Vormittag	Bummel durch den **Art Deco District** von Miami Beach: **Ocean Drive**, evtl. Besuch im Kunstmuseum **The Wolfsonian, Española Way, Lincoln Road** und **Holocaust Memorial**. Zur Rückkehr vom Bummmel können Sie von der Lincoln Road aus den Shuttlebus »South Beach Local« (25 Cents) nehmen, der im gesamten Stadtgebiet von South Beach einen Rundkurs fährt.
Nachmittag	Fahrt über die Biscayne Bay nach **Miami** und über den Rickenbacker Cswy. nach Key Biscayne, dort Besuch des **Miami Seaquarium** (ca. 3 Std.). Danach Baden auf **Key Biscayne** (Crandon Park oder Bill Baggs State Park) und/oder Shopping im **Bayside Marketplace** und Rückfahrt nach Miami Beach. Abends Bummel im Szeneviertel am **Ocean Drive** und um die **Lincoln Road**.

Stadtpläne von Miami und Miami Beach finden Sie auf der beiliegenden separaten Karte. Die Route des 1. Tages ist im Plan Greater Miami rot eingezeichnet.

2. Tag – Route: Miami Beach – Little Havana – Coral Gables – Coconut Grove – Miami Beach (50 km/31 mi)

Zeit	Route
Vormittag	Fahrt von Miami Beach nach **Downtown Miami**, kurze Rundfahrt mit dem Metromover (evtl. mit Stopp im **Metro-Dade Cultural Center**). Dann Fahrt durch **Little Havana** auf der Eight Street (Calle Ocho) und Bummel.
Nachmittag	Auf US 1 (Brickell Ave.) nach Süden, Besuch der **Villa Vizcaya**. Durch **Coral Gables** zum Venetian Pool und dem Biltmore Hotel; gegen Abend Bummel in **Coconut Grove.**

Die Route des 2. Tages ist in den Plänen Miami bzw. Greater Miami auf der separaten Karte blau eingezeichnet.

Ocean Drive: Art déco und bunte Szene

Greater Miami Convention and Visitors Bureau
701 Brickell Ave., Suite 2700
Miami, FL 33131
✆ (305) 539-3000, Fax in D: (060 27) 57 48
www.miamiandbeaches.com
Infobüros am Flughafen (Concourse E) und im Bayside Marketplace, 401 Biscayne Blvd., Mo–Do 10–22, Fr/Sa 10–23, So 11–21 Uhr

Miami Beach Chamber of Commerce
1920 Meridian Ave.
Miami Beach, FL 33139
✆ (305) 672-1270, Fax 538-6700
www.miamibeachchamber.com
Mo–Fr 9–17, Sa/So 10–16 Uhr

Unterkünfte
Die Auswahl ist groß im Raum Miami: Für ein oder zwei Tage auf einer Rundfahrt sollten Sie sich in einem der nostalgisch renovierten Art-déco-Hotels von South Beach – mitten im Zentrum der Action – einmieten; für einen längeren Badeaufenthalt empfehlen sich die Strandhotels etwas weiter nördlich in **Sunny Isles** oder **Bal Harbour**, die im Wochenpaket über die europäischen Veranstalter meist recht günstig zu buchen sind. Campingplätze sind in der Metropole dünn gesät – man sollte bei Reisebeginn in Miami zunächst einige Tage ins Hotel gehen und das Wohnmobil erst übernehmen, wenn man losfährt.

Fontainebleau Resort
4441 Collins Ave., Miami Beach, FL 33140
✆ (305) 538-2000 und 1-800-548-8886
Fax 673-5351, www.fontainbleau.com
Das restaurierte Flaggschiff der Grandhotels in Miami Beach; schöne Gartenanlagen, großes Abenteuer-Schwimmbad, Ladengalerie und Restaurants. $$$$

Delano Hotel
1685 Collins Ave.
Miami Beach, FL 33139
✆ (305) 672-2000, Fax 673-0099

www.delano-hotel.com
Ein minimalistischer Traum in Weiß mit ultra-coolem Design von Philippe Starck – die nobelste Absteige für Jet-Setter und Modejünger. $$$$

Colony Hotel
736 Ocean Dr.
Miami Beach, FL 33139
✆ (305) 673-0088, Fax 532-0762
www.colonymiami.com
Stilvoll renoviertes Art-déco-Hotel am Südende des Ocean Drive mitten im Herzen von South Beach. Sehr beliebtes Restaurant »Colony Café«. $$–$$$$

Waldorf Towers
860 Ocean Dr.
Miami Beach, FL 33139
✆ (305) 531-7684, Fax 672-6836
www.waldorftowers.com
Art-déco-Hotel in bester Lage gegenüber dem Strand. Schönes, begrüntes Terrassencafé. $$–$$$$

Chesterfield/South Beach Group
855 Collins Ave.
Miami Beach, FL 33139
✆ 1-877-762-3477, Fax (305) 535-9665
www.southbeachgroup.com
Mehrere kleine, wochentags und in der Nebensaison recht preisgünstige Art-déco-Hotels, etwas zurückgesetzt von Ocean Drive. Strand in Laufweite. $–$$$$

Indian Creek Hotel
2727 Indian Creek Dr.
Miami Beach, FL 33139
✆ (305) 531-2727, Fax 531-5651
www.indiancreekhotel.com
Kleines, authentisch restauriertes Art-déco-Hotel am Nordende von South Beach; Pool, Restaurant. $$–$$$

Best Western South Beach
1050/1020 Washington Ave.
Miami Beach, FL 33139
✆ (305) 674-1930, Fax 672-0646
www.bestwestern.com
Fünf kleine, preiswerte Art-déco-Hotels, zwei Straßen vom Strand. Die Zimmer (einige mit Küche) sind einfach möbliert, aber sauber; beliebt auch bei der Gay-Klientel. $–$$

Clay Hotel & Hostel
1438 Washington Ave.
Miami Beach, FL 33139
✆ (305) 534-2988, Fax 673-0346
www.clayhotel.com
Jugendherberge in bester Altstadtlage, nur drei Straßen vom Strand; auch private Doppelzimmer. Am schwarzen Brett gute Infos über andere Herbergen in Florida und Mitfahrgelegenheiten. $

Miami Everglades Campgrounds
20675 S.W. 162 Ave., Miami, FL 33187
✆ (305) 233-5300, www.miamicamp.com
Großer Privatplatz am Südrand von Miami, gut gelegen für Ausflüge in den Everglades National Park und auf die Keys.

Art Deco District/South Beach
Ocean Dr. & Washington Ave. zwischen 5th & 13th Sts.
Miami Beach
Historischer Stadtbezirk und heutiges Szeneviertel mit rund 800 denkmalgeschützten Hotels und Apartmenthäusern aus den 1920er Jahren. Infos im **Art Deco Welcome Center** der **Miami Design Preservation League** (1001 Ocean Dr., ✆ 305-531-3484, Infocenter tägl. 10–16 Uhr, Führungen Di/Mi und Fr–So 10.30, Do 18.30 Uhr, Gebühr 20 $, www.mdpl.org. Auch Audioguides in Deutsch und halbtägige Führungen per Fahrrad.

The Wolfsonian
1001 Washington Ave., Miami Beach
✆ (305) 531-1001, www.wolfsonian.org
Tägl. 12–18, Do/Fr bis 21 Uhr; Eintritt 7 $
Wechselnde Ausstellungen über Kunst und Architektur der Ära von 1885–1945.

Lincoln Road
Miami Beach

Miami/Miami Beach – Informationen

Mediterrane Pracht: Villa Vizcaya

Die alte Einkaufsstraße des Strandviertels wurde jüngst zur Fußgängerzone restauriert und hat sich zur neuen Szenemeile gemausert. Sehenswert: das **South Florida Art Center** (800, 810 und 924 Lincoln Rd.) mit Ateliers und Ausstellungen zahlreicher Künstler.

Holocaust Memorial
1933 Meridian Ave., Miami Beach
Tägl. 9–21 Uhr, Eintritt frei
Beeindruckendes Denkmal für die Opfer der Judenverfolgung im Zweiten Weltkrieg.

Bayside Marketplace
Biscayne Blvd. & 4th St. N.E.
Miami
Elegante Freiluft-Shopping-Mall am Hafen mit vielen Restaurants und Boutiquen.

Miami Seaquarium
4400 Rickenbacker Cswy.
Miami, Virginia Key
www.miamiseaquarium.com
Tägl. 9.30–18 Uhr; Eintritt 32 $, Kinder 25 $
Weitläufiges Ozeanarium mit Delphinshows, Aquarien, künstlichen Riffen, Regenwald-Biotop und Seekühen. Auch Schwimmen mit Delphinen.

Bill Baggs Cape Florida State Park
1200 S. Crandon Blvd.
Miami, Key Biscayne, Eintritt $ 5 pro Auto
360 ha großer Park am Südende der Insel nahe dem malerischen Leuchtturm; sehr schöne Sandstrände.

Miami-Dade Cultural Center
101 W. Flagler St., Miami
Tägl. 10–17, So ab 12 Uhr, das Art Museum ist Mo geschl.
Eintritt 8 $ für jedes der Museen
Weitläufiger Komplex in spanischem Baustil. Im **Historical Museum of Southern Florida** wird die Geschichte Südfloridas anschaulich dargestellt (www.hmsf.org), das **Miami Art Museum** zeigt große Wanderausstellungen (www.miamiart museum.org).

Miami/Miami Beach – Informationen

Villa Vizcaya
3251 S. Miami Ave., Miami
Tägl. 9.30–16.30 Uhr, Eintritt 12 $
Pompöser Palast am Ufer der Biscayne Bay, den sich der Traktorfabrikant James Deering 1916 erbauen ließ. Heute ein Museum mit europäischer Kunst.

Little Havana
8th St. (Calle Ocho), Miami
Das Geschäftsviertel der Kubaner in Südflorida. Im **Máximo Gomes Park** an der Ecke 14th Ave. treffen sich die alten Kubaner beim Dominospielen, in der **El Credito Cigar Factory** (1106 8th St.) werden die Zigarren noch per Hand gedreht.

An die Geschichte der Kubaner erinnert die Fackel des **Brigade 1506 Memorial** (Ecke 12th St.), die Fotos im Hauptquartier der »Aktionsgruppe« **Alpha 66** (2250 S.W. 8th St., www.alpha66.org) erzählen vom Traum von der Rückkehr nach Kuba.

Coral Gables
Nobelvorort im Südwesten Miamis, der bereits in den 1920er Jahren angelegt wurde. Sehenswert: der aus Korallenstein angelegte **Venetian Pool** (2701 DeSoto Blvd.) und das prachtvoll renovierte **Biltmore Hotel** (1200 Anastasia Ave.), dessen spanisch anmutender Turm das Viertel weithin überragt.

Coconut Grove
Das alte Boheme-Viertel Miamis ist heute beliebt zum Flanieren und Shoppen; Zentrum des Bezirks ist der Restaurant- und Einkaufskomplex **CocoWalk** (Grand Ave. & Main Hwy.).

Barnacle Historic State Park
3485 Main Hwy., Coconut Grove
Führungen Mo–Fr 10, 11.30, 13 und 14.30 Uhr, Eintritt 1 $
Wohnhaus eines der ersten Siedler der Region; Ausstellungen über den Schiffsbau.

Restaurants
Lokale und Bars reihen sich in Miami Beach vor allem am Ocean Drive, entlang der Washington Avenue und in der neuen Restaurantmeile der Lincoln Road. Am Festland finden Sie in Little Havana natürlich gute kubanische Küche. In Coconut Grove und entlang der Miracle Mile in Coral Gables gibt es Lokale aller Stilrichtungen.

O Asian Grill
330 Lincoln Rd., Miami Beach
✆ (305) 531-2811
Tagsüber vorn ein preisgünstiges asiatisches Nudel-Lokal, abends hinten oben ein schickes Trendrestaurant mit euro-asiatischer Küche. Sehr angesagt. $$$

Wish
801 Collins Ave., Miami Beach
✆ (305) 674-9474
Elegantes Lokal im tropisch begrünten Innenhof des »The Hotel«. Exzellente neuamerikanische Küche. $$–$$$

Karu & Y Ultralounge
71 N.W. 14th St., Miami
✆ (305) 403-7850, www.karu-y.com
Derzeit **das** Trendlokal der Stadt: experimentelle Fusion Cuisine; schicker Club. $$$

A Fish called Avalon
700 Ocean Dr., Miami Beach
✆ (305) 532-1727
Verfeinerte amerikanische Küche, guter Fisch, schöne Menschen. $$–$$$

Rex
1200 Collins Ave., South Beach
✆ (305) 604-5063
Szenetreff der jungen Schönen im Marlin Hotel mit Terrasse zum People-Watching. Nouvelle-Florida-Küche. $$

Sunday's on the Bay
5420 Crandon Blvd., Miami, Key Biscayne
✆ (305) 361-6777
Zwar etwas abgelegen auf Key Biscayne, aber das schönste Plätzchen zum Sonnenuntergang mit Blick übers Wasser; gute Drinks und Sonntagsbrunch. $$

Rusty Pelican
3201 Rickenbacker Cswy.
Miami, Key Biscayne, ✆ (305) 361-3818
Gepflegtes Fischrestaurant am Nordrand von Key Biscayne mit herrlichem Blick über den Hafen und die Skyline von Miami. $$–$$$

Monty's Restaurant
2550 S. Bayshore Dr., Miami, Coconut Grove
✆ (305) 858-1431
Großes Fischrestaurant am Yachthafen; beliebte Terrassenbar mit Calypso-Band und Karibik-Feeling. $$

La Carreta
3632 S.W. 8th St., Miami, Little Havana
✆ (305) 444-7501
Rustikales Ambiente, deftige kubanische Küche zu vernünftigen Preisen. $–$$

Versailles
3555 S.W. 8th St., Miami, Little Havana
✆ (305) 444-0240
Kubanisches Lokal mit großem, verspiegeltem Speisesaal; besonders beliebt sind die Fleischgerichte mit gebratenen Bananen. $–$$

11th Street Diner
1065 Washington Ave., Miami Beach
Ein »Dining-Car« von 1948, der früher in Pennsylvania stand. Amerikanische Coffeeshop-Kost, täglich 24 Stunden geöffnet. $–$$

American Classics
8701 Collins Ave., Miami Beach
✆ (305) 865-6661
Origineller Nostalgie-Coffeshop im Howard Johnson Dezerland Hotel: Man sitzt in alten Straßenkreuzern. $–$$

Einkaufen
Souvenirs und T-Shirts gibt es in den Läden von South Beach reichlich, die beste Auswahl und Designer-Boutiquen findet man im Südteil der Collins Avenue und entlang der Lincoln Road. Zum richtigen Shopping aber geht man besser in die großen Malls wie etwa den »Bayside Marketplace« oder die eleganten »Bal Harbour Shops« (9700 Collins Ave.). Die nächstgelegenen Factory Outlets sind Sawgrass Mills in Fort Lauderdale (s. S. 185) und die »Prime Outlets Florida City« (250 E. Palm Dr.) sowie die Dolphin Mall westlich des Flughafens.

Nachtleben
Fast schon jede Woche werden im Szeneviertel South Beach neue Clubs eröffnet – und alte geschlossen. Fragen Sie im Hotel oder bei den im Szeneleben meist recht kundigen Kellnern der Cafés nach, was aktuell gerade »angesagt« ist. Gute und schon länger etablierte Treffs für einen Drink sind zum Beispiel: das **News Cafe** (800 Ocean Dr.), die **Clevelander Bar** (1020 Ocean Dr.) und **Mango's Tropical Cafe** (900 Ocean Dr.). In der Lincoln Road gibt es zahlreiche nette Straßencafés wie etwa das **Van Dyke Cafe** an der Ecke Jefferson Ave. (abends meist Live-Jazz).

In den Nachtclubs und Discos beginnt das Leben erst ab etwa 23 Uhr. Zur Hochsaison und an den Wochenenden ist es nicht einfach, an den schwergewichtigen Türstehern vorbeizukommen – außer man ist in Begleitung von Madonna oder hat ein besonders schrilles Outfit an. Ein Versuch kann aber nicht schaden – etwa in den Clubs **Shine** im Shelborne Hotel (1801 Collins Ave.), **Deep** (621 Washington Ave.) mit einer Tanzfläche auf einem Aquarium, im **Opium Garden** (136 Collins Ave.) oder im **Club Crobar** (1445 Washington Ave.) mit Live-Musik in einem alten Kino. Alternativ und gut in Downtown: die **Pawn Shop Lounge** (1222 N.E. 2nd Ave.).

Auch für die Gay-Szene ist South Beach eines der beliebtesten Nightlife-Reviere. Besucher werden gern gesehen, etwa im **Club Twist** (1057 Washington Ave.). Tipps für Nightlife und derzeit angesagte Bars findet man im Web unter www.cooljunkie.com

Miami
Metropole der Kontraste

Fassaden in Pink und Türkis, fächelnde Palmen, die Scherenschnitt-Schatten in den Sand werfen, gebräunte Schönheiten in bunten Bade-Outfits, blütenumsäumte Villen und quirlige Straßencafés. Kein Zweifel, die Szenerie stimmt: Das ist Florida, das ist Miami, aufreizend und schnelllebig. Die Stadt und ihr berühmter Strandvorort symbolisieren die Verheißung vom süßen Leben unter ewig strahlender Sonne, sie sind ein verführerischer Sündenpfuhl mit tropischem Flair, aber auch höchst widersprüchlich: Kriminalität, Drogenhandel und Wirbelstürme bringen die größte Stadt Floridas alle paar Jahre wieder in die Schlagzeilen. Dennoch, Miami ist nach wie vor bei weitem Floridas spannendste Metropole.

Miami liegt im Brennpunkt zwischen Nord- und Südamerika und ist zugleich tropischer Szenetreff und internationaler Finanzplatz, beliebter Urlaubsort und Fluchtpunkt für Hunderttausende von Einwanderern aus Kuba, der Karibik und Südamerika. Gut 370 000 Einwohner zählt die Stadt, aber mehr als 5,4 Millionen – davon rund 60 Prozent spanischsprachig – leben im Großraum der Megalopolis, die heute bereits nahtlos nach Norden hin in die Gold Coast von Fort Lauderdale übergeht.

Es gibt kaum schmutzige Industrien in Miami, die Hafenstadt an der weiten Biscayne Bay lebt vom Handel mit Mittel- und Südamerika, von Banking und Verwaltung, Dienstleistungsgewerbe und Tourismus. Miami ist Amerikas Drehscheibe für den Flugverkehr in die Karibik und nach Mittelamerika. Fast ein Viertel aller Hotelbetten in Florida steht im Großraum der Metropole, die meisten in den langgezogenen Strandvierteln von Miami Beach bis Sunny Isles, draußen

auf den Inseln, die den Atlantik von der Biscayne Bay abgrenzen. Inzwischen verbringen hier nicht nur Amerikaner aus dem kalten Norden ihren Urlaub, sondern auch bei wohlhabenden Brasilianern, Argentiniern und der Oberschicht der karibischen Inseln steht Miami als Shopping-Paradies und pulsierendes Weekend-Ziel ganz hoch im Kurs.

Dabei begann Miamis rasanter Aufstieg erst vor etwa 100 Jahren. Zwar hatten schon die Spanier im 17. Jahrhundert die große sumpfige Bucht an der Mündung des Miami River entdeckt, doch die Tequesta-Indianer bereiteten ihnen einen recht unfreundlichen Empfang. Durch die eingeschleppten Krankheiten der Weißen starb der wehrhafte Stamm bald aus – die einzige Hinterlassenschaft war der Name: *Mayaime* nannten die Tequestas den Platz an der Flussmündung – »süßes Wasser«.

Einige weiße Pioniere ließen sich bereits zu Anfang des 19. Jahrhunderts in der Region nieder, doch erst nach dem amerikanischen Bürgerkrieg (1861–65) entstand ein kleiner Ort an der Biscayne Bay. William Brickell, ein Händler aus

Verführerische Glitzerwelt von Miami Beach: die neonbeleuchtete Hotelmeile am Ocean Drive

Cleveland, gründete einen Handelsposten und versorgte die Fischer und Orangenpflanzer. Der Engländer Charles Peacock baute 1884 ein erstes Hotel in Coconut Grove und warb um sonnenhungrige Gäste aus dem Norden.

Der wahre Aufstieg von Miami aber begann 1896, als der millionenschwere Eisenbahnbauer Henry Flagler die Schienen seiner »Florida East Coast Railway« von Palm Beach bis zur Biscayne Bay weiterbauen ließ und die Stadt damit auf die Landkarte der Zukunft setzte. Es heißt, dass Flagler damals von der Witwe Julia Tuttle dazu verleitet wurde. Im Winter 1894 hatte nämlich ein schwerer Frosteinbruch die Orangenernte in Zentralflorida vernichtet, woraufhin Frau Tuttle Herrn Flagler einen blühenden Orangenzweig aus Miami schickte. Flagler war überzeugt – und schon im April 1896 dampfte der erste Zug bis Südflorida; im Juli darauf wurde Miami bereits offiziell zur Stadt erklärt.

Grundstücksspekulation und Bauboom ließen nicht auf sich warten. Die Biscayne Bay wurde ausgebaggert, um Platz für größere Schiffe zu schaffen, mit dem Sand schütteten die Spekulanten im flachen Wasser neue Inseln auf. Reiche Wintergäste bauten ihre Villen an der Brickell Avenue am Ufer der Bay, in den 1920er Jahren wurde Miami Beach als Urlaubsort erschlossen, und selbst die Weltwirtschaftskrise der 1930er Jahre konnte Miami nichts anhaben.

Nach dem Zweiten Weltkrieg kamen dann vor allem die Rentner aus dem Norden, die sich nach einem Arbeitsleben in der Kälte wenigstens den Lebensabend im sonnigen Süden leisten wollten. Trotzdem wurde Miami vor dem Schicksal

Frühstück in der Sonne: morgens am Ocean Drive

einer Altensiedlung bewahrt, denn nach Castros Umsturz 1959 durch die Revolution flüchteten mehr als 200 000 Kubaner, meist die Begüterten und Intellektuellen, nach Florida. Sie verhalfen Miami zu weiterem Wirtschaftswachstum, lösten aber auch soziale Spannungen aus, weil sich die Schwarzen in den Armenvierteln noch weiter ins Abseits gedrängt sahen. Rassenkrawalle im Schwarzenghetto Liberty City waren 1968 und 1980 die Folge.

Doch die Entwicklung Miamis zur Latino-Metropole war vorgezeichnet. Mehr und mehr Einwanderer aus Mittel- und Südamerika drängten in den letzten Jahrzehnten in die Stadt. Die meisten wollten ihr Geld im Traumland Amerika mit ehrlicher Arbeit verdienen, manche aber auch mit dunklen Geschäften wie Drogenhandel oder Geldwäsche. Eine Zeitlang hat Miami dieses schillernde Image wenig gestört, es wurde in erfolgreichen Fernsehserien wie »Miami Vice« sogar gefeiert. Doch die erhöhte Kriminalität und Gewaltbereitschaft der Metropole hat das Bild auch getrübt und die Touristen verschreckt. Erst seit den tödlichen Überfällen auf Besucher 1993 hat man die Polizeitruppe verstärkt und bessere Hinweisschilder im Labyrinth der Stadtautobahnen angebracht. Seither ist die Kriminalitätsrate stark gesunken. So spektakuläre Verbrechen wie die Ermordung von Gianni Versace im Sommer 1997 kann aber auch eine gute Polizeivorsorge nicht verhindern.

Touristisch ist Miami heute wieder ein Topziel, das man sich nicht entgehen lassen darf. Ein bis zwei Tage sollte man für die Glitzermetropole unbedingt einplanen – zum Architektur- und Leutegucken im schicken Art-déco-Viertel von South Beach, zum Shopping im Bayside Marketplace und an der Lincoln Avenue, zum Exotikschnuppern im Kubanerviertel und zum Sightseeing in Coral Gables. Armenviertel wie Overtown oder Liberty City – die in umittelbarer Nähe des Flughafens liegen – sollte man als Tourist allerdings meiden. Die durchaus sicheren Strandbezirke dagegen eignen sich auch gut für einen Badeurlaub.

Wasserspaß in den Atlantikwellen

1. Tag Art déco und Szeneleben in Miami Beach und Key Biscayne

South Beach, das bunte Trendviertel am Südende von Miami Beach, ist genau der richtige Auftakt für den Aufenthalt in der Metropole. Beim Blick auf Palmen und bonbonfarbene Art-déco-Bauten glaubt man kaum, dass nur ein paar Kilometer weiter jenseits der Biscayne Bay Großstadthektik herrscht. Doch wer hier in Miami die Reise beginnt, der sollte ohnehin den ersten Tag auf dem neuen Kontinent gemächlich angehen – mit viel frischer Luft, Spazieren und Baden. Die Zeitumstellung und das heiße, besonders im Sommer recht feuchte Klima wollen verkraftet werden.

Wasserratten können schon gleich am Morgen einige muntermachende Schwimmzüge im Atlantik tun. Für die Stärkung danach eignen sich die sonnigen Cafés am **Ocean Drive**. Sie servieren ganz unamerikanischen Cappuccino, Obst und Croissants. Jetzt am Morgen ist es auch noch angenehm ruhig, nur hier und dort sieht man am Strand oder vor besonders fotogenen Gebäuden ein Fototeam – bei der Arbeit an einem der unzähligen Modekataloge, die hier alljährlich produziert werden.

Das klare Licht am Atlantik und die bunten Bauten locken seit den 1980er Jahren die Fotografen aus aller Welt an. Und im Gefolge der Models kamen der Jetset, die schönen Yuppies und Szene-People, die Spinner und Hedonisten, die heute jeden Abend den Ocean Drive bevölkern.

Der kometenhafte Aufstieg von Miami Beach zum beliebtesten Strandbad Floridas begann bereits in den 1920er Jahren. Damals gehörte fast die ganze langgestreckte Insel dem Avocadopflanzer John Collins und seinem Partner Carl Fisher, einem Automobilmagnaten aus Indiana. Zusammen bauten sie 1916 eine erste Brücke zum Festland und starteten nach dem Ersten Weltkrieg in New York eine Werbekampagne für Winterurlauber. Mit Erfolg – schon 1921 konnten die fünf Luxushotels des neuen Kurortes Miami Beach regen Zuspruch verzeichnen.

Der Boom ging weiter während der 1920er und 1930er Jahre – mit einem kurzen Einbruch nach dem Schwarzen Freitag von 1929. Damals kam der bereits zu Anfang des Jahrhunderts in Paris ent-

Art déco am Ocean Drive: Ornamente wie Bullaugen und »Augenbrauen« über den Fenstern

standende **Art-déco-Stil** auch in Florida in Mode: futuristische Stromlinienformen, nautische Motive und Ornamente an den Fassaden, Zickzacklinien, abgerundete Ecken, viel Glas und Neonlicht. Dazu wurde der Stil mit karibischen Elementen zum »Tropical Deco« abgewandelt, die Häuser in bunten Pastellfarben bemalt.

Die Architekten taten ihr Bestes, um immer schönere, einfallsreichere Hotels zu bauen. 1936 öffneten im Durchschnitt zwei neue Hotels und Apartmenthäuser pro Woche ihre Türen. Der Boom hielt bis weit in die 1950er Jahre an. Hunderttausende kamen im Winter nach Miami Beach, darunter mehr und mehr Rentner, die hier einen sonnigen Lebensabend verbringen wollten – bis Miami Beach zum »Wartezimmer Gottes« wurde. Noch 1980 war es die statistisch »älteste« Stadt in Florida. Seither sinkt das Durchschnittsalter rapide.

Nach einigen Jahrzehnten des Verfalls, als die Touristen und wohlhabenden Pensionäre andere Regionen Floridas entdeckten, begann in den 1980er Jahren wiederum ein Boom. Der Strand wurde neu angelegt; über 800 noch erhaltene herrliche alte Hotels und Apartmentbauten wurden nun restauriert und unter Denkmalschutz gestellt. Restaurants, Bars und Läden zogen hinter den historischen Fassaden ein – South Beach mutierte zum Hip-Viertel. Künstler ließen sich nieder, viele Schwule kamen, eröffneten Hotels und Restaurants und machten sich um den Erhalt der alten Bauten verdient.

Miami Beach wurde endgültig zum »In-Place«, als Anfang der 1990er Jahre auch die ganz großen Stars den neuen Szenetreff für sich entdeckten: Gloria Estefan, Madonna, Sylvester Stallone und die Geschwister Versace kauften hier Villen und ließen sich in den Clubs mit anderen Berühmtheiten wie Johnny Depp, Grace Jones, Prince oder Mickey Rourke sehen.

Schattiger Szenetreff: die Clevelander Bar

Der Tanz der Tollheiten in South Beach scheint von Jahr zu Jahr wilder zu werden, und jeden Abend wird der Ocean Drive zum Laufsteg der Eitelkeiten. Es lohnt sich aber auch tagsüber, mit offenen Augen durch das Viertel zu streifen und das nostalgische Erbe der 1930er Jahre auf sich wirken zu lassen.

Ein Bummel durch die Art-déco-Welt der steinernen Augenlider und Bullaugen, der rosa Stromlinien und geschliffenen Fenster könnte wie folgt aussehen: Zuerst auf dem **Ocean Drive** nach Süden, vorbei an den historischen Hotels und Kultstätten wie der mediterranen Villa, vor der Gianni Versace ermordet wurde, und dem News Cafe, in dem die Bohemiens sitzen, um den Korso der Schönen und Verrückten zu begutachten.

An der 9th oder 8th Street biegt man dann rechts ab und bummelt die Geschäftsstraße Washington Avenue nach Norden. An der Ecke 10th Street

Mahnende Hand: das Holocaust Memorial

steht das **Wolfsonian**, ein Designmuseum, das in einem klotzigen Lagerhaus aus den 1920er Jahren untergebracht ist und wechselnde Ausstellungen über die Kunst von 1885 bis zum Zweiten Weltkrieg zeigt.

Über eine der ruhigeren Parallelstraßen (Euclid oder Meridian Avenue) geht es dann weiter nach Norden durch das Viertel der Apartmenthäuser aus den 1930er Jahren. Kurz nach der 14th Street kreuzt **Española Way**, eine schmale Gasse aus den 1920er Jahren, die an der Ecke zur Washington Avenue mit ihren rosa Stuckfassaden einer mediterranen Filmkulisse gleicht. Einige Schritte weiter nördlich folgt dann die **Lincoln Road Mall**, in den 1950er Jahren eine schicke Einkaufsstraße, die jedoch zum schmuddeligen Ghetto verfiel. 1996 wurde die Straße zur Fußgängerzone erklärt und für 16 Millionen Dollar aufpoliert – seither hat sie sich mit vielen Restaurants und Boutiquen zur neuen Trendmeile von South Beach gemausert.

Dass in Miami Beach nicht nur Leichtlebigkeit und Lust herrschen, bezeugt unser nächster Stopp am Westende der Lincoln Road: das **Holocaust Memorial** mit der Skulptur »Love and Anguish« von Kenneth Treister. In den 1950er und 1960er Jahren lebten in Miami Beach viele Juden, die meisten waren in der Nazizeit aus Deutschland geflohen. Sie verhalfen der Stadt zum damaligen Boom und hielten sie später am Leben, bis in den 1980er Jahren neue Investoren kamen.

Noch heute ist ein großer Teil der alteingesessenen Einwohner jüdischer Herkunft. Sie stifteten 1990 dieses dramatische Mahnmal in Form einer zwölf Meter hohen bronzenen Hand, die sich inmitten eines Wasserbeckens gen Himmel reckt. Ein bewegendes Denkmal, eine meditative Oase der Mitmenschlichkeit im sonst so narzisstischen South Beach.

Nach dem Lunch kann man per Auto noch ein Stück weiter auf der Collins Avenue nach Norden fahren, wo die Grandhotels dichtgedrängt am sandigen Ufer des Atlantiks stehen. Ultracool mit weißen Vorhängen in der Lobby gibt sich das von Philippe Starck gestylte **Delano Hotel** (1685 Collins Ave.). Ein Stück weiter liegen die mondänen Grandhotels aus den 1950er Jahren, das **Fontainebleau Hilton** (4441 Collins Ave.) etwa mit seinem gewaltigen Wandgemälde oder gleich nebenan das **Eden Roc Hotel** mit einer herrlich restaurierten Lobby.

Von hier kommt man über den **Julia Tuttle Causeway** schnell zum Festland und folgt dem breiten Biscayne Boulevard nach Süden durch die **Downtown**. An der Brickell Avenue, dem Finanzzentrum Miamis, türmen sich die Bankpaläste, aber dazwischen liegen immer wieder grüne Oasen aus Palmen und anderen tropischen Gewächsen, die die

Betonlandschaft freundlicher machen. Auf der Weiterfahrt wird es ruhiger. Der Rickenbacker Causeway schwingt sich in weiter Kurve hinüber zu den beiden Inseln im Südteil der Biscayne Bay, **Virginia Key** und **Key Biscayne**, die zu den besten – und teuersten – Wohnlagen der Stadt gehören. Hier wird alljährlich im Frühjahr das berühmte Tennisturnier ausgetragen.

Auf Virginia Key wartet die erste Wasserattraktion: das **Miami Seaquarium**. In dem groß angelegten Ozeanarium kann man gleich am Anfang der Reise jene Meeresbewohner kennenlernen, die man später vielleicht in freier Natur wiedertrifft. Manatees beispielsweise, die seltenen Seekühe Floridas; ein nachgebautes Riff zeigt die Vielfalt der tropischen Meere, und in der beliebten Delphin-Show führen die Flipper ihre Kunststücke vor und springen für den Belohnungsfisch sogar bis zu fünf Meter hoch – ein feuchtes Vergnügen für die zu nahe stehenden Zuschauer.

Anschließend kann man noch eine kleine Sonnenpause am schönen Sandstrand von Key Biscayne einlegen (mehr verträgt die Haut am ersten Tag ohnehin nicht). **Crandon Park** oder die **Bill Baggs Cape Florida State Park** an der Südspitze der Insel sind dafür ideal: weites, blaues Meer bis zum Horizont, kleine Wäldchen und einsame Dünen.

Es ist kaum zu glauben, dass die Wolkenkratzer der Downtown nur eine Viertelstunde von diesem friedlichen Plätzchen entfernt sind. An der Südspitze der Insel erkennt man bei genauerem Hinsehen noch die Schäden von Hurrikan »Katrina«: Zwischen dem nachwachsenden Grün ragen hier und dort kahle Baumgerippe

Himmelstürmende Klötze: Downtown Miami mit dem Bayside Marketplace im Vordergrund

Kunst am Bau: Brickell Avenue

auf, denen der Sturm damals die Rinde abgeschält hat.

Noch ein Tip zum Bade-Outfit in Florida: Hier herrschen keine europäischen Zustände! Ein gewagter Bikini, eine knappe Badehose sind kein Problem. Aber »oben ohne« oder gar ganz »ohne« ist strikt verpönt. Zwar wird am Strand von Miami Beach das Gesetz meist nicht ganz strikt gehandhabt, aber das ist die große Ausnahme. Florida ist trotz der Nähe zur Karibik in dieser Hinsicht sehr US-puritanisch. Wer die nahtlose Bräune riskieren will, sei gewarnt, denn meist ist prompt die Polizei da und ordnet die Bedeckung an.

Nach der ersten Begegnung mit der Sonne und der gar nicht so unsympathischen Großstadt Miami kann man am späten Nachmittag noch einen Bummel im **Bayside Marketplace** am Hafen unternehmen. Auf mehreren Ebenen reihen sich Boutiquen, Souvenirläden und kleine Restaurants in den luftigen Wandelhallen. Die beste Gelegenheit, unbedingt nötige Utensilien für die Reise zu erwerben.

Auf der Wasserseite der Shopping-Mall bietet sich bei einem fruchtigen Drink

Luftiges Shopping-Vergnügen: Bayside Marketplace

Sonnige Aussichten: die Geschäfte in Miami boomen

zudem ein schöner Blick übers Wasser: Im Hintergrund sind die gewaltigen Kreuzfahrtschiffe zu sehen – Miami ist der größte Kreuzfahrerhafen der Welt. Im Vordergrund ragen die kleinen Piers des Yachthafens **Miamarina** in die Biscayne Bay hinaus. Vielleicht kommt er Ihnen bekannt vor – hier lag in »Miami Vice« die Filmyacht von Don Johnson vor Anker. Die Serie hat die Glitzerwelt von Miami einem weltweiten Publikum schmackhaft gemacht – am Ocean Drive kann man sie heute Abend in all ihrer schillernden Realität erleben.

2. Tag Easy Living in der Stadt der Träume

Im sinnenfrohen Rummel von South Beach lassen sich mühelos einige Tage verbringen, doch daneben sollte man auch die anderen Facetten der Vielvölker-Metropole nicht übersehen: die Welt der Banker und der kubanischen Straßenhändler, die Viertel der reichen Winterflüchtlinge von einst und die der neuen, hoffnungsvollen Einwanderer aus Lateinamerika, die hier ihr Glück suchen.

Zeit also, sich einige der vielgestaltigen *neighborhoods*, der »Nachbarschaften« der Stadt, anzusehen. Über den **MacArthur Causeway** geht es hinüber aufs Festland nach Miami. Die kleinen Inseln in der Biscayne Bay, großteils durch das Ausbaggern des Hafens aufgeschüttet, sind beliebte Villenstandorte. Auf Palm Island, der zweiten kleinen Insel, die man passiert, lebte um 1930 Alphonse Capone, besser bekannt als das »Narbengesicht Al Capone, der Staatsfeind Nummer eins«.

Capone kam 1927 nach Miami. Er benötigte dringend Urlaub vom heißen Boden in Chicago und kaufte bald eine

Villa auf der Insel. Sein Ziel war es, das Glücksspiel und den illegalen Alkoholhandel in Miami unter seine Kontrolle zu bringen. Durch Bestechung und rauschende Parties hatte er bald Polizei und Politiker auf seiner Seite. Doch bevor sich sein Plan richtig entfalten konnte, wurde er in Chicago wegen Steuerhinterziehung verurteilt und musste für elf Jahre ins Bundesgefängnis Alcatraz. Danach kehrte er als gebrochener Mann in seine Villa nach Miami zurück und wohnte dort bis zu seinem Tod 1947. Sein Sohn Al lebte später noch viele Jahre in Miami, doch das einzige, was er sich je zu Schulden kommen ließ, war ein Ladendiebstahl 1965. Er klaute Aspirin und Batterien im Wert von 3.50 Dollar.

Auf dem Biscayne Boulevard fährt man weiter bis in die Innenstadt und parkt am besten unter den Betonstelzen der Hochbahn **Metromover** neben dem Bayside Marketplace. Die Schienen dienen gleich als Wegweiser zur nächsten Station. Nur wenige Großstädte in den USA leisten sich den Luxus einer öffentlichen U-, S- oder gar Hochbahn. In Miami hat das fast geräuschlos rollende, vollautomatisierte Bähnchen sogar noch den Vorteil einer schönen Aussicht auf die in den letzten Jahren immer höher sprießende Downtown. In zehn Minuten wird die Innenstadt einmal umrundet – eine gute Gelegenheit für einen Überblick.

Als Zwischenstopp empfiehlt sich das **Miami-Dade Cultural Center**, ein spanisch anmutender Kulturkomplex mit brunnengeschmückter Plaza, den der Stararchitekt Philip Johnson entwarf. Wer sich für Geschichte oder Kunst interessiert, kann hier das **Historical Museum of Southern Florida** oder das **Miami Art Museum** besuchen.

Mit der Bahn oder zu Fuß über die sechs quirligen Innenstadtstraßen geht es zurück zum Wasser und zum Auto. Am Südufer des Miami River biegt man auf der 7th Avenue nach Westen ab in die andere, die hispanisch-kubanische Hälfte der Stadt. Nach einigen Blocks mit Wolkenkratzern schrumpfen die Gebäude wieder auf Normalgröße: Seitenstraßen mit Wohnhäusern, ein paar Läden und Lagerhallen.

Eine Parallelstraße weiter südlich – eine Einbahnstraße in der anderen Richtung – liegt das Herz des hispanischen Miami, **Little Havana**. Weil bereits rund 60 Prozent der Stadtbevölkerung kubanischer oder südamerikanischer Abstammung sind, könnte man fast sagen, dies sei das eigentliche Stadtzentrum. An der 17th Avenue wechselt man hinüber auf die **Calle Ocho**, wie die 8th Street hier genannt wird, und fährt gemächlich wieder zurück nach Osten. Zwischendurch sollte man das Auto ruhig mal abstellen und einige Blocks zu Fuß gehen.

Ein für Nordamerika ganz ungewöhnliches Straßenbild tut sich da auf: spanische Namen an allen Läden, Gemüseauslagen auf den Gehsteigen und kunterbunte Schaufenster. Viele Fußgänger sind unterwegs – alte Männer schlurfen zu Parkbänken und kleinen Cafés, bepackte Hausfrauen kommen vom Einkauf, und junge Kubanerinnen ziehen ihre Kinder hinterher, weg von den Spielzeugläden.

Auch ungewöhnliche Geschäfte findet man hier, Geschenkartikelläden zum Beispiel für Feste und Kindergeburtstage, denn die Kubaner feiern vor allem den ersten Geburtstag. Daneben gibt es die seltsamen *botanicas*, in denen christliche Votivstatuen – oft in schauderhaften Formen und Farben – und Kräuter und Fetische für Voodoo-Riten einträchtig nebeneinander stehen. Etwas weiter spielen alte Männer Domino im Máximo Gomes Park, in der kleinen Zigarrenfabrik »El Credito« werden wie vor 40 Jahren in

Handarbeit die Tabakblätter zu duftenden Torpedos gerollt, und am Straßenstand nebenan holen sich die Passanten einen Fingerhut *café cubano* und einige *churros*, fettiges Hefegebäck.

Besonders empfehlenswert sind die ausgezeichneten kubanischen Restaurants, wo würzige Fleischgerichte mit schwarzen Bohnen und *plantains*, gebratene Gemüsebananen, exzellenter Fisch und herzhafte *Cuban sandwiches* für den kleinen Hunger angeboten werden. Die spanisch-karibische Küche blieb ebenso wie anderes Kulturgut unter den Exil-Kubanern weitgehend erhalten.

Viele von ihnen treten bis heute lautstark für eine Rückkehr auf ihre Insel ein und trommeln Unterstützung zusammen für jeden Versuch, das dortige Regime zu stürzen. Sie schicken kleine Privatflugzeuge gen Kuba, um dort Flugblätter abzuwerfen, und in Militärcamps tief in den Everglades trainieren Freiwillige für die Invasion. Wer sich für die politische Situation interessiert, kann dem Hauptquartier der »Aktionsgruppe« **Alpha 66** etwas weiter westlich an der Calle Ocho einen Besuch abstatten: Zahllose Fotos von bewaffneten Kampfgenossen im Trainingslager sind nicht misszuverstehen. Weiter östlich an der Calle Ocho erinnert an der Ecke 12th Street die Fackel des **Brigade 1506 Memorial** an die Gefallenen der Kuba-Invasion von 1961.

Doch die Chancen, Kuba zurückzuerobern, sind in Wahrheit gering. Die junge Generation der Exilanten hat sich längst mit der gegenwärtigen Situation arrangiert. Und selbst wenn das Land wieder zum kapitalistischen System zurückkehren sollte, wird wohl die Mehrheit der Exilkinder hierbleiben, denn die kulturelle Enklave ist ihnen zur Heimat, der amerikanische Traum zur Realität geworden. Viele Kubaner sind mittlerweile in die gutverdienende Mittel- oder sogar Oberschicht Miamis aufgestiegen. Sie leben längst nicht mehr nur in Little Havana,

Passion der Kubaner: Dominospielen

Barocke Idylle: Venetian Pool in Coral Gables

sondern auch in den feineren Wohngegenden. Dafür sind im Viertel um die Calle Ocho neue Immigranten aus Nicaragua oder Kolumbien nachgerückt, die der Vision vom leichteren Leben in den USA folgten.

Nur ein paar Straßenzüge weiter östlich liegt ein anderer, älterer »Traum«: die **Villa Vizcaya**, die den Wunsch begüterter Amerikaner nach einem schneelosen Winter verkörpert – und den Lebensstil der Industriemagnaten um die Jahrhundertwende. Der Erbauer, James Deering, hatte mit der Produktion von Traktoren und Erntemaschinen in Illinois ein Vermögen verdient, doch dann riet ihm sein Arzt, wegen seiner Blutarmut südliche Gefilde aufzusuchen. Deering entschied sich für das gerade aufblühende Miami – und stellte 1916 für 15 Millionen Dollar einen Neorenaissance-Palast ans Ufer der Biscayne Bay, ein Mini-Versailles, eines Königs würdig. Die 70 Zimmer ließ er mit feinsten Antiquitäten und Gemälden aus Europa füllen, die Gärten ringsum mit Brunnen und Lauben verschönern – ein sehenswerter Abstecher.

Noch mehr Zeugnisse vom leichten Leben der oberen Zehntausend warten im angrenzenden Villenviertel **Coral Gables**, das über die Miracle Mile (22nd St.) nun schnell zu erreichen ist. Der Immobilienmagnat und Grapefruit-Pflanzer George Merrick verwirklichte hier Anfang der 1920er Jahre seinen Traum von einer perfekt geplanten Parkstadt, einem eleganten mediterranen Villenviertel. Der Baustil der spanischen und italienischen Renaissance diente als Vorbild. Alle Häuser sollten Türmchen und Ziegeldächer, schmiedeeiserne Balkone und Innenhöfe haben. Dazu plante er breite, begrünte

Boulevards, öffentliche Plazas mit Brunnen, Stadttore und Kanäle.

Merricks Traum wurde wegen des Immobilien-Crash 1926 nur zum Teil verwirklicht, trotzdem stieg Coral Gables nach dem Zweiten Weltkrieg zu einem der beliebtesten Wohnviertel der Stadt auf. An der Miracle Mile stehen zwar heute auch Hochbauten im Geschäftszentrum des Bezirks, doch in den ruhigen, noblen Seitenstraßen um den DeSoto Boulevard lässt sich Merricks Vision gut nachempfinden. Im Mai, wenn die korallenroten Blüten der Royal-Poinciana-Bäume dicke Farbtupfer zwischen die Villen setzen, ist diese Rundfahrt besonders eindrucksvoll. Pflichtstopps am Wege sind der mit Wasserfällen und lauschigem Grün verschönerte **Venetian Pool** von 1922 und das 1926 erbaute **Biltmore Hotel**, dessen Turm ein Nachbau der Giralda in Sevilla ist.

Noch eine letzte sehenswerte *neighborhood* liegt in der Nähe: das alte Künstlerviertel **Coconut Grove**, heute ein verrückter und modischer Szenetreff. Durch schmale, von Büschen und Bäumen überwucherte Straßen ohne Gehsteige stößt man vor ins Ortszentrum um Main Highway und Grand Avenue – das Labyrinth der grünen Gassen ist Absicht und soll den dörflichen Charakter bewahren.

Die Boutiquen und Restaurants, die modischen Girls und teuren Karossen sind jedoch alles andere als provinziell. In einem der Straßencafés oder beim Bummel in und um den Shoppingkomplex **CocoWalk** kann man die promenierende Eleganz beobachten.

Zum stimmungsvollen Abschied nimmt man vielleicht noch einen Drink am Wasser mit Blick auf einen der kleinen Yachthäfen – Miami ist auch abseits der Strände schön.

Treff zum Shoppen und Schauen: CocoWalk im Viertel Coconut Grove

Die Keys – Route: Miami – Key West – Miami (560 km/350 mi)

1. Tag – Route: Miami – Key West (280 km/175 mi)

km/mi	**Zeit**	**Route**
0	Vormittag	Abfahrt von **Miami Beach** über den MacArthur Cswy. (US 41/SR A1A) nach Miami, dann über US 1, SR 878 und SR 874 zu Florida's Turnpike Süd, bei Florida City wieder auf die US 1 zum
112/ 70		**John Pennekamp Coral Reef State Park** auf **Key Largo**; ein kurzer Sprung ins Wasser oder ein Bummel auf den Naturpfaden, danach Fahrt mit dem Glasbodenboot zum Riff, Schnorcheltour oder Tauchgang.
	ca. 15.30 Uhr	Abfahrt von **Key Largo** auf US 1 nach Süden
280/175	ca. 18.00 Uhr	Ankunft in **Key West**. Zum Sonnenuntergang: **Mallory Square**.

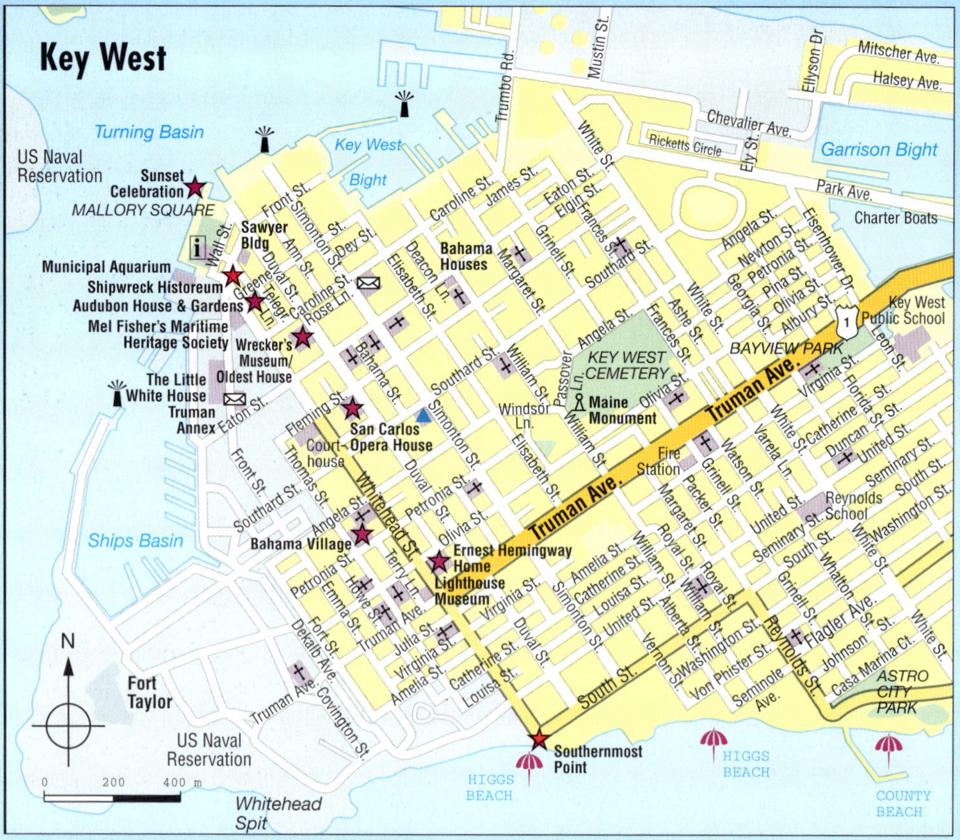

2. Tag – Route: Key West – Key Largo/Miami (280 km/175 mi)

km/mi	Zeit	Route
	Vormittag	Bummel durch die **Altstadt von Key West**: Southernmost Point, Ernest Hemingway Home, Duval Street mit San Carlos Opera House, Oldest House (und/oder Audubon House, Shipwreck Historeum, Mel Fisher's Maritime Heritage Society) und Mittagspause.
0	13.30 Uhr	Abfahrt von **Key West** (evtl. mit Abstecher zum alten Friedhof).
56/ 35	14.30 Uhr	**Big Pine Key**, Abstecher ins Key Deer Refuge: **Blue Hole** (Süßwassersee in einem aufgelassenen Steinbruch); kleine Wanderung auf dem **Jack Watson Wildlife Trail** (ca. 45 Min.).
72/ 45		Badepause auf **Bahia Honda Key** und/oder Besuch des **Museum of Natural History of the Florida Keys** (MM 50.5). Alternativprogramm für Flipperfans: Besuch des **Dolphin Research Center** auf Grassy Key.
184/115	19.00 Uhr	Ankunft auf **Key Largo** oder Weiterfahrt nach
280/175	20.00 Uhr	**Miami**.

Abkürzung/Extratouren: Bei genügend Urlaubszeit lohnt es sich sehr, einen **Extratag** für die Keys einzuplanen. Also: ein Tag für die Fahrt von Miami nach Key West, ein Tag in Key West und danach ein Tag für die gemütliche Rückfahrt. Wer weniger Zeit zur Verfügung hat, kann den Ausflug nach Key West (ohne Bootstour auf Key Largo) auch in einem – allerdings recht langen – Tag schaffen. Am besten fährt man dann frühmorgens los, verbringt den Vormittag und Mittag in Key West und beginnt die Rückfahrt schon gegen 14 Uhr, denn später ist der Overseas Highway meist recht »verstaut«. Nach einem gemütlichen Sonnenuntergangs-Dinner auf Key Largo fährt man dann die restliche Strecke zurück.

Die Keys bieten besonders für Sportbegeisterte einiges: Tauchen im Pennekamp Park oder, noch schöner, im **Looe Key National Marine Sanctuary** (von Big Pine Key und Ramrod Key aus mit organisierten Tauchfahrten zu erreichen); Hochseeangeln nach Segelfisch und Tarpon von Islamorada oder Marathon aus; Naturerlebnisse auf den abgeschiedenen Inseln Lignumvitae Key oder Indian Key. Auskunft direkt vor Ort bei den Visitor Centers; kurzfristige Buchung fast immer möglich.

Ebenfalls interessant ist ein **Abstecher** auf die **Dry Tortugas**. Die halb- und ganztägigen Touren führen per Boot oder Wasserflugzeug zu der etwa 100 km westlich von Key West gelegenen Inselgruppe, die 1992 zum Nationalpark erklärt wurde. Dort kann man das um 1850 erbaute Fort Jefferson besichtigen, angeln oder auf einem der hier noch völlig intakten Korallenriffe schnorcheln. Buchung bei **Seaplanes of Key West** (✆ 305-294-0709, www.seaplanesofkeywest.com) oder bei **Sunny Days Catamarans** (✆ 305-296-5556, www.sunnydayskeywest.com).

Florida City

Mutineer Restaurant
U.S. 1/Palm Drive (S.W. 344 St.)
✆ (305) 245-3377
Gutes Fischrestaurant direkt am Ende des Florida Turnpike. Exzellente Shrimps im Kokosmantel. Minizoo für Kinder. $$

Key Largo

Key Largo Visitor Center
Overseas Hwy. 106000
Key Largo, FL 33037
✆ (305) 451-4747, Fax 451-4726
www.floridakeys.org, www.fla-keys.de

Hilton Key Largo Beach Resort
97000 S. Overseas Hwy.
Key Largo, FL 33037
✆ (305) 852-5553 oder 1-888-871-3437
www.keylargoresort.com
Große Ferienanlage auf der Golfseite der Insel mit Pools, Naturpfaden, Bootshafen, Restaurants und Bars. $$$–$$$$

Jules' Undersea Lodge
51 Shoreland Dr., Key Largo, FL 33037
✆ (305) 451-2353, Fax 451-4789
www.jul.com
Sehr extravagant: eine Nacht unter dem Meeresspiegel einer Lagune. Umgeben von tropischer Fischwelt taucht man hinab und verbringt eine Nacht im Meer. Ca. 400 $ inkl. Ausrüstung; Tauchschein erforderlich.

Marina Del Mar Resort
MM 100, 527 Caribbean Dr.
Key Largo, FL 33037
✆ (305) 451-4107, Fax 451-1891
www.marinadelmarkeylargo.com
Gepflegtes Apartmentmotel an einem der Kanäle am Atlantik; Pool, Tennis, Tauchzentrum und Restaurant. $$–$$$

Sunset Cove Resort
MM 99.5, 99360 Overseas Hwy.
Key Largo, FL 33037
✆ (305) 451-0705, Fax 451-5609
www.sunsetcovebeachresort.com
Kleines Motel mit Hütten teils direkt am Strand und mit eigener Küche. $$–$$$

Bay Harbor Lodge
MM 97.7, 97702 Overseas Hwy.
Key Largo, FL 33037
✆ (305) 852-5695, Fax 451-1741
www.bayharborkeylargo.com
Einfaches Ferienmotel mit hübschem Garten; Boote verfügbar. $–$$

Key Largo Campground & Marina
MM 101.5, 101551 Overseas Hwy.
Key Largo FL 33037
✆ (305) 451-1431
www.keylargokampground.com
Platz für Zelte und Wohnmobile entlang eines Yachthafens; kleiner Strand.

John Pennekamp Coral Reef State Park
MM 102.5, Key Largo
✆ 1-800-326-3521 (Camping-Info)
39 km langer, 15 km breiter Unterwasserpark vor Key Largo. Größte Attraktion sind die vorgelagterten Korallenriffe. Museum und Besucherzentrum auf dem kleinen Landteil des Parks; Bademöglichkeit, Kanu- und Windsurfervermietung.

Coral Reef Park Company
MM 102.5, Key Largo, FL 33037
✆ (305) 451-6300
www.pennekamppark.com
Täglich dreistündige Touren mit Glasbodenbooten (22 $) zum Korallenriff im John Pennekamp State Park um 9.15, 12.15 und 15 Uhr. 9, 12 und 15 Uhr auch dreistündige Schnorcheltouren (29 $). Tauchtouren (50 $) um 9.30 und 13.30 Uhr. Möglichst einen Tag vorab reservieren.

Snook's Bayside
MM 99.9, Key Largo, ✆ (305) 453-3799
Frischer Fisch, Steaks und Lamm; mit Blick über die Florida Bay, auch sehr schön bei Sonnenuntergang. $$

Caribbean Club
MM 104, Key Largo
Raue Biker-Bar mit Geschichte: An dieser Stelle wurde der Film »Key Largo« mit Humphrey Bogart gedreht. Das Bier ist sagenhaft billig, auf der Veranda lohnt der Blick in den Sonnenuntergang – und an der Theke gibt's T-Shirts mit Bogart-Aufdruck.

Islamorada/Marathon

Marathon Chamber of Commerce
MM 53.5, 12222 Overseas Hwy.
Marathon, FL 33050
✆ (305) 743-5417
www.floridakeysmarathon.com

Cheeca Lodge
MM 82, P.O. Box 527
Islamorada, FL 33036
✆ (305) 664-4651, Fax 664-2893
www.cheeca.com
Elegantes Luxushotel mit eigenem kleinen Strand, Tennisplätzen und Bootscharter. Sehr gutes Restaurant. $$$–$$$$

Chesapeake Resort
MM 83.5, P.O. Box 909
Islamorada, FL 33036
✆ (305) 664-4662, Fax 664-8595
www.chesapeake-resort.com
Freundliches Mittelklassehotel mit Marina und kleinem Badestrand; große Zimmer, nettes Personal.
$$–$$$$

Banana Bay Resort
MM 49.5, 4590 Overseas Hwy.
Marathon, FL 33036
✆ (305) 743-3500, Fax 743-2670
www.bananabay.com
Ruhige Anlage mit viel Grün rundum und weiß-rosa Bungalows, Pool.
$$–$$$

Bunt und tropisch: Oase in Islamorada

Die Keys – Informationen: Lower Keys

Theater of the Sea
MM 84.5, Islamorada
✆ (305) 664-2431, www.theaterofthesea.com
Tägl. 9.30–16 Uhr, Eintritt 26 $
Ozeanarium mit Seelöwen, Delphinen und Fischen der Keys. Bei Reservierung kann man mit den Flippern schwimmen.

Dolphin Research Center
MM 59, Grassy Key
✆ (305) 289-1121, www.dolphins.org
Tägl. 9–16.30 Uhr
Eintritt 19.50 $, Spielen mit Delphinen ab 70 $, Schwimmen mit Delphinen 180 $
Die ehemalige Heimat von Flipper ist nun Kurheim für Delphine; ab 10 Uhr 5mal tägl. Führungen. Ein besonderes Erlebnis ist das Schwimmen mit den aufgeweckten Tieren (Reservierung notwendig).

Robbies Marina
77522 Overseas Hwy., Islamorada
Bootscharter und Angeltouren – der Clou ist für ein paar Dollar Fischfüttern am Dock! Ein Heidenspaß.

Crane Point Nature Center & Museum
MM 50.5, Crane Point Hammock
Mo–Sa 9–17, So 12–17 Uhr, Eintritt 7.50 $
Kleine Ausstellungen zu Geologie, Pflanzen- und Tierwelt der Keys, auch für Kinder. Lehrpfad durch das Naturschutzgebiet.

Morada Bay
81600 Overseas Hwy., Islamorada
✆ (305) 664-0604
Hervorragende New-World-Küche in tropischem Ambiente und dazu ein schöner Blick über die Florida Bay. $$

Holiday Isle
MM 84, Islamorada
✆ (305) 664-2321
Ferienanlage mit mehreren turbulenten Bars und Restaurants – ein beliebtes Partyziel der Urlauber aus Miami. $–$$

Lower Keys

Lower Keys Chamber of Commerce
MM 31, Overseas Hwy.
Big Pine Key, FL 33043
✆ (305) 872-2411
Fax 872-0752
www.lowerkeyschamber.com

Bahia Honda State Recreation Area
MM 37.5, Overseas Hwy.
Big Pine Key, FL 33043
✆ 1-800-326-3521 (Camping-Info)
State Park mit dem längsten Sandstrand der Keys, schönem staatlichen Campingplatz; Bootstouren- und Surfbrettvermietung.

Freundlicher Flipper im Dolphin Research Center auf Grassy Key

Sugerloaf Key KOA
MM 20, P.O. Box 420469
Summerland Key, FL 33042
© (305) 745-3549, www.koa.com
Großer Privatcampingplatz mit eigenem Strand; Bootsvermietung; ca. 30 Min. Fahrt bis Key West.

Key Deer Refuge
Big Pine Key
Im Naturschutzgebiet auf der 13 km langen Insel versuchen die Ranger den zierlichen Key-Rehen das Überleben zu ermöglichen. Im kleinen Süßwassersee **Blue Hole** tummeln sich etliche Schildkröten und Alligatoren, der Naturpfad etwas nördlich davon führt durch stille Kiefern- und Palmettowälder.

Key West

Key West Chamber of Commerce
402 Wall St., Key West, FL 33040
© (305) 294-2587 oder 1-800-527-8539
www.keywestchamber.org

Reach Resort
1435 Simonton St.
Key West, FL 33040
© (305) 296-5000, Fax 296-2830
www.reachresort.com
Attraktives, im Kolonialstil erbautes Resorthotel am Südende der Altstadt. Zimmer mit Balkon und Einbauküche; Swimmingpool und eigener Strand mit Windsurfervermietung; an Feiertagswochenenden ist es allerdings restlos voll. $$$$

Marquesa Hotel
600 Fleming St., Key West, FL 33040
© (305) 292-1919, Fax 294-2121
www.marquesa.com
Elegantes kleines Hotel in der Altstadt. Die 27 sehr geschmackvoll möblierten Zimmer sind auf vier zum Teil alte viktorianische Häuser verteilt. Hervorragendes Restaurant mit »New-Florida«-Cuisine. $$$–$$$$

Eden House
1015 Fleming St., Key West, FL 33040
© (305) 296-6868, Fax 294-1221
www.edenhouse.com
Hübsches, karibisch gestyltes Gästehaus mit viel Grün und Restaurant. $$–$$$$

Heron House
512 Simonton St., Key West, FL 33040
© (305) 294-9227, Fax 294-5692
www.heronhouse.com
Komfortables Gästehaus mit Swimmingpool und tropischem Garten, zentral gelegen in der Altstadt. Wochen zuvor reservieren. $$–$$$, im Winter bis $$$$.

Southernmost Hotel
1319 Duval St., Key West, FL 33040
© (800) 354-4455, Fax 294-8272
www.southernmostresorts.com
Vier gepflegte, individuell gestaltete Hotels am Südende der Altstadt. $$$, im Winter bis $$$$

The Inn at Key West
3420 N. Roosevelt Blvd.
Key West, FL 33040
© (305) 294-5541, Fax 294-7932
www.theinnatkeywest.com
Modernes Motel am Ostrand der Insel; Swimmingpool. 10 Min. Fahrt zur Altstadt. $$–$$$

Mallory Square
Der kleine Platz an der Nordwestspitze der Insel ist der allabendliche Sammelplatz der Sonnenanbeter, der Jongleure, Feuerschlucker, Grashutflechter – der ganzen skurrilen Szene von Key West. Einmal muss dies jeder Tourist mitgemacht haben.

Southernmost Point (South & Whitehead Sts.) und **Hemingway Home** sind gut mit dem Fahrzeug zu erreichen. Danach sollte man am Südende der Innenstadt parken und Besichtigungen zu Fuß machen. An Wochenenden und zur Hauptsaison im Winter ist es wegen der katastrophalen Parkverhältnisse manchmal besser, den Wagen am Hotel oder Stadteingang stehenzulassen und sich einer Führung mit dem **Conch Train** anzuschließen (Abfahrt am Mallory Sq.). Eine individuellere Alternative:

The Moped Hospital
601 Truman Ave., Key West
✆ (866) 296-1625
Ohne Parkplatzsorgen in Key West herumflitzen: Einer der vielen Fahrrad- und Mopedvermieter in Key West.

Ernest Hemingway Home
907 Whitehead St., Key West
Tägl. 9–17 Uhr, Eintritt 12 $
Die berühmte Villa Ernest Hemingways, in der er in den 1930er Jahren einige seiner bekanntesten Romane schrieb. Sehr gut erhalten mit hübschem tropischem Garten.

San Carlos Institute
516 Duval St., Key West
Fr–So 12–18 Uhr, Eintritt frei
Kubanisches Kulturzentrum in einem alten Theater; Ausstellungen.

Wrecker's Museum/Oldest House
322 Duval St., Key West
Do–Sa 10–14 Uhr, Eintritt 5 $
Das Museum im angeblich ältesten Haus (1829) von Key West veranschaulicht den Lebensstil der reichen *Wrecker*, die die zahllosen gestrandeten Schiffe ausplünderten.

Audubon House & Gardens
Whitehead & Greene Sts., Key West
Tägl. 9.30–17 Uhr
Eintritt 10 $
Das restaurierte Herrenhaus des berühmten Ornithologen und Malers James Audubon zeigt die typische Möblierung des 19. Jh. und einige Werke des Meisters. Herrlicher Garten.

Mel Fisher's Maritime Heritage Society
Greene & Front Sts., Key West
Tägl. 9.30–17 Uhr, Eintritt 12 $
Kleine Ausstellung der Schätze, die Mel Fisher aus den versunkenen spanischen Galeonen barg; nur für wirklich passionierte Schatzsucher interessant.

Shipwreck Historeum
1 Whitehead St., Key West
Tägl. 9.45–16.45 Uhr, Eintritt 12 $
Ein buntes Erlebnismuseum im Nachbau eines *Wrecker*-Hauses.

Louie's Backyard
700 Waddell Ave., Key West
✆ (305) 294-1061
Romantisches Ambiente in einem alten Keys-Haus, wunderschöne Blicke über das Meer und ausgezeichnete Fischgerichte. Reservierung nötig. $$–$$$

Kelly's Caribbean Bar & Grill
301 Whitehead St., Key West
✆ (305) 293-8484
Großes, sehr beliebtes Szenelokal im alten Gebäude der PanAm-Airline; begrünter Innenhof und Bar, eigene Mini-Brauerei. $$

Mangoes
700 Duval St., Key West
✆ (305) 292-4606
Karibisch angehauchte Kost wie *Conch Chowder* oder *Curry Chicken* auf einer großen Terrasse im Herzen der Altstadt. Sehr gute Pizza. $$

Turtle Kraals Grill
231 Margaret St., Key West
✆ (305) 294-2640
Bei den Einheimischen recht beliebtes und witziges Fischlokal (mit Schildkrötenausstellung!) am Hafen. Abends oft Live-Musik. $$

Thai Cuisine
513 Green St., Key West
✆ (305) 294-9424
Zur Abwechslung mal Thailändisch? Preiswert, nett und mit Terrasse. $–$$

Croissants de France
816 Duval St., Key West
✆ (305) 296-2624
Nettes Bistro mit Terrasse: Café au Lait und Croissants zum Frühstück, Crêpes, Couscous und Quiches zum Lunch und Dinner. $

Sloppy Joe's Bar
201 Duval St., Key West
www.sloppyjoes.com
Die berühmte Kneipe Hemingways – und entsprechend wird sie auch vermarktet. Aber die stets überfüllte Bar ist allemal einen Drink und etwas Nostalgie wert, nachmittags und abends spielen meist Live-Bands.

Nachtleben
Die nächtliche Szene in Key West ist legendär. Ernsthafte Bargänger sollten nach einem Drink im Sloppy Joe's lieber in die umliegenden Kneipen weiterziehen: in den dunkel-rauchigen **Captain Tony's Saloon** an der Greene St. etwa, der zu Hemingways Zeiten die ursprüngliche Sloppy Joe's Bar war. Hier lernte »Papa« Martha Gellhorn kennen, seine spätere (dritte) Frau.

Schön für einen gepflegten Drink mit Aussicht ist die Bar im Dachgeschoss des **Crown Plaza La Concha** (430 Duval St.).

Gute Stimmung, Drinks und Live-Musik findet man in der **Bull and Whistle Bar** (224 Duval St.), im **Green Parrot Bar** (601 Whitehead St.), im **Hog's Breath Saloon** (400 Front St.) und im **Margaritaville** (500 Duval St.), das dem Key-West-Rockstar Jimmy Buffet gehört.

Die älteste Bar in Key West

Die Keys

Auf dem Highway übers Meer

Genug der luxuriösen Strandhotels in Miami, der schicken Szenegänger und Models, des polierten und des verlotterten Art déco. Florida hat noch mehr zu bieten: idyllische Natur und bunte Häfen, Korallenriffe, Palmen und schimmernde Buchten. Also auf zu den Keys, den sagenhaften Inseln im Golfstrom, den Inseln Hemingways und der Schatzsucher. Auf zum tropischen Ende Amerikas. Die gut 200 Kilometer lange Kette der Keys scheidet die Meere Floridas, den Atlantik und den Golf von Mexiko, voneinander. Auf der Nordseite liegen die stillen, ganz seichten Wasser der Florida Bay, die zum Golf gehört. Auf der Südseite fließt der warme Golfstrom durch die Florida Strait, einen Teil des Atlan-

Kein Mangel an tropischem Flair: Sonnenuntergang auf den Keys

tiks. Die Eilande wuchsen aus einem alten Korallenriff, auf dem zähe Mangrovenwälder Sand und Erde sammelten, bis im Laufe der Jahrtausende flache Landhügel entstanden. Badestrände gibt es auf den Keys nur wenige, dafür aber reichlich andere Attraktionen wie schöne Aussichten und viel tropisches Flair. Und keine Angst, braun wird man hier auch ohne Strand – die sengende Tropensonne findet beim Segeln, Windsurfen, Angeln oder einfach schon beim Bummel durch Key West genügend Angriffsfläche.

Die Reise auf die Keys kann man problemlos individuell unternehmen. Während anderswo auf der Welt meist ein Schiff nötig ist, um zu Inseln zu gelangen, geht das hier per Auto. Der berühmte **Overseas Highway**, die US 1, hüpft über 42 Brücken von Insel zu Insel und verbindet über die glitzernden Wasserflächen hinweg das Festland mit dem 170 Kilometer entfernten Key West.

1. Tag **Inseln im Strom**
Von Miami nach Key West

Das erste Stück Fahrt durch Miami ist noch städtische Durststrecke. Dichter Verkehr im Stadtzentrum, dann weiter durch endlose Vororte gen Süden. Nach **Florida City** wird das Tempo abrupt langsamer. Die US 1, die nun schnurgerade durch den Sumpf führt, wird zur zweispurigen Landstraße. Und irgendwo zockelt immer ein Lastwagen gemütlich vorneweg. Nicht drängeln, runterschalten. Hier herrschen andere Zeitdimensionen. Das hektische Miami liegt weit zurück. »Abwarten«, mahnen die Schilder, »in drei Minuten kommt eine Überholspur«.

Ringsum zeigen sich hier und dort noch die Schäden des berüchtigten Hurrikans »Katrina«. Am 25. August 2005 zog das Auge des noch jungen Sturms über diese Region und weiter nach Norden über den Golf von Mexiko. Bei New Orleans traf der nun dramatisch verstärkte Hurrikan erneut auf Land und brach mit der immensen Wucht eines Kategorie-5-Wirbelsturms über die Stadt herein. Eine bisher ungekannte Mega-Katastrophe war die Folge. Hier in den Everglades haben die Mangroven, die ja an sich schon recht zerzaust aussehen, dagegen den Sturm mühelos verkraftet – eingewanderte Pflanzen, die nicht in die Sümpfe gehören, wurden sogar wieder zurückgedrängt.

Die Route führt am **Everglades National Park** entlang, der letzten großen Wildnis Südfloridas. Bald glitzern die ersten

Wasserflächen der Sümpfe rechts und links der Straße. Große weiße Reiher sitzen unbeeindruckt vom Verkehrslärm in den Mangroven oder staksen auf der Suche nach dem zweiten Frühstück durchs Schilfgras. Der Horizont scheint sich zu weiten; große weiße Wolken hängen über der grünen Weite. Durch das geöffnete Fenster dringt das Quaken der Frösche.

Dann endlich kommen ein Knick in der Straße und eine Brücke: **Key Largo**, die erste und gleich auch die größte Insel der Keys. Ponce de León entdeckte die Eilande an der Südspitze Floridas auf seiner Expedition 1513 und benannte sie *Los Martires*, die Gemarterten. Die sich scharfkantig aufbäumenden Korallenriffe und das Gewirr aus verkrümmten Mangroven erinnerten ihn wohl an die Inquisition in Spanien.

Der erste Teil von Key Largo sieht auch heute etwas gequält aus. Wie eine offene Wunde klafft die breite Schneise des Highway zwischen dem Grün der Wäldchen. Am Straßenrand eine Collage aus verblichenen Werbeschildern und schiefen Holzhütten, Motels und Fastfood-Lokalen, zusammengewürfelten Shopping-Plazas und angestaubten Palmen. Hier im Inneren, dem »zivilisierten« Teil der langgestreckten Insel, ist das Meer nirgendwo in Sicht. Doch die Keys muss man vom Wasser aus erleben, nur dann wird ihre wahre und bezaubernde Natur deutlich. Der Kommerz an Land ist nur das zugehörige Übel. dass vieles etwas verlottert aussieht, hat vielleicht mit der entmutigenden Kraft der Hurrikane zu tun, die in periodischen Abständen alles wegfegen.

Der erste unverfälschte Eindruck von den Keys lässt aber nicht lange auf sich warten. Nach wenigen Kilometern heißt es schon: **John Pennekamp Coral Reef State Park**, links einordnen. Nach einigen hundert grünen Metern durch den

Erkundungstour unter Wasser: Wracktaucher vor Key Largo

tropischen Wald steht man am Eingang des ältesten Unterwasserparks der USA, der rund 580 Quadratkilometer des Atlantiks vor der Südküste von Key Largo einnimmt. Das Mangrovendickicht am sumpfigen Ufer, der Lebensraum seltener Wasservögel, und vor allem ein Teil des einzigen Korallenriffs in Nordamerika sollen hier vor dem menschlichen Zugriff geschützt werden.

Das ist in der Tat nötig. Mit Dynamit und großen Baggern rückten schon vor 50 Jahren die Geschäftemacher dem Riff auf den kalkigen Leib, um die Souvenirläden mit bunten Korallen auszustaffieren. Große Teile wurden zerstört und verödeten. Erst nach einer langen Kampagne der Naturschützer unter der Führung des Zeitungsredakteurs Pennekamp aus Miami, nach dem der Park heute benannt ist, ließ der Staat Florida 1960 die einzigartige Unterwasserwelt auf einer Länge von 38 Kilometern für tabu erklären. Die US-Regierung half seither noch nach und schuf 1975 um das Korallenriff ein **National Marine Sanctuary**, das 1990 auf eine Gesamtfläche von rund 10 000 Quadratkilometer ausgeweitet wurde und heute die Gewässer um die gesamten Keys umfasst.

Vor dem Ausflug zum Riff vielleicht noch eine kurze Abkühlung am kleinen Sandstrand, dann ein Besuch des **Visitor Center**. In den Ausstellungen und Aquarien werden die komplexen Entstehungsmechanismen des Korallenriffs erläutert: z. B. dass die winzigen Polypen, die das Riff bauen, nur im Laufe von Jahrtausenden ihr Werk tun und absolut sauberes, mindestens 20 Grad warmes Wasser, viel Sonnenlicht und ein intaktes Ökosystem dazu brauchen.

Hinter dem Visitor Center legen die Ausflugsboote ab. Wer auch nur die Grundzüge des Schwimmens beherrscht oder gar tauchen kann, sollte bei der

Schnorcheln im klaren Wasser der Keys ▷

snorkel oder *scuba tour* mitmachen. Dabei streift man im bis zu 28 Grad warmen Wasser zwischen den bunten, wogenden Fächerkorallen und kleinen Fischschwärmen umher. Im Glasbodenboot kann jeder mitfahren.

Kaum wird der Einlass freigegeben, stürzt alles an Bord, um einen Sonnenplatz an der Reling zu ergattern. Zunächst gleitet das Boot gemächlich durch die dunklen Kanäle der Mangrovensümpfe. Der mitfahrende Naturkundler erläutert derweilen in einem Atemzug, dass die Spucktüten an Bord – ganz handlich – gleich neben der Kombüse zu finden sind und dass die im Salzwasser wachsenden Bäume mit ihren zahllosen Luftwurzeln lebensnotwendig sind für die Keys, sozusagen als wellenbrechender Schutzwall.

Die eigentlichen Wellenbrecher vor der Küste sind aber die fünf bis acht Kilometer im Atlantik vorgelagerten Riffe, auf die das Schiff nun Kurs nimmt. Sie vermindern die Kraft der Wellen und ermöglichen so den Mangroven erst das Wachstum. Die bis zu fünf Meter unter der Wasseroberfläche lauernden Riffe sind aber andererseits auch daran schuld, dass es die Keys selten zu Sandstränden gebracht haben. Keine Brandung, kein Sand – so einfach ist das.

Unzählige Schiffe sind an der Barriere vor den Keys schon zerschellt. Allein die Spanier verloren in 300 Jahren Kolonialzeit etwa 2000 Galeonen. Aber auch jüngere Wracks sind zu finden, z. B. der Frachter »Benwood«, der im Zweiten Weltkrieg von einem deutschen U-Boot zur heutigen Tauchattraktion gemacht wurde. Die Riffe sind oft nach den Wracks und ihrer Ladung benannt. Da gibt es das »Carysfort Reef«, benannt nach einer 1770 untergegangenen britischen Fregatte. Das »Molasses Reef« erhielt seinen Namen nach einem

Abends beißen sie am besten...

Frachter mit einer Ladung Zuckersirup. Und das »Pickles Reef« bewacht eine Ladung Essiggurken. Im Jahr 2002 wurde sogar ganz absichtlich das 170 Meter lange Marineschiff »Spiegel Grove« versenkt – als Grundlage für ein künstliches Riff.

Nach einer knappen Stunde Fahrt wird das Riff erreicht, schon allein daran zu erkennen, dass nun viele Nasen an den Unterwasserfenstern plattgedrückt werden. Wer zum ersten Mal ein Korallenriff sieht, wird sich insgeheim nach Zäunen, nach Aquarienwänden umsehen. Ist das alles real? Oder ist Disney World schon bis hierher vorgedrungen? Nein, die vielgestaltigen, zum Greifen nahen Korallenköpfe, die bunten flitzenden Fische sind von Mutter Natur so grandios arrangiert.

Ein friedliches Gefühl überkommt den Betrachter in der lautlosen, unwirklichen Landschaft. Gar nicht satt sehen kann man sich an dieser Wunderwelt der Elchshorn- und Hirnkorallen, der gestreiften und gepunkteten tropischen Fische. Fast 400 verschiedene Fischarten leben im Riff. Und ein krönender Höhepunkt ist es immer, wenn unter den ehrfurchtsvollen Betrachtern im abgedunkelten Bauch des Schiffes jemand eine Seeschildkröte, einen Barracuda oder gar einen Hai entdeckt.

Kapitän Todd fährt schon seit zehn Jahren Besucher hinaus aufs Riff und freut sich jedesmal wieder über die staunenden Gesichter. Aber er fürchtet auch um das Riff und spricht von den Hunderttausenden von Besuchern, die alljährlich auf die Keys kommen: »Für Taucher und Schnorchler ist es verboten, sich auf die Korallen zu stellen oder sie auch nur zu berühren – aber man sieht es immer wieder. Abbrechen und mitnehmen darf man sowieso nichts. Die Korallen, die hier in den Läden verkauft werden, stammen alle von den Philippinen. Dort betreiben sie mit Dynamit richtiggehenden Kahlschlag in ihren Riffen. Auch wenn das hier verboten ist, sind trotzdem wegen der vielen Menschen immer wieder Schäden feststellbar. Ich hoffe, unser Riff überlebt.«

Später, beim Parkausgang, stößt man dann auf die Muschel- und Korallenläden: *The Shell Man* heißt es in großen Lettern. Aber die bunten Korallen und Muscheln stammen nur in den wenigsten Fällen aus Florida.

Von Key Largo geht es weiter auf dem Overseas Highway, der Straße übers Meer: links der Atlantik, rechts die Florida Bay, also der Golf von Mexiko. Verirren ist ausgeschlossen. Es gibt nur den Highway und ein paar Stichstraßen, die unweigerlich am Wasser enden. Die ab und zu vorbeiwischenden Meilensteine zählen die Entfernung ab Key West und werden von den *locals* bis heute oft als Ortsangabe verwendet. Eine Adresse heißt dann lediglich »MM 106« (*mile marker* 106), und jeder weiß Bescheid.

Der Name »Keys« stammt übrigens, wie so vieles in Florida, von den Spaniern. *Cayos* nannt sie die kleinen Inseln, was dann amerikanisiert zu *keys* wurde. Außer verschwenderisch Namen zu verstreuen, taten die Spanier hier jedoch nicht viel. An Land gingen sie nur selten, denn es waren weder Schätze noch Gold zu finden. Nicht einmal Süßwasser gab es für die Schiffbrüchigen. Nur Milliarden von Moskitos. Auch nach den spanischen Entdeckungsfahrten blieb es daher noch lange ruhig auf den Keys.

Anfang des 19. Jahrhunderts entstand ein kleiner Ort auf Key West, und vor gut 100 Jahren ließen sich auch auf anderen Inseln die ersten Siedler nieder. Hart arbeitende, von Moskitos geplagte Methodisten waren es, die nun Kokoshaine, Melonenfelder und Ananasplantagen anlegten. Der dürftige Kalkboden war steinig und nährstoffarm. Es gab keine Tiefseehäfen, die Menschen waren von der Außenwelt fast völlig abgeschnitten.

Das einzige Süßwasser kam aus Zisternen, mit denen sie das Regenwasser auffingen. (Noch heute werden die Keys bis hinab nach Key West per Pipeline von Miami aus versorgt.) Schwefelstäbe im Wasser sollten damals Bakterien und krabbelnde glitschige Tierchen fern halten. Manchmal wurden sogar rostige Nägel mit hineingeworfen, um das Trinkwasser »nahrhafter« zu machen. Einige dieser auf Stelzen gebauten Bottiche aus Zypressenholz stehen noch heute in den Hinterhöfen der alten Häuser.

Die moderne Zivilisation erreichte erst in diesem Jahrhundert die Keys. Henry Flagler, auf den die Erschließung fast ganz Floridas zurückgeführt wird, war auch hier beteiligt. Und wie! Mit greisen

75 Jahren entschloss er sich 1905, seine Eisenbahnlinie von Miami bis Key West weiterzuführen. Kein Zeitgenosse hielt das für möglich. Aber Flagler ließ bauen. Tausende Männer kämpften gegen tropische Hitze und Feuchtigkeit, gegen Moskitos und Hurrikane – und am 22. Januar 1912 lief der *Extension Special* (später *Havana Special*) nach fünfstündiger Fahrt in Key West ein.

Als sich ein Jahr zuvor die Bahnlinie dem Ort genähert hatte, stellten die Ingenieure etwas verspätet fest, dass kein Land für einen Bahnhof vorhanden war. Flagler ungerührt: »Dann schafft Land!« Und die Wasser teilten sich und es ward Land – mittels Baggern versteht sich. Direkt am Bahnsteig, der ins Wasser hinaus gebaut wurde, konnte man auf die Dampfschiffe nach Kuba umsteigen. Nichts war Flagler unmöglich, alles gelang. Doch konnte er seinen Ruhm nur kurz genießen, denn schon vier Monate nach der Eröffnung der Key West Extension starb er.

Zunächst blühte der Verkehr auf der neuen Route; Obst aus Mittel- und Südamerika wurde über Flaglers Eisenbahn importiert, Touristen konnten von New York bis Key West fahren, ohne umzusteigen. Doch langsam versiegte das Geschäft, weniger und weniger Touristen kamen. Während der Depression der 1930er Jahre wollte schon keiner mehr einen Ausflug nach Key West unternehmen. Und dann ereignete sich die Katastrophe.

Ein Hurrikan – damals hatten sie noch keine Namen – fegte am 2. September 1935 geradewegs über den Mittelteil der Keys. Unglücklicherweise waren dort zu der Zeit Hunderte von Weltkriegsveteranen bei Arbeitsprojekten der Roosevelt-Regierung beschäftigt. Zu spät wurde ein Evakuierungszug für sie aus Miami losgeschickt. Winde mit über 300 Stundenkilometern und eine sechs Meter hohe Flutwelle brachen über die Matecumbe Keys im Zentrum des Hurrikans herein. Vom Zug blieb nur die 106 Tonnen schwere Lokomotive auf den Gleisen, die elf Waggons wurden von den Schienen gefegt, die Arbeiter ertranken. Insgesamt forderte der Hurrikans etwa 800 Menschenleben.

Windige Verhältnisse – aber nur bei Hurrikan

Nach der Katastrophe gab die Bahngesellschaft auf. Die Brücken waren zwar stehen geblieben (gebaut aus deutschem Zement), aber fast die gesamte Gleisstrecke war unterspült, und die Aufräumarbeiten hätten die Gesellschaft in den Ruin gestürzt. Schließlich übernahm der Staat die Strecke und baute sie zum Overseas Highway aus. Mittlerweile wurden die Brücken unter Millionenaufwand mit moderner Technik erneuert (die alten hat die Keys-Bevölkerung flugs zu herrlich langen Angelpiers erklärt). Doch die parallel zum modernen Highway verlaufenden, fast römisch anmutenden Aquäduktbögen der großen Brücken Flaglers kann man auch heute noch bewundern.

Nach Key Largo beginnt der Teil der Route, wo schon von der Straße aus ein wenig Sightseeing möglich ist. Zwischen den niedrigen Wäldchen schimmern immer wieder kleine tiefblaue Buchten, an den malerischen Piers liegen bis an die Mastspitzen mit Angelhaken bewaffnete Charterboote.

Von der Brücke zwischen den beiden **Matecumbe Keys** sieht man linker Hand hinüber zum unscheinbaren **Indian Key:** ein Büschel grünes Gestrüpp im flachen Atlantik. Kaum zu glauben, dass die Insel vor 150 Jahren besiedelt und Hauptstadt eines Regierungsbezirks war, der bis zum heutigen Miami reichte. Post, Laden, Agavenplantagen und Hafen florierten, bis am 7. August 1840 die Calusa-Indianer im Morgengrauen angriffen und die Siedlung bis auf die Grundmauern abbrannten. Seitdem hat die Natur Indian Key wieder zurückerobert, und die ersten Zivilisationsversuche der Weißen auf den Keys sind hier nur noch kleine Narben im dichten Gestrüpp.

Immer hübsch hintereinander kommen die kleinen, langgezogenen Straßendörfer der Keys: **Islamorada**, das sich ganz dem Hochseeangeln verschrieben hat, das schrecklich verbaute ehemalige Eisenbahnercamp **Marathon** und zahllose Winzlingshäfen, jeweils mit kleinem Laden und Motel oder Ferienanlage. Die Bewohner leben vom Fischfang oder Tourismus und manche auch vom Schmuggel. Allerdings ist heute nicht mehr vergleichsweise harmloser Rum gefragt, sondern Drogen aus Mittelamerika. Sie werden in der Anonymität der vielen Ferien- und Fischerboote in den Keys illegal an Land gebracht. Jeder Kapitän kann davon erzählen, wie er mit seinem Kutter schon durch Ballen von Marihuana gepflügt ist, die die Schmuggler auf der Flucht vor der Küstenwache über Bord geworfen hatten.

Insel folgt auf Insel, Brücke auf Brücke. Ein Foto wert ist allemal die berühmte **Seven Mile Bridge**, die längste auf der ganzen Route und seinerzeit als achtes Weltwunder gefeiert. Zwar ist sie nicht ganz sieben Meilen lang, aber ihr Name steht so fest wie die 546 Zementpfeiler, die sie vom Knight Key zum Pigeon Key und weiter zum Little Duck Key trugen. »Trugen«, weil sie 1982 durch eine neue, breitere Brücke ersetzt wurde.

Die Lower Keys sind wieder etwas größer, weniger dicht besiedelt und stärker bewaldet – und die Hitze hier ist im Sommer noch drückender. **Big Pine Key** ist ein Refugium für die zierlichen Rehe der Keys – ein ideales Fleckchen für einen Abstecher auf der Rückfahrt. Mehr dazu morgen, denn heute ruft Key West.

Boca Chica, die letzte Insel vor Key West, ist fest in der Hand der Navy, die

dort ihre Aufklärungsflugzeuge, Kampfflieger und geheimes Seekriegsgerät stationiert hat. Unüberhörbar donnert auch gleich eine Formation stählerner Moskitos über die mangrovengesäumte Bucht.

Eine letzte, enttäuschend kurze Brücke und dann folgt **Key West**, die Insel Hemingways. Man biegt rechts in den Roosevelt Boulevard ein und fährt auf der US 1 in die Stadt. Der Anfang ist ernüchternd: Kettenmotels, stinknormale Tankstellen und ein Allerwelts-Straßenpanorama. Interessanter wird es aber gleich an der emsig-quirligen **Garrison Bight Marina**. Hier kommen die Charterboote von großer Fahrt zurück. Quietschend scharren die Boote am Dock, die Pelikane warten geduldig auf einen Happen. Bierdosen kreisen, und den staunenden Landratten werden die neuesten Abenteuer vom Kampf mit dem leider schließlich doch noch verlorenen Riesenfisch aufgetischt. Der neidische Seitenblick gilt den glücklicheren Petrijüngern, die sich mit stolzgeschwellter Brust neben ihrem oft recht beeindruckenden Fang – zwei- und dreimeterlangen Marlins und Schwertfischen – fotografieren lassen.

Hinter Garrison Bight beginnt die Altstadt. Die ersten malerischen Lagerschup-

Verschnörkelte Architektur und üppiges Grün: Blick über Key West

Abends am Mallory Square…

pen und kunstvoll geschnitzten Häuserfronten tauchen auf, dahinter üppig grüne, blühende Gärten. Key West, farbenfroh und tropisch-unamerikanisch, beginnt sich in Szene zu setzen. Die Sonne sinkt, und es wird Zeit, den Weg zum **Mallory Square** an der Nordwestspitze der Insel einzuschlagen. Dort wartet ein allabendliches Spektakel, das jeder Besucher erleben muss – zumindest einmal.

Trauben von tiefbraunen und rötlichen Menschen (die tiefbraunen sind die geschäftstüchtigen Key Westler, die rötlichen frischangekommene Touristen) drängeln sich am Pier, schaffen Jahrmarktrummel im besten Sinne. Jongleure zeigen ihre Künste, Gummimenschen falten sich in kleine Schachteln,

…buntes Treiben der Musiker und Gaukler

Feuerschlucker spucken Benzin, Gaukler und Musikanten ziehen ihre Mini-Shows ab. Daneben wird Selbstgebasteltes verhökert, werden Grashüte von mageren Althippies geflochten und vitaminreiche Säfte verkauft.

Dennoch blicken einige vom Tand Unbeeindruckte ergriffen auf den Sonnenuntergang, der für einen Hauch von karibischer Romantik sorgt. Wenn die flammenden Wolkenzungen besonders eindrucksvoll sind, wird beim letzten Sonnenstrahl sogar ganz amerikanisch Beifall geklatscht.

Nachdem die letzte Rötung am Himmel verblasst ist, geht man zum Fischessen. Und ebenso traditionell führen die Schritte anschließend in die etwas rauen, aber gemütlichen Bars von Key West. In der dunklen, immer überfüllten Höhle von **Sloppy Joe's Bar** wird Papa Hemingways Erbe hochgehalten und mittels T-Shirts und Hemingway-Drinks vermarktet. Gegenüber im **Captain Tony's Saloon**, der ursprünglichen Hemingway-Kneipe, ist es noch düsterer und wilder. Und es gibt genügend weitere, jüngere Bars mit kaltem Bier und karibischen Drinks, Plätzchen zum Sitzen und Schauen. Oder man lässt sich unten am Fuß der bis spät abends geschäftigen Duval Street in der ruhigeren Bar am Pier nieder und sieht die Sterne über dem nun dunklen Ozean aufgehen.

2. Tag **Kaleidoskop Key West**
Key West – Key Largo/Miami

Kaleidoskop Key West: weiß getünchte, von Veranden umkränzte *Conch*-Häuser und grellbunte Boutiquen, exotische Sonnenmilchgerüche und tropischer Blütenduft, bittersüßer *Key lime pie* und kari-

Hemingways Lieblingsbar in Key West

bischer Rum, streunende Katzen unter Banyanbäumen und abgetakelte, sympathisch verschlafene Seitenstraßen. Die Menschen sind nicht weniger vielfältig: Abkömmlinge der Einwanderer von den Bahamas (die *Conchs*, benannt nach ihrem Leibgericht, einer großen Schneckenmuschel) und aus Neuengland, alt- und neueingesessene Kubaner, elegante und vorwiegend homosexuelle Aussteiger aus New York oder Boston, Inspiration suchende Künstler und Maler, geschäftstüchtige Festlands-Floridianer und ein paar übrig gebliebene Blumenkinder der *love generation*.

Key West ist gänzlich unamerikanisch und doch fest in amerikanischer Hand, was besonders die US-Touristen entzückt, die hier zwar auf sicherem heimatlichem Boden spazieren, aber die tropische Exotik kaum fassen können. Ähnlich ergeht es dem Europäer. Das Städtchen ist befremdend und faszinierend, schreiend kommerziell und flippig liebenswert zugleich. Aber man muss sich schon Zeit nehmen, die filigranen Details erspähen und die turbulente Geschichte im Hinterkopf behalten. Also nur keine Eile, Key West muss man erwandern, ersitzen, erlungern. Nach einem gemütlichen Vormittagsbummel durch die Altstadt entflieht man der sengenden Mittagshitze in eines der kleinen Cafés zur südlichsten Rast der Reise.

Die Geographie bestätigt die Temperaturen: Key West liegt nur 70 Kilometer nördlich vom Wendekreis des Krebses, auf demselben Breitengrad wie das ägyptische Assuan oder die Sahara-Oase Djanet. Die Stadt, die ganz gefräßig mittlerweile die gesamte gleichnamige Insel umfasst, ist der Endpunkt des Overseas Highway in den Lower Keys.

Zwei weitere Inselgrüppchen der Keys, die **Marquesas** und die vor einigen Jahren zum Nationalpark erklärten **Dry Tortugas**, liegen noch weiter draußen im Golf von Mexiko – weiter westlich, aber nicht weiter südlich. So rühmt sich die älteste Stadt Südfloridas zu Recht, der südlichste Punkt der USA zu sein – allerdings nur der kontinentalen USA, denn andere, »unbedeutende« Gebiete Amerikas, etwa die noch weiter südlich liegenden Hawai'i-Inseln, klammern die Key Westler dabei selbstbewusst aus.

Cayo Hueso, »Knocheninsel«, nannten die Spanier das Eiland. Angeblich fanden sie hier haufenweise Gebeine, weshalb den Calusa-Indianern heute kannibalische Gelüste nachgesagt werden. Der Name blieb und schliff sich im Amerikanischen zu Key West ab.

Zu einer Besiedelung kam es während der spanischen Ära jedoch nicht. Im Jahr 1815 erhielt Juan Salas aus St. Augustine die Insel von der spanischen Krone überschrieben. Nach der Übergabe Floridas an die USA verkaufte er sie aber 1821 an den Amerikaner John Simonton – für lumpige 2000 Dollar. Der Geschäftsmann aus Alabama teilte sich das Territorium mit einigen Partnern, steckte die Straßen der zukünftigen Stadt ab und begann mit der Hilfe einflussreicher Freunde in Washington, seinen ausgezeichneten Tiefseehafen anzupreisen.

Zuerst jedoch musste das ärgerliche Problem mit den Piraten gelöst werden, die sich besonders die Gewässer zwischen Kuba und den Keys als profitable Jagdgründe ausgesucht hatten. Die US-Navy, die schnell den strategischen Wert der Insel erkannte, bereitete ihnen bis 1830 ein unrühmliches Ende.

Nun konnten die Siedler kommen und sich auf der Insel unbehelligt niederlassen. Von den Bahamas und aus Neuengland eilten sie herbei, um in den nun piratensicheren Gewässern der Keys die Wracks der gestrandeten Schiffe zu plündern.

Wrecking wurde zum äußerst lukrativen Geschäft, das in den nächsten Jahrzehnten den schnellen Aufschwung von Key West sicherte. Brände und Hurrikane hemmten den Boom jeweils nur kurz; Key West wuchs weiter. Die Militärs pumpten Geld in die Wirtschaft und ließen riesige – niemals benötigte – Forts anlegen.

Als jedoch ab 1860 die ersten Leuchttürme, deren Bau die Key Westler heftig bekämpften, die Schiffe von den Riffen weghielten, wurde das Strandgut weniger; man musste sich nach neuen Wirtschaftszweigen umsehen. Hilfe war nicht weit: Kubanische Immigranten aus der nahen spanischen Kolonie brachten die Zigarrenindustrie mit, und die im flachen Wasser vor der Küste entdeckten Schwämme erwiesen sich als sehr wertvoll. Um 1880 rollten 12 000 Hände Tabakblätter zu rund 100 Millionen Zigarren jährlich; 90 Prozent aller in den USA verkauften Schwämme kamen aus Key West. 1888 erreichte die Bevölkerung die rekordbrechende Zahl von 18 000 Menschen – Key West war die größte und reichste Stadt Floridas geworden.

Danach jedoch ging es bergab: Die Zigarrendreher zogen bald nach der Jahrhundertwende nach Tampa, und die griechischen Taucher von Tarpon Springs an der zentralen Golfküste gaben der Schwammindustrie den Todesstoß. Key West versank für Jahrzehnte in einen Dornröschenschlaf. Nicht einmal Flaglers Eisenbahn küsste es wach. Von der reichsten wurde Key West zur ärmsten Stadt Floridas. So arm, dass im Sommer 1934 die Arbeitslosigkeit bei 80 Prozent lag und die bankrotten Stadtväter schlicht aufgaben: Die Stadtregierung wurde aufgelöst und alle Verantwortung an den Staat abgeschoben.

Der erste Vorschlag des Gouverneurs war, die Stadt aufzugeben und die Bevölkerung aufs Festland umzusiedeln. Eine

Höchster Punkt auf Key West: der Leuchtturm

Studie der Bundesregierung ergab jedoch, dass dank Klima und Ambiente wohl ein gutes touristisches Potenzial bestehe. Ein Großreinemachen und die anschließende Werbekampagne taten ihre Wirkung: Die touristische Wintersaison 1934/35 war blendend. Doch der Hurrikan von 1935 verwehte schon wieder alle Hoffnungen.

Erst nach der Vollendung des Overseas Highway 1938 und dem Ende des Zweiten Weltkriegs strömten die nunmehr motorisierten Touristen herbei. Passionierte Sportangler folgten den Spuren Hemingways (vgl. Kapitel VII, S. 232 ff.), tranken Rum und pafften dicke Zigarren. Ebenfalls nach dem Vorbild des Nobelpreisträgers siedelten weitere Künstler und Schriftsteller auf der Insel, darunter Tennessee Williams und Elizabeth Bishop. Die traditionell liberale Gesinnung zog seit den 1950er Jahren zahlreiche

Homosexuelle an, denen Key West viele Renovierungen und ein swingendes Nachtleben verdankt.

Hotels und Boutiquen hielten in den letzten Jahrzehnten Einzug, alte Häuser und verträumtes Lotterleben mussten weichen. Aber die Überfremdung fand frühzeitig Gegner. Die historische Altstadt wurde saniert, Exzentrisches liebevoll gepflegt. Und allzu krass Modern-Amerikanisches wird schnell von der tropischen Vegetation überwuchert und von den rebellischen, unorthodoxen *Conchs* gebremst.

Genug der vorbereitenden Frühstückslektüre, der toten Knochen und geschichtlichen Fakten. Was gibt es heute zu sehen, zu erleben? Eine Route, die die wichtigsten Attraktionen einschließt, könnte wie folgt aussehen. (Man scheue sich aber gerade in Key West nicht, in Seitenstraßen zu driften und auf eigene Entdeckungstour zu gehen.)

Ein am Morgen noch nicht überlaufener Startpunkt ist der **Southernmost Point** an der Ecke Whitehead & South Streets. Da die Souvenirjäger das frühere kleine Schild mit der berühmten Aufschrift immer wieder abmontierten, hat die Denkmalsbehörde es nun durch eine tonnenschwere, buntbemalte Boje ersetzt.

Mit der Aufschrift »90 Miles to Cuba« deutet das Schild, unter dem die Verkäufer ihre Muscheln anpreisen, nach Süden. Havanna liegt tatsächlich Key West näher als das 140 Meilen entfernte Miami. Zum Glück für die gut eingefetteten Langstreckenschwimmer, die sich hier hin und wieder in die Fluten stürzen: In haisicheren, von Motorbooten gezogenen Drahtkäfigen kraulen sie hinüber nach Kuba. Der Bürgermeister von Key West fuhr

Das Ende Amerikas: Riesenboje am südlichsten Punkt von Key West

Wohnkultur im Conch-Stil: am Südende der Duval Street

sogar vor Jahren auf Wasserskiern in sechseinhalb Stunden nach Kuba.

Ältere Apartmenthäuser und vereinzelte Villen im Conch-Stil säumen das Südende der **Whitehead Street**. In den Gärten leuchten manchmal die reifen gelben *Key limes*. Ursprünglich aus der Karibik importiert, sind die kleinen sauren Limonen die wichtigste Zutat in der höchst beliebten Nachspeise *Key lime pie*.

Etwas weiter nördlich ragt links die Spitze des alten Leuchtturms von 1847 aus dem Palmenwedelgewirr. Und rechts harrt schon die Nummer 907 Whitehead Street, Key Wests berühmteste Adresse: das **Ernest Hemingway Home**.

Als Hemingway 1928 aus Europa hier ankam, musste er sich erst einmal einige seiner Bücher aus New York schicken lassen, um den argwöhnischen Nachbarn zu beweisen, dass er tatsächlich ein Schriftsteller war. Alle hielten ihn anfangs für einen Rum- oder Drogenschmuggler. Bald war er aber ein etablierter Bürger und zog mit Frau und Kind in die 1851 im spanischen Kolonialstil erbaute, herabgewirtschaftete Villa an der Whitehead Street. 8000 Dollar kostete das einstöckige Haus damals.

Pauline, seine damalige Frau (die nach Hadley und vor Martha), ließ den Garten anlegen und das Gemäuer aus Korallenstein aufpolieren. Das hübsche und idyllisch gelegene Haus mit den umlaufenden Eisenbalkonen wurde für sechs Jahre Hemingways Dichterklause und sein Basislager für die zahlreichen Angel- und Kneipentouren, ehe er – mit neuer Frau – wieder nach Europa und schließlich nach Kuba weiterzog.

Mit unglaublichem Wortschwall und für Literaturstudenten sicher wertvoller Liebe zum Detail erläutern die Führer den ehrfürchtigen Hemmy-Pilgern jeden Stuhl, jede Kachel im Haus. Man kann es aber auch selbst – in kürzerer Zeit – durchstöbern und Küche, Badezimmer, Schlafraum und im ersten Stock des Anbaus das Arbeitszimmer des Meisters begutachten.

Hier ließe es sich auch heute durchaus gut wohnen. Im üppigen Garten liegt unter weit ausladenden Banyanbäumen der Swimmingpool – der erste in Key West –, den Hemingway noch 1937 für horrende 20 000 Dollar bauen ließ. Und überall lungern und streunen Katzen herum, angeblich die Nachkommen der Lieblinge des Dichters. Angeblich. Denn böse Zungen behaupten, dass die kleinen Tiger aus Nachbars Garten stammen und dass sogar das komplette Mobiliar erst nachträglich in das Museum geschafft wurde. Trotzdem, zumindest das Haus ist »echt Hemingway«.

Zurück auf der Straße, bummelt man Richtung Norden. Eine Parallelstraße weiter westlich beginnt an der Thomas Street das **Bahama Village**, das Schwarzenviertel von Key West, das von der Renovierungswelle noch nicht erfasst wurde. Schwarze Einwanderer von den Bahamas und aus Kuba bauten vor über hundert Jahren die heute zunehmend wackeligen Zigarrendreherhütten rechts und links der schmalen, schmuddeligen Gassen.

Die Parallelstraße im Osten ist die von Restaurierungsprojekten, Souvenirläden, Cafés und Boutiquen gesäumte **Duval Street**, die Hauptachse der Altstadt. Einen kurzen Blick verdient hier das 1924 erbaute **San Carlos Opera House**, das früher das Kulturzentrum der Kubaner in Key West war und heute eine kleine Ausstellung zur Geschichte und

Macho-Sport und Macho-Muskeln: nach erfolgreichem Fischzug am Garrison Bight

Sonne und »easy living«: *die Szenemeile der Duval Street*

Kunst der Einwanderer von der Zuckerrohrinsel zeigt.

Der weitere Rundgang von Duval zu Southard und William und zurück über Eaton Street führt durch das noblere Wohnviertel der einstigen Stadthonoratioren und der *wrecker*. Die Engländer von den Bahamas brachten den Conch-Baustil mit und manchmal per Schiff sogar ihre zerlegten Häuser. »Conch« ist allerdings keine eindeutige Stilrichtung, sondern eine Key-West-eigene, kunterbunte Mischung von Elementen kolonialer, westindischer, viktorianischer und Neuengland-Architektur. Umlaufende Veranden und kunstvoll gesägte oder gedrechselte Holzornamente im »Pfefferkuchenstil«, sogenannte *gingerbread ornaments*, findet man an den meisten Häusern.

Klima und Lebensweise diktierten den Architekten einige weitere Besonderheiten: Fast alle der über hundert Jahre alten Häuser stehen auf Stelzen, damit bei Hurrikanen das Meer unter ihnen durchbranden kann, große Zisternen sammeln das kostbare Regenwasser, und kleine Dachluken sorgen für bessere Belüftung.

Eigenartig sind auch die ursprünglich aus Neuengland stammenden *widows walks*: kleine Türmchen mit Balustraden. Während aber in Neuengland die Ehefrauen der Seeleute – also die potentiellen Witwen – vom Dach aus nach ihren auf langer Fahrt befindlichen Männern Ausschau hielten, dienten diese Ausgucke hier in Key West nicht den besorgten Frauen, sondern nur den Interessen der *wrecker*. Sie behielten von dort jedes vorüberziehende Schiff hoffnungsvoll im Auge – vielleicht würde es ja stranden!

Zurück an der Duval Street, findet man gleich im nächsten Block das **Oldest House** (ca. 1829), dessen Sammlungen sich mit den professionellen Wrackplünderern befassen. Seine Blütezeit erlebte das *Wrecking* um 1850, als jährlich rund 50 Schiffe (ein Wrack pro Woche!) auf den Riffen um Key West strandeten und die »Schrotthändler« Fracht und Ausrüstung im Wert zwischen zwölf und 100 Millionen Dollar bargen. Dass die Kapitäne da in komfortablem Wohlstand lebten, zeigt der Rundgang. Im Garten hinter dem Haus steht übrigens noch eine der Freiluftküchen, die damals üblich waren, um die an sich schon unerträgliche Hitze im Wohnbereich nicht noch weiter zu steigern und um die Feuergefahr in den Holzhäusern zu mindern.

Hier ist man bereits im Zentrum der Altstadt, und mit jedem Schritt weiter nach Norden hin zum Golf steigert sich das Durcheinander von Boutiquen und Bars zum Crescendo. *Conch Trains* voll kamerabewehrter Touristen gleiten in regelmäßigen Abständen vorüber, rote Mofas flitzen tutend dazwischen, T-Shirt-behangene Türen locken. Und der fröhliche Althippie an der Ecke flicht ungestört seine Grashüte.

An der nächsten Ecke steht **Sloppy Joe's Bar** und vermarktet ihren bekanntesten Zecher. Jeder hier versucht sich vom Hemingway-Kuchen ein Stückchen abzuschneiden. Der Hutladen um die Ecke wirbt immerhin originell: »Hemingway hat hier bestimmt keinen Hut gekauft!«

Greene Street, über der ein dicker Werbefisch schwebt, ist nur wenig ruhiger. Etwas weiter prunkt in einem blühenden tropischen Garten das nächste Herrenhaus eines Wreckers, das restaurierte **Audubon House** von Kapitän Geiger. Der Ornithologe und Maler John James Audubon verbrachte 1832 einige Wochen in Key West, entdeckte neue Vogelarten und malte sie für sein Monumentalwerk »Die Vögel Amerikas«. Im nach ihm benannten Haus gibt es Chippendale-Mobiliar aus dem Bergungsgut des Kapitäns und einige Originalgemälde von Audubon zu sehen.

Wer noch ältere Schätze liebt, sollte gegenüber ins **Shipwreck Historeum** oder ins **Maritime Heritage Museum** gehen, das das Lebenswerk des liebenswert-schlitzohrigen Mel Fisher zeigt. Der berühmte Schatztaucher ist seit Jahrzehnten auf der Suche nach versunkenen spanischen Galeonen. 1985 machte er seinen größten Fund: Goldketten und Silbermünzen im Wert von 400 Millionen Dollar aus dem Wrack der 1622 gestrandeten »Atocha«.

Prozesse von unzufriedenen Investoren in sein Unternehmen und das 1987 erlassene Gesetz, wonach Wracks in US-Gewässern dem Staat gehören, lassen ihn neuerdings in der Karibik vor Barbuda und anderen Inseln tauchen. Über 1000 Wracks sollen dort liegen. Um nicht wieder mit unzufriedenen Geschäftspartnern prozessieren zu müssen, überlegt er jetzt, wie sich Delphine zur Schatzsuche einsetzen lassen.

Wenige Schritte weiter über Front und Wall Street gelangt man zum **Mallory Square** am Golfufer. Der – tagsüber recht ruhige – Austragungsort der allabendlichen Sonnenuntergangsshow war Schauplatz einer netten historischen Anekdote: Am 23. April 1982 sagte sich Key West von den USA los und rief einen eigenen Staat aus, die *Conch Republic*. Drei Tage zuvor hatten Grenzpolizisten begonnen, am Anfang des Overseas Highway alle Fahrzeuge nach Drogen zu durchsuchen, und dadurch lange Warteschlangen verursacht. Aus Protest planten daraufhin die Key Westler die »Sezession« (und eine anschließende Party).

Hochseeangeln – schon Hemingways liebster Sport

Pünktlich um 12 Uhr mittags versammelte sich die rebellierende Bevölkerung am Mallory Square. Die neue Muschelfahne der Republik wurde gehisst, den USA der Krieg erklärt und ein symbolischer Schuss abgefeuert. Danach ergab man sich sofort, um schnellstmöglich in den Genuss von Wirtschaftshilfe zu gelangen, da ja alle Besiegten bisher von den USA mit finanzieller Hilfe überschüttet worden waren. Die Dollars kamen zwar nicht, aber die Party war ein voller Erfolg und wird nun jeweils zum Jahrestag der »Sezession« wiederholt.

Nach der klimagekühlten Mittagsrast im Café oder – stilecht für Key West – unter einem Baum sollte man dem **Key West Cemetery**, der skurrilen letzten Ruhestätte dieses skurrilen Völkchens, einen Besuch abstatten. Grellweiß leuchten die Grabstätten in der schattenlosen, flimmernden Mittagshitze. Die Gräber liegen alle oberirdisch – wegen des hohen Grundwasserspiegels, des harten Korallenfelses und weil die Hurrikane früher die Knochen immer wieder ausgegraben haben.

Unter einer Seemannsstatue ruhen die Männer der »Maine«, des Schlachtschiffs, das 1898 unter mysteriösen Umständen im Hafen von Havanna explodierte und damit den Spanisch-amerikanischen Krieg auslöste. Steinerne Engel und Schwäne zieren die Schreine, und so manche sind mit mehr oder minder nachdenklichen Sprüchen dekoriert: »Zumindest weiß ich, wo er heute Nacht schläft«, ließ eine Witwe ihrem Mann einmeißeln. Auf einem anderen Stein klagt ein Toter: »Und ich hab' immer gesagt, ich bin krank.«

Zurück über die Brücken und die glitzernden Meeresbuchten führt die US 1 über die kleinen und nur dünn besiedelten **Lower Keys** wieder in Richtung Festland. Reiher und Raubvögel sind häufige Gäste am Wegesrand. Auf den Spitzen der Telegrafenstangen am Highway balancieren manchmal die großen Nester der Seeadler; ihre Besitzer hocken auf Bäumen oder Telefondrähten nahebei, warten auf die kleinste Bewegung im seichten Meer und stürzen sich dann pfeilschnell ins grünblaue Wasser.

Der 13 Kilometer lange und über drei Kilometer breite **Big Pine Key** ist nach Key Largo die größte Insel der Kette. An der US 1, die den Südteil durchschneidet, schreien aufdringliche Schilder der Tankstellen und Supermärkte nach Kunden. Aber der Nordteil der Insel birgt Kiefernwälder, unvermutete Süßwasserseen und kaum erschlossene Natur. Glücklicherweise ist ein 1800 Hektar großes Gebiet heute im **Key Deer Refuge** vor den Plänen der Apartmentbauer geschützt. Fregattvögel und Weißkopfseeadler nisten hier, zahlreichen Singvögeln des Nordens dient es als Winterquartier.

Die Stars des Schutzgebietes sind jedoch die zierlichen Key Deers, eine Spielzeugversion der Weißwedelhirsche der östlichen USA. Nur etwa so groß wie ein Schäferhund werden die putzigen Puppenhirsche, die aber trotzdem den frühen Siedlern einen guten Braten versprachen. Daher verschwanden sie auch fast endgültig in den Kochtöpfen. 1950 gab es nur noch 50 Tiere dieser Spezies, die sich – ein schönes Beispiel für Darwins Evolutionstheorie – durch lange Abgeschiedenheit ganz anders als die Artgenossen auf dem Festland entwickelte.

Delphine – oft zu sehen in Marine Parks aber auch im offenen Meer

Dank strengem Schutz und harten Strafen für Wilderer hat sich die Population wieder erhöht, ist aber noch nicht vor der Ausrottung sicher.

»Autos und Menschen, die die Tiere füttern, sind die größte Gefahr«, klagt die Rangerin Deborah. »In den letzten Jahren ist die menschliche Bevölkerung auf Big Pine um 500 Prozent gestiegen – die der Hirsche wieder um 25 Prozent gefallen. Bei nur etwa 500 verbliebenen Tieren ist jeder Autounfall ein Schritt näher an die Ausrottung.« Zwei neue Unterführungen für die Rehe – Kostenpunkt 12 Millionen Dollar – werden die Zahl der Unfälle hoffentlich verringern.

Langsamfahren ist also die Devise. Die Stichstraße SR 940 zweigt an der Ampel auf Big Pine nach Norden ab, und man ist urplötzlich nach all dem Trubel von Key West im ruhigen Wald. Die Insel aus altem Korallenkalkstein ragt, ganz ungewöhnlich für die Keys, bis zu fünf Meter über dem Meeresspiegel auf. Und fünf Höhenmeter bedeuten in Südflorida schon sehr viel: Die ursprüngliche Vegetation besteht nicht mehr nur aus Mangrovendickicht, sondern es gibt Pinien- und Palmettowälder mit kleinen, eingestreuten Inseln von Harthölzern, sogenannten *hammocks*.

Der erste Stopp bei unserem Abstecher in das Ökosystem der Keys ist **Blue Hole**. In dem aufgelassenen Steinbruch formte sich ein Süßwassersee, in dem nun Schildkröten und pittoresk-kleine Alligatoren im warmen Wasser herumpaddeln – sogar ein großer, alter Alligator lässt sich manchmal träge treibend blicken. Key Deers kommen her, um zu

Wasser, Wasser überall – 42 Brücken verbinden die Inseln

trinken. Und im Frühjahr und Sommer turteln die in Nordamerika nur hier vorkommenden Weißscheiteltauben in den Ästen.

Ein Stückchen weiter lädt der **Jack C. Watson Wildlife Trail** zum Rundgang ein. Da gibt es – anschaulich erläutert – Palmettodickicht und wuchernde Farne, Moskitofische und Karstlöcher zu entdecken. Mit etwas Glück zeigt sich eines der – leider – nicht sehr scheuen Key Deers, und ein Weißkopfseeadler oder Truthahngeier zieht am tiefblauen Himmel seine Kreise. Der Weg führt auch an **Watson Hammock** vorüber, auf dem einst ein Dorf der Calusa-Indianer lag. 1745 strandete ein spanisches Schiff auf dem nahen Riff, der Kajütenjunge konnte sich an Land retten und verbrachte 17 Jahre in diesem Dorf, ehe er von seinen Landsleuten gefunden wurde.

Nach der schweißtreibenden Wanderung ist eine kühle Erfrischung angebracht und verdient, die man auf **Bahia Honda** findet, der nächsten Insel in Richtung Festland. Der State Park hier besitzt den schönsten Sandstrand der ganzen Inselkette. Wer lieber noch weiter besichtigt, kann im kleinen, aber ausgezeichneten **Museum of Natural History of the Florida Keys** bei Crane Point Details über die Geschichte und das Ökosystem der Keys erfahren oder sich auf Grassy Key das **Dolphin Research Center** ansehen. Dies war vor Jahren das Zuhause des allzeit glücklich schnatternden und pfeifenden Film-Flipper, der mittlerweile längst in die ewigen Fischgründe eingegangen ist.

Die großen Wasserbecken dienen heute nicht nur als Trainings- und Forschungsinstitut, sondern werden auch als Pflegeheim für gestresste Delphine aus den oft zu kleinen Aquarien im Norden benutzt. Die dürfen hier in heimatlichen Gewässern einige Monate kuren.

Am Spätnachmittag heißt es dann, sich zu verabschieden – über lange

Filmszene aus »Key Largo«

Brücken im Abendlicht und manchmal nervenaufreibende Verkehrsstaus.

Wenn sich die Sonne dem Wasser im Westen nähert, sucht man sich auf den Keys an der Golfseite ein Plätzchen. Von der Terrasse eines der Restaurants auf **Key Largo** kann man den Sonnenuntergang genussvoll erleben. Oder man setzt sich rau, romantisch und geschichtsbewusst auf die Holzbänke hinter dem **Caribbean Club**.

Denn diese Stelle ist der Schauplatz des Films »Key Largo«, in dem sich Humphrey Bogart und Laureen Bacall mit dem Gangster Edward G. Robinson und einem Hurrikan anlegten. Allerdings wurden – wegen der Moskitoplage und des feuchten Klimas – hier nur etwa drei Minuten des Films gedreht. Die alte Filmkneipe ist längst abgebrannt. Trotzdem, Bogey ist aus Key Largo (das übrigens vor dem Film noch Largo Key hieß) ebensowenig wegzudenken wie Hemingway aus Key West.

Everglades National Park – Route: Miami – Flamingo – Miami (240 km/150 mi)

km/mi	Zeit	Route
0	Vormittag	Abfahrt von **Miami Beach** über den MacArthur Cswy. (US 41/SR A1A) nach Miami, dann über US 1 zu Florida's Turnpike Süd, bei Florida City auf die SR 9336 zum
60/ 37		**Everglades National Park**. Besuch des **Visitor Center** am Eingang, danach Fahrt in den Park und Spaziergänge auf den Lehrpfaden um das **Royal Palm Visitor Center**. Weiterfahrt nach
120/ 75		**Flamingo** zum Mittagspicknick. Je nach Zeit auf der Hin- oder Rückfahrt Spaziergänge zum **Pa-hay-okee Overlook** und durch **Mahogany Hammock**.
	Nachmittag	Evtl. Bootsfahrt auf der Florida Bay, Rückfahrt von Flamingo auf der SR 9336 nach Florida City und weiter nach
240/150		**Miami.**

Abkürzung/Extratouren: Man muss nicht unbedingt bis Flamingo ans Ende der Straße fahren, auch auf den Lehrpfaden um Royal Palm lässt sich ein guter Eindruck von den Everglades gewinnen. So kann man, falls weniger Zeit zur Verfügung steht, eine **Halbtagestour** in den Everglades National Park mit einigen Besichtigungen in Miami verbinden oder am Nachmittag noch auf die Keys oder an die Westküste weiterfahren. Bei einer Rundfahrt kann man so einen halben Tag Everglades gut einbauen: etwa von den Keys kommend (von Key Largo oder Islamorada aus) vormittags Royal Palm besichtigen und nachmittags noch bis Naples weiterfahren.

Hobbybotaniker und Vogelfreunde, die mehr Zeit in den Sümpfen verbringen möchten, können ab Flamingo auf **mehrtägigen Touren** per Boot tiefer in das Feuchtgebiet eindringen; im Visitor Center ist dafür ein Backcountry Permit erhältlich. Die Marina der derzeit wegen Hurrikanschäden geschlossenen Flamingo Lodge vermietet Kanus, Camping ist auf Holzplattformen im Sumpf möglich. Gute Touren sind auch per Boot oder Kanu von Everglades City aus machbar (s. S. 99, 112 f.).

Everglades National Park
Größe: 6102 km²
Gründungsjahr: 1947
Lage: an der Südspitze Floridas, ca. 70 km von Miami
Beste Besuchszeit: In der trockenen Zeit von November bis Mai ist die beste Tierbeobachtung möglich; Regenzeit herrscht von Ende Mai bis Oktober, dann sind die Moskitos besonders schlimm.
Sehenswürdigkeiten: Subtropisch-tropisches Sumpf- und Marschgebiet, das eigentlich ein 80 km breiter und nur 15 cm tiefer Fluss ist. Zahlreiche tropische Vogelarten,

Alligatoren, Krokodile und mehrere gefährdete Tierarten. Anhinga Trail und Pa-hay-okee Overlook, Shark Valley.
Einrichtungen: Besucherzentren am Haupteingang bei Florida City, in Flamingo und Shark Valley (US 41); Campingplätze; zahlreiche Lehrpfade auf Brettersteigen, Besichtigungsfahrten in Shark Valley; Kanupfade. **Info-Adresse:** Everglades National Park, 40001 State Rd. 9336, Homestead, FL 33034, © (305) 242-7700, www.nps.gov/ever oder www.everglades.national-park.com. Auch Auskunft über Backcountry Permits.

Everglades National Park – Informationen

Everglades National Park
Ernest Coe Visitor Center
SR 9336, ca. 15 km westlich von Florida City, www.nps.gov/ever
Tägl. 8–17 Uhr, Eintritt 10 $ pro Auto
Modernes Besucherzentrum am Haupteingang des Parks mit Ausstellungen und Multimedia-Show über die Naturgeschichte des Parks; guter Buchladen.

Royal Palm Visitor Center
SR 9336, Everglades National Park
Tägl. 8–16.15 Uhr
Kleines Besucherzentrum mit zwei kurzen, sehr empfehlenswerten Pfaden zur Naturbeobachtung, dem **Anhinga Trail** und dem **Gumbo Limbo Trail** (ca. 2 Std. Aufenthalt). Im Winter täglich von Rangern geführte Rundgänge.

Flamingo Lodge
SR 9336, Flamingo, FL 33034
© (239) 695-3101, Fax 695-3921
www.flamingolodge.com
Die einzige Unterkunft im Park, ein einfaches Motel, sowie das Restaurant in Flamingo sind nach den Hurrikanschäden von 2005 derzeit noch geschlossen – Wiedereröffnung unbekannt. An der Flamingo Marina werden aber Boote und Kanus vermietet und geführte Bootstouren in die Sümpfe angeboten. $$

National Parks Reservation Service
© (518) 885-3639 oder 1-877-444-6777
www.recreation.gov
Reservierungszentrale für die beiden Campingplätze im Park: Long Pine Key und Flamingo. Buchung ist meist nur an Feiertagen und an den Wochenenden im Winter nötig. Bezahlt wird per Kreditkarte.

Biscayne National Park
Visitor Center, Convoy Point
9700 S.W. 328th St., Homestead
© (305) 230-7275, www.nps.gov/bisc
Das kaum erschlossene Schutzgebiet vor der Ostküste, ein Labyrinth aus Inselchen und Mangrovenwäldern, ist nur auf Sightseeing-Fahrten mit Glasbodenbooten, Schnorchel- und Tauchtouren zu erreichen. Abfahrt vom Convoy Point, Reservierung unter © (305) 230-1100. Alternative: ein Ausflug per Mietkanu.

Auf dem Anhinga Trail

Land aus fließendem Gras

Die Everglades

Auf den ersten Blick wirken die Everglades wenig spektakulär: ein Labyrinth von Sumpfwiesen, Brackwasserlagunen und Mangrovenwäldern. Riedgras bis zum Horizont, dazwischen kleine Bauminseln in der unendlichen platten Weite.

Hier gibt es keinen einzelnen Aussichtspunkt wie etwa am Grand Canyon oder im Yosemite National Park, an dem man stehen und schlichtweg überwältigt sein könnte von landschaftlicher Grandeur. Die Schönheit der Everglades liegt im

Laut und schnell: Airboat-Touren sind in den Everglades nur außerhalb des Nationalparks erlaubt

Detail und im Verstehen dieses hochkomplizierten Ökosystems, das einzigartig ist auf unserer Erde. Nicht zuletzt deshalb hat es lange gedauert, bis dieses riesige Feuchtgebiet im Süden der Florida-Halbinsel auch in den Augen der Naturschützer auf einen der ersten Plätze gerückt ist – vielleicht gerade noch rechtzeitig.

Die Everglades, die die gesamte Südspitze Floridas einnehmen, sind Sumpf und doch wieder nicht. Genaugenommen sind sie ein 80 Kilometer breiter Fluss, der jedoch nur wenige Zentimeter tief ist und sehr langsam fließt, nur etwa 30 Meter pro Tag. Sein Ursprung liegt im Lake Okeechobee knapp 200 Kilometer weiter nördlich. Das Gefälle beträgt nur etwa vier Meter auf der gesamten Strecke zur Florida Bay im Süden. Die Indianer benannten die Region treffend *pa-hay-okee* – »Fluss aus Gras«, denn die ganze Ebene ist mit hohen, scharfkantigen Seggen und Schilfgräsern bewachsen.

Ganz Florida besteht aus mehrere tausend Meter dicken Sedimentschichten, vor allem aus Muschelkalk. Hier im Südteil der großen Halbinsel ist der Kalkstein bretteben und sehr porös. So fließt das Süßwasser vom Lake Okeechobee teils an der Oberfläche, teils innerhalb dieses Kalkschwamms. Je weiter man nach Süden geht, desto brackiger wird das Wasser, weil es sich mehr und mehr mit Meereswasser mischt. Das Salzwasser der Bay drückt im löchrigen Kalkgestein landeinwärts, das nachfließende Süßwasser drängt es zurück – ein immerwährender Kampf. Zudem beeinflussen Pflanzen und Wetter das Ökosystem: Die Mangroven entlang der Küste schaffen neues Land, periodische Hurrikane lassen das Meer an Boden gewinnen.

Über die letzten 7000 Jahre – so lange ist dieser Teil Floridas dem Meer entstiegen – hat sich so eine feine Balance in der Natur eingestellt. In jeder Region der Glades herrschen unterschiedliche Pflanzengemeinschaften vor. Ein oder zwei Meter Höhenunterschied bedeuten oft den Unterschied zwischen Mangrovensumpf, feuchter Seggenebene und trockenem Kiefernwald.

Was die Everglades zudem noch so einzigartig macht, ist ihre Lage im Schnittpunkt zwischen Nordamerika und der Karibik. Nirgendwo in diesen Breitengraden ist das Klima so tropisch wie auf der völlig vom Wasser umgebenen Südspitze Floridas. Wasserströmungen, Winde und Hurrikane haben karibische

Pflanzensamen und Tierarten nach Florida verschleppt. Alligatoren und Salzwasserkrokodile leben hier, seltene Florida-Panther und die bedrohten Seekühe haben in den Everglades einen Lebensraum gefunden.

Das Feuchtgebiet ist außerdem ein wichtiges Überwinterungsquartier für zahllose Zugvögel. Mehr als 300 Vogelarten, vor allem Reiher, Störche, Rosalöffler und andere Wasservögel, wurden hier bereits gesichtet.

Für die weißen Siedler waren die einst mehr als 20 000 Quadratkilometer großen Everglades fruchtbares Land, das nur trockengelegt werden musste. So begannen sie bereits Anfang dieses Jahrhunderts erste Kanäle zu ziehen. Zur Flutkontrolle und Drainage wurden später Dämme am Lake Okeechobee errichtet und weite Flächen trockengelegt – es entstand ein Netzwerk aus 2200 Kilometern Kanälen und Deichen. Der breit mäandernde, 170 Kilometer lange Kissimmee River nördlich des Sees wurde von den Kanalbauern des US Army Corps of Engineers auf nur 90 Kilometer verkürzt – so konnten die schädlichen Phosphate aus den Düngemitteln der Zuckerrohrpflanzer noch schneller in die Everglades gelangen.

Die Langzeitfolgen waren verheerend: In den 1930er Jahren loderten riesige Buschbrände, weite Teile der Glades vertrockneten, im Lake Okeechobee blühten die Algen. Die Zahl der Wasservögel ging in wenigen Jahrzehnten um 90 Prozent zurück. Farmer und Stadtbewohner stellten bestürzt fest, dass Brunnen austrockneten oder durch eindringendes Salzwasser unbrauchbar wurden. Zwar war bereits 1947 ein Teil der Everglades zum Nationalpark erklärt worden, um die Tier- und Pflanzenwelt zu schützen, doch

Alligatoren wirken meist recht faul – sind aber blitzschnell

damals wußte man noch nicht, dass die Sümpfe ohne den steten Wasserzufluss von Norden her nicht überleben konnten. In den 1960er Jahren bemerkte man schließlich, dass sich sogar das Klima zu ändern begann – es regnete weniger, denn die Everglades hatten sich früher ihr eigenes Wetter gemacht.

Erst vor wenigen Jahren erkannte man das Ausmaß der Veränderungen, nun wurde ein weiteres Sumpfgebiet in der Big Cypress Preserve unter Schutz gestellt, und man begann hier und dort die Dämme am Lake Okeechobee wieder einzureißen. 1994 erfolgte dann das Umdenken im größeren Stil: Im »Everglades Forever Act« hat der Staat Florida einen umfassenden Plan zur Renaturierung der Sümpfe verabschiedet. Innerhalb von 20 Jahren werden über zwei Milliarden Dollar bereitgestellt, um den natürlichen Fluss des Wassers wieder herzustellen.

Seither wurden Tausende Hektar Farmland aufgekauft und wieder in Sumpfgebiete zurückverwandelt. Große »Reinigungsmarschen« filtern das düngerverseuchte Wasser aus den Plantagen und Rinderweiden, ehe es in die Everglades fließt. Schädliche Pflanzenarten wie die australische Melaleuca oder die wuchernden Rohrkolben wurden zurückgedrängt, um den endemischen Arten Raum zu geben.

Im Juli 2007 war ein erster Erfolg zu vermelden: Die Everglades wurden – nicht zuletzt auch auf Betreiben des US-Innenministeriums – von der Roten Liste des UNESCO-Weltnaturerbes gestrichen, auf der sie seit 1993 gestanden hatten. Den Naturschützern dagegen gehen die Bemühungen nicht weit genug. Die zunehmende Urbanisierung Südfloridas und der enorme Wasserbedarf der Städte bedrohen das Ökosystem weiter. Die Zukunft der Everglades ist noch nicht gesichert.

Warten aufs Frühstück…

1. Tag **Everglades National Park**
Alles im Fluss

Die Anreise zu den Everglades von Miami geht am schnellsten über die Autobahn I-195 und den Florida Turnpike. Interessanter und aussichtsreicher aber ist allemal die Strecke durch die Stadt: Mit schönen Blicken auf die Wolkenkratzer der Downtown verläuft der MacArthur Causeway von Miami Beach über die Biscayne Bay nach Westen. Am Festland in Miami angelangt, folgen die Glastürme der Downtown. Dann eine kleine Brücke über den Miami River, die besonders zur Hauptverkehrszeit gerne hochgezogen wird, um langsam gleitende Segelboote durchzulassen.

Freizeit ist wichtig in Florida. Und der Nachbar im polierten Mercedes meldet schon mal ganz gelassen über sein Autotelefon, dass er zum nächsten Geschäftstermin etwas später kommt.

An der **Brickell Avenue** sitzen weitere Zeugen des Wohlstandes: tropisch umgrünte Apartmenthäuser in bester Wohnlage. Architektonisch hat man sich etwas einfallen lassen: Im Wohnkasten linker Hand wurde ein großes quadratisches

Loch freigelassen und hoch oben im 10. Stock eine riesige Palme gepflanzt.

Weiter geht es nach Süden auf der US 1 durch ausufernde Vorstädte. So zersiedelt die Landschaft hier auch aussieht, man versucht doch, zumindest Teile in ihrem Urzustand zu erhalten. Keine zehn Kilometer östlich des Highway zum Beispiel erstreckt sich vor der Küste der fast unzugängliche **Biscayne National Park**, ein Labyrinth aus Mangroven, Korallenriffen und winzigen Inseln. Ganz bewusst wird dort auf die Erschließung verzichtet. Wer kein eigenes Boot mitbringt, kann nur auf den geführten Touren der Ranger in die Wasserwildnis vordringen.

Doch das wäre ein Ziel für einen Extratag, das heutige sind die Sümpfe im Binnenland und ihre fazinierende Flora und Fauna.

Nach dem Farmerstädtchen Florida City, das nach Hurrikan »Andrew« 1992 komplett neu aufgebaut werden musste, säumen an der SR 9336 zunächst noch Plantagen die Straße, und die Farmer bieten an kleinen Ständen ihre Produkte an: Tomaten, Avocados, sogar Mangos und selbstgezüchtete Bananen sind darunter. Kanäle ziehen sich durch das Gartenland, und erst nach einer Weile taucht Kiefern- und Palmettowald am Horizont auf. Abrupt enden die Felder und jegliche Anzeichen von Zivilisation. Nur ein paar kleine Silberreiher schreiten durch das Gras am Highwayrand.

Erster Stopp: das neue **Visitor Center** (auch hier hatte Hurrikan »Andrew« zugeschlagen) gleich hinter dem Parkeingang, wo es Landkarten, Ausstellungen und Tipps für die heute stattfindenden Führungen der Ranger gibt. Durch ein kleines Waldstück geht es danach weiter zum **Royal Palm Visitor Center** und seinen Lehrpfaden.

Im tropischen Klima Südfloridas ist das ganze Jahr über Erntezeit

Der Everglades National Park ist vom Auto aus nur schwer kennenzulernen. Auf der Parkstraße bis Flamingo an der Florida Bay durchzufahren würde nur wenige Eindrücke vermitteln. Erst auf den Pfaden – die meisten sind kurz und mit Brettersteigen übers Wasser gut angelegt – lernt man die unterschiedlichen Vegetationszonen im Park wirklich kennen. »Der Grand Canyon ist für jeden überwältigend, der ihn nur kurz sieht. Die Everglades dagegen wollen langsam entdeckt werden«, ist die Meinung der Rangerin im Visitor Center. Man muss sich hier schon der Natur aussetzen, um sie zu erfahren.

Im Sommer, der Regenzeit im Park, ist das zugegebenermaßen wegen der Moskitos etwas schwierig. Man hat die Autotüre noch nicht richtig offen, schon ist man von den verflixten Biestern als lohnendes Opfer ausgemacht worden. Die im Visitor Center erhältlichen Mittelchen helfen etwas, können aber die hungrige Schar nicht ganz verscheuchen. Schwacher Trost: Als eine Art lebende Blutkonserve trägt man als Besucher zum Erhalt der Tierwelt in den Everglades bei. Denn nur nach einer kräftigen Mahlzeit können die Moskitoweibchen ihre Eier ablegen; die Eier und Larven dienen dann den kleinen Fischen und den Vögeln als Nahrung, und die wiederum werden von den Alligatoren und seltenen Florida-Panthern verspeist.

Der **Anhinga Trail** führt über einen Brettersteig in den hier mehrere Kilometer breiten Taylor Slough, einen der großen Wasserzubringer. Dicht über der dunklen Wasseroberfläche spaziert man in eine weite, von hohen Seggen bewachsene Ebene hinaus. In der Trockensaison im Winter bietet der Slough eine feuchte Oase. Dann ist der Tierreichtum besonders beeindruckend – die Zahl der Besucher ebenfalls. Aber ungestört stelzen Seidenreiher, Störche und sogar

Anhingas: nach dem Tauchen müssen jedesmal die Flügel getrocknet werden

einige majestätische Silberreiher nahe dem Steg umher.

Anhingas, die seltsamen Schlangenhalsvögel, schwimmen daneben und tauchen hin und wieder nach Fischen, die sie mit ihrem spitzen Schnabel aufspießen. Ein Ruck, der Fisch wird in die Luft geschleudert und, Kopf voran, gekonnt aufgefangen und verschluckt. Nach seiner Tauchfahrt muss der Anhinga auf den nächsten Ast klettern und die Flügel zum Trocknen aufspannen, weil kein wasserabweisendes Fett seine Federn schützt. Gelegentlich kann man sogar einen der sehr seltenen Apfelschneckenmilane beobachten, die nur hier leben. Ihre einzige Nahrung sind die pflaumengroßen Apfelschnecken, die leider vom Aussterben bedroht sind.

Den Höhepunkt der Tierbeobachtung bildet sicherlich die Entdeckung eines grünlich-schwarzen **Alligators.** Die Reptilien driften im Wasser oder sonnen sich an den feuchten Ufern neben dem Trail. Scheinbar träge dösen sie vor sich hin. Doch wehe, wenn ihnen eine unvorsichtige Schildkröte, ein Vogel oder Fisch zu nahe kommen. Dann schnellen sie vor und schnappen zu. Und die Kraft ihrer Kiefer ist mörderisch. Den Oberschenkel eines Menschen könnten sie glatt durch-

Typischer Sichelschnabel: Ibis

beißen. Mehr als 200 Kilogramm Druck pro Quadratzentimeter erzeugen die Schließmuskeln ihrer Kinnladen.

Die Alligatoren, das fanden die weißen Siedler Anfang des 19. Jahrhunderts schnell heraus, besitzen ein weiches, gut zu verarbeitendes Bauchleder. Bald entdeckten dies auch die Modemacher und bliesen zur Jagd auf die Brieftaschen- und Kofferlieferanten. Allein zwischen 1880 und 1884 wurden in Florida rund eine Million Alligatorhäute »geerntet«.

Noch um die Jahrhundertwende war es kein Problem, 40 bis 50 Alligatoren in einer Nacht zu erlegen. Danach wurden es immer weniger. Doch die geringere Ausbeute trieb die Lederpreise hoch und machte die Jagd nur profitabler. In den 60er Jahren des vergangenen Jahrhunderts waren die urweltlichen Reptilien bereits vom Aussterben bedroht.

Glücklicherweise haben strenge Schutzmaßnahmen die Tierart gerettet. Heute leben wieder fast zwei Millionen Alligatoren in den Sümpfen Floridas. Die Everglades sind übrigens auch das letzte Rückzugsgebiet der seltenen nordamerikanischen Krokodile. Doch wird man als Besucher die vorwiegend im Salzwasser ganz an der Südseite des Nationalparks lebenden Tiere kaum zu sehen bekommen.

Eindrücke aus der Pflanzenwelt vermittelt der **Gumbo Limbo Trail**, der am Festland neben dem Slough verläuft und eine der von Harthölzern bewachsenen Bauminseln, einen *hammock*, erschließt. Königspalmen, Lebenseichen und die tropischen Gumbo-Limbo-Bäume gedeihen hier. Epiphyten, Luftwurzler, haben sich in den Astgabeln der größeren Bäume breitgemacht, und sogar einige Orchideenarten sind vertreten. Farne und Lianen ranken sich dazwischen. An den dicken Stämmen kann man hin und wieder die für die Everglades typischen Baumschnecken, die *liguus*, entdecken. Sie leben von Algen und bleiben manchmal über Generationen auf nur einem Baum – ihren **Hammock** verlassen sie nie. So entstand in den Everglades über Jahrtausende eine ungeheure Vielfalt von Unterarten: Auf jeder Bauminsel haben die Schneckenhäuser eine andere Zeichnung.

Vor einigen Jahren noch war dieser Pfad ungleich dschungelhafter, noch viel mehr umrankt und überwuchert. Hurrikan »Katrina« hat auch hier durchgeblasen und das Gehölz gelichtet – doch das ist Teil des natürlichen Zyklus in den Everglades. Schon zwei Wochen nach dem Sturm fingen damals die ersten der völlig blattlosen Baumruinen wieder an zu treiben. Trotzdem, erst in 30 oder 40 Jahren wird der Hammock wieder völlig regeneriert sein.

Die unterschiedlichen Pflanzenzonen der Everglades werden bei der Weiterfahrt von Royal Palms deutlich. Den Weg zum Picknickplatz **Long Pine Key** säumen zunächst Pinienwäldchen. Dort – vier Meter über dem Meeresspiegel – liegen lichte Kiefern- und Palmettowälder. Ein Stück weiter auf der Parkstraße – und einen halben Meter Höhenunterschied tiefer gelegen – folgen Schilf- und Seggensümpfe, über denen Hartholz-Hammocks aufragen.

Nur noch zwei Meter über dem Meer sind Zypressensümpfe anzutreffen, und ganz unten an der Küste wachsen auf Meereshöhe Mangroven, die auch im Salzwasser überleben können und das dahinter liegende Land vor den Wellen schützen. Für jede Zone haben die Ranger einen mustergültigen Lehrpfad angelegt. Die interessantesten sind: **Pahay-okee Overlook** mit einem kleinen Aussichtsturm über der Feuchtsavanne und der **Mahogany Hammock Trail**, der durch ein typisches westindisches Mahagoni-Gehölz führt. Hier werden langsam auch Schäden an der Vegetation augenfälliger: zerrupfte Palmen, umgefallene Bäume. Im Herbst 2005 zogen zwei Hurrikane über den Südwesten der Everglades, pusteten die Wälder kräftig durch und verwüsteten Campingplätze und Wege.

Am Ende der Straße dann der ebenfalls halb zerstörte Winzort **Flamingo**: eine Lodge, ein kleiner Hafen, ein Infozentrum des Parks und sonnige Wiesen ringsum. Auf den Telegrafenmasten sitzen Fischadler, bunte Schmetterlinge flirren zwischen den Hibiscusblüten. Vom Ufer aus blickt man weit über die flache Florida Bay, vor deren glitzerndem Wasser sich die Mangroveninseln weit draußen wie Scherenschnitte abzeichnen.

Je nach Gusto kann man nun in der Sonne faulenzen, mit dem Mietkanu auf Entdeckungstour gehen oder eine Sightseeing-Bootsfahrt unternehmen. Am späten Nachmittag geht es dann zurück nach Miami. Gut zwei Stunden muss man im Nachmittagsverkehr dafür einplanen.

Jedesmal wieder ein Schauspiel: Sonnenuntergang über den Everglades

Die Westküste – Route: Miami – Naples – Fort Myers – St. Petersburg – Tampa – Orlando (767 km/479 mi)

1. Tag – Route: Miami – Everglades City – Naples (210 km/130 mi)

km/mi	Zeit	Route
0	Vormittag	Fahrt von **Miami Beach** über den MacArthur Cswy., die SR 836 und den Dade Expwy. zur US 41 (Tamiami Trail) nach Westen. Eventuell Airboat-Fahrt mit einem der Anbieter am Tamiami Trail (z.B. Coopertown).
75/ 47		**Shark Valley**. Tramfahrt oder Radtour in den Everglades National Park. Anschließend Mittagspause im **Miccosukee Cultural Center** oder auf einem der Picknickplätze in der **Big Cypress National Preserve**.
	Nachmittag	Weiterfahrt über Tamiami Trail und SR 29 nach
149/ 93		**Everglades City**. Bootstour durch die **Ten Thousand Islands** im Everglades National Park oder Kanufahrt im **Collier-Seminole State Park**. Danach Weiterfahrt über US 41 nach
208/130		**Naples**. Abends Bummel im Geschäftsviertel um Fifth Avenue oder Third Street South.

2. Tag – Route: Naples – Ft. Myers Beach – Sanibel Island (90 km/56 mi)

km/mi	Zeit	Route
0	Vormittag	Kurze Rundfahrt in **Naples**; Besuch im **Conservancy Nature Center**. Eventuell Strandbummel und Baden. Dann Fahrt über US 41 und SR 865 nach
48/ 30		**Ft. Myers Beach** auf Estero Island. Mittagspause in einem der Strandlokale. Dann über SR 867 weiter nach
90/ 56	Nachmittag	**Sanibel** und **Captiva Island**. Strandbummel beim **Light House** an der Südspitze der Insel oder am **Bowman's Beach**. Besuch im **Bailey-Matthews Shell Museum** und am Spätnachmittag (ca. 2–3 Stunden vor Sonnenuntergang) Fahrt durch das **J. N. »Ding« Darling Wildlife Refuge** (ca. 1 1/2 Std.).

3. Tag – Route: Sanibel Island – Fort Myers – Sarasota (200 km/125 mi)

km/mi	Zeit	Route
0	Vormittag	Abfahrt von Sanibel Island auf SR 867 nach **Fort Myers** zum
30/ 19		**Edison & Ford Winter Estates** (ca. 2 Std.), danach Fahrt auf SR 80 East und I-75 nach Norden bis kurz vor Sarasota. Auf der SR 72 nach Osten zum
155/ 96		**Myakka River State Park**. Fahrt durch den Park, eventuell Picknick, Bootstour und Spaziergang auf den Lehrpfaden. (Im Winter ist der Nordeingang des Parks manchmal werktags geschlossen.) Dann Weiterfahrt über die SR 780 nach
200/125		**Sarasota**.
	Nachmittag	Bummel am **St. Armands Circle** in Lido Beach. Danach Baden oder Besichtigung des **Mote Aquarium** und des **Pelican Man's Bird Sanctuary** am Südende von **Longboat Key**. Für Hobbybotaniker: Besuch der Orchideensammlung in den **Mary Selby Botanical Gardens** in Sarasota.

4. Tag – Route: Sarasota – St. Petersburg Beach (80 km/50 mi)

km/mi	Zeit	Route
0	Vormittag	Baden oder Besichtigung des **Ringling Museum of Art** (ca. 2 1/2 Std.) am Nordende von Sarasota; danach Fahrt auf US 41, US 19 und I-275 über die 6,5 km lange **Sunshine Skyway Bridge** nach
64/40		**St. Petersburg**. Bummel und Mittagspause am **Pier** in der Innenstadt.
	Nachmittag	Besuch des **Salvador Dalí Museum**. Weiterfahrt über Central Avenue und SR 693 (oder I-275/SR 682) nach
80/50		**St. Petersburg Beach**. Gemütliche Badepause und vielleicht ein Abstecher über die SR 679 zu den einsamen Stränden im **Fort DeSoto Park**. Abends ein Bummel im **John's Pass Village**.

Einen Detailplan von St. Petersburg/Tampa finden Sie auf der separaten Karte.

5. Tag – Route: St. Petersburg Beach – Tampa – Orlando (189 km/118 mi)

km/mi	Zeit	Route
0	Vormittag	Fahrt von **St. Petersburg Beach** über SR 682 oder Central Avenue und I-275 nach
50/ 31		**Tampa**. Besuch des **Florida Aquarium**. Anschließend Bummel und Mittagspause in der historischen Altstadt von **Ybor City** und/oder im Shoppingviertel **Old Hyde Park Village**.
	Nachmittag	Weiterfahrt auf der I-4 East nach
189/118		**Orlando**.

Extratouren: In den Everglades lohnt es sich für Vogel- und Botanikfreunde vor allem im Winterhalbjahr, auch eine der Seitenstraßen zu befahren: etwa die **Loop Road** (SR 94) oder die **Turner River Road** (SR 839) durch die **Big Cypress National Preserve** oder die Stichstraße in die **Fakahatchee Strand State Preserve** (Infos und genaue Karten im Oasis Visitor Center am Tamiami Trail). Ebenfalls ein lohnender Abstecher ist das **Corkscrew Swamp Sanctuary** nordöstlich von Naples an der SR 846: Ein Holzsteg führt durch das Sumpfland, wo man seltene Vögel und Schildkröten beobachten kann.

Auf **Marco Island** südlich von Naples gibt es zwar nichts zu besichtigen, doch die recht exklusive Insel ist seit einigen Jahren ein sehr beliebtes Badeziel der Europäer: Neben langen feinen Stränden locken gepflegte Ferienhäuser und Strandresorts, Golf- und Tennisanlagen. Auch **Naples** und **Sanibel/Captiva Islands** eignen sich ausgezeichnet für einige Extratage auf der Rundfahrt – zum Baden, Radfahren, Golfen und Faulenzen.

Interessant ist ein Stück weiter nördlich auch **Gasparilla Island** vor der Bucht von Charlotte Harbor. Hurrikan Charley verwüstete im Spätsommer 2004 das kleine Inselstädtchen **Boca Grande**, das über einen langen Damm zu erreichen ist, fast völlig. Mittlerweile sind zumindest Teile des Ortes wieder aufgebaut – feine Villenviertel, kleine Galerien und Yachthäfen. Am besten mieten Sie ein Fahrrad und erkunden so die Insel.

Ein interessanter Strandstopp am Wegesrand ist der Badeort **Venice**. Im feinen Sand finden sich neben schönen Muscheln oft fossile Haifischzähne.

Wer sich schon auf die Themenparks von Orlando einstimmen möchte, kann in Tampa die besonders für Achterbahn-Fans und Kinder interessanten **Busch Gardens** besuchen. Für Blumenfreunde empfiehlt sich auf dem Weg von Tampa nach Orlando ein Abstecher zu den **Cypress Gardens** (vgl. Orlando, S. 140).

Technikfans sollten sich nahe der I-4 in Polk City den Flugzeug-Themenpark **Fantasy of Flight** anschauen (Exit 21, SR 559, www.fantasyofflight.com, tägl. 10–17 Uhr, Eintritt 29 $). Neben rund 40 Oldtimern gibt es Ausstellungen über die Luftfahrtgeschichte, und in mehreren Simulatoren darf man auch selbst einen Steuerknüppel führen.

Tamiami Trail

Airboat Rides
US 41, Tamiami Trail
Halb- und einstündige Fahrten mit Propellerbooten in das Grasmeer der Everglades bieten entlang der US 41 mehrere Unternehmer an, z.B. gleich am östlichen Anfang in Coopertown oder Wooten's Air Boat Tours im Westen.

Shark Valley
Everglades National Park
✆ (305) 221-8455
Naturkundliche Ausflugsfahrten (ca. 2 Std.) im Nordteil der Everglades; Fahrradvermietung. Reservierung ratsam.

Miccosukee Cultural Center
US 41, 1,5 km westl. von Shark Valley
Tägl. 9–17 Uhr, Eintritt 10 $
Ein etwas zweifelhaftes Kulturzentrum: eigentlich ein Souvenirladen mit nachgestelltem indianischem Dorf. Das einfache Restaurant gegenüber ist okay – und außer dem nahen Spielcasino das einzige am Tamiami Trail.

Big Cypress Gallery
US 41, westlich vom Shark Valley
Galerie des renommierten Everglades-Fotografen Clyde Butcher; sehr schöne Schwarzweiß-Prints.

Oasis Visitor Center
US 41
✆ (239) 695-4111, tägl. 9–16.30 Uhr
Filmvorführung und kleine Ausstellungen über die Naturgeschichte der Big Cypress National Preserve.

Everglades City

Everglades Chamber of Commerce
An der Kreuzung US 41/SR 29
✆ (239) 695-3941
www.evergladeschamber.com
Info-Zentrum für die ganze Region der westlichen Everglades; Tipps für Aktivitäten und Übernachtung.

River Wilderness
210 Collier Ave.
Everglades City, FL 33929
✆ (239) 695-4499, Fax 695-4776
www.river-wilderness.com
Kleine angenehme Apartment-Anlage am Ortsrand. $–$$

Ivey House/North American Canoe Tours
107 Camellia St.
Everglades City, FL 34139
✆ (239) 695-3299, Fax 695-4155
www.iveyhouse.com
Ökologisch orientierter B&B-Inn. Das Besitzerehepaar organisiert ein- und mehrtägige naturkundliche Kanutouren durch die Ten Thousand Islands und vermietet auch Kanus und Fahrräder. $–$$

Rod & Gun Club
Riverside Dr./Broadway
✆ (239) 695-2101
Stimmungsvolles Restaurant in einem alten Anglerclub am Flussufer. Angeschlossen ist eine historische Lodge. $$

Everglades National Park Boat Tours
Abfahrt von der Ranger Station an der SR 29
✆ (239) 695-2591 oder 1-800-445-7724
Tägl. 8.30–17 Uhr; Touren 16–25 $
1 ½stündige Touren durch die von Mangroven gesäumten Kanäle im Gebiet der Ten Thousand Islands.

Collier-Seminole State Park
US 41, östlich von Naples
✆ (239) 394-3397, Eintritt 4 $ pro Auto
Rund 2 500 ha großer Park mit Lehr- und Wanderpfaden; Bootstouren, Kanuvermietung. Camping für Wohnmobile und Zelte.

Seafood Depot
102 Collier Ave, Everglades City
✆ (239) 695-0075
Frischer Fisch, Alligator und Krebse im alten Bahnhof des Städtchens. $–$$

Naples

Naples Marco Island Visitors Bureau
2390 Tamiami Trail, Naples, FL 34102
✆ (239) 262-6141, Fax 403-2404
Gebührenfrei ✆ 1-800-688-3600
www.paradisecoast.com

Naples Beach Hotel
851 N. Gulf Shore Blvd.
Naples, FL 33940
✆ (239) 261-2222, Fax 261-7380
www.naplesbeachhotel.com
Weitläufiges Ferienresort in bunten karibischen Farben, mit schönem Strand, mehreren Restaurants und Bars und eigenem Golfplatz. $$$–$$$$

Charter Club Resort
1000 S. 10th Ave., Naples, FL 34102
✆ (941) 261-5559, Fax 261-6782
www.charterclubresort.com
Geschmackvoll möblierte Apartments für bis zu 6 Personen in einer schönen Anlage an der Naples Bay. $$–$$$

Red Roof Inn
1925 Davis Blvd., Naples, FL 34104
✆ (239) 774-3117 oder 1-800-733-7663
Fax 775-5333, www.redroof.com
Einfaches Kettenmotel im Osten der Innenstadt, gut für eine Nacht auf der Durchreise. $$–$$$

Teddies in allen Größen: im Teddy Bear Museum

Naples KOA
1700 Barefoot Williams Rd./SR 951
Naples, FL 33962
✆ (239) 774-5455, www.napleskoa.com
Großer, sehr gepflegter Privatplatz, außerhalb am Südrand von Naples.

Conservancy Nature Center
N. 14th Ave. & Goodlette Rd.
Mo–Sa 9–16.30 Uhr, Eintritt 9 $
Naturschutzgebiet mit modernem, sehr gut aufgebautem Museum zur Naturgeschichte der Region, Bootstouren.

Naples Zoo at Caribbean Gardens
1590 Goodlette-Frank Rd., Naples
www.napleszoo.org, tägl. 9.30–17.30 Uhr
Eintritt 19 $, Kinder 10.50 $
Ein schöner Wildpark mit Tigern und Affen, aber auch vielen Arten, die in Florida heimisch sind.

Big Cypress Marketplace
Tamiami Trail US 41, östl. von Naples
Fr–So 9–17 Uhr
Gut für einen Shoppingbummel: ein Flohmarkt mit vielen Verkaufsständen und einigen kleinen Restaurants.

Mangrove Cafe
878 S. Fifth Ave., Naples
✆ (239) 262-7076
Kreative karibische Küche und bunte Szene. $–$$

Tommy Bahamas
1220 S. Third St., Naples
✆ (941) 643-7920
Beliebtes Terrassenlokal zum Sehen und Gesehenwerden. $–$$

Tin City
US 41/SR 851
Kleines restauriertes Hafenviertel mit hölzernen Piers; recht touristisch, aber die großen Fischrestaurants sind gut:

Pinchers Crab Shack (✆ 239-434-6616) oder das **Riverwalk Fish and Ale House** (✆ 239-263-2734) mit einer beliebten Bar.

Fort Myers/Ft. Myers Beach

Lee County Visitor Bureau
12800 University Dr., Fort Myers, FL 33901
✆ 1-800-237-6444, Fax (239) 334-1106
in Deutschland: ✆ (060 21) 32 53 03
www.fortmyers-sanibel.com
Infobüros an den Brücken nach Sanibel Island und Fort Myers Beach.

Pointe Estero
6640 Estero Blvd.
Fort Myers Beach, FL 33931
✆ (239) 765-1155, www.pointeestero.com
Luxuriöses Apartmenthotel direkt am Strand; alle Zimmer mit Strandblick, schöner, palmenumstandener Pool. Im Sommer $$$, im Winter $$$$.

Pink Shell Beach Resort
275 Estero Blvd.
Fort Myers Beach, FL 33931
✆ (239) 463-6181, Fax 463-1229
www.pinkshell.com
Große Ferienanlage mit mehrstöckigen Hotelbauten und kleinen Strandbungalows am Nordrand von Estero Island. $$–$$$$

The Outrigger
6200 Estero Blvd.
Fort Myers Beach, FL 33931
✆ (239) 463-3131, Fax 463-6577
www.outriggerfmb.com
Angenehmes Strandmotel im Südteil von Estero Island, auch Zimmer mit Küche. $$–$$$

Red Coconut R.V. Park
3001 Estero Blvd.
Fort Myers Beach, FL 33931
✆ (941) 463-7200, Fax 463-2609
www.redcoconut.com
Großer, schattiger Campingplatz direkt am Ufer des Golfs, Waschsalon.

Edison & Ford Winter Estates
2350 McGregor Blvd., Fort Myers
www.efwefla.org
Führungen tägl. 9–17.30 Uhr
Eintritt 20 $, Kinder 11 $
Weitläufiger Wintersitz mit dem 1886 erbauten Haus, das Edison fast 50 Winter lang bewohnte; prachtvolle Gartenanlagen mit mehr als 400 Pflanzenarten, Museum und originales Forschungslabor des berühmten Erfinders; nebenan steht das Haus des Autobauers Ford.

Lover's Key
An der SR 865
Schöner, noch ganz naturbelassener Strand auf einer kleinen, dicht bewaldeten Insel.

Flippers Restaurant
SR 865, Lovers Key
✆ (239) 765-1040
Nett zum Lunch oder frühen Dinner: ein luftiges Terrassenlokal im Lovers Key Beach Club Resort mit schönem Blick über die Bucht und auf springende Delphine. $–$$

Snug Harbor Restaurant
645 San Carlos Blvd., Fort Myers Beach
✆ (239) 463-8077
Vorzügliche Fischgerichte beim Blick auf die Boote im Hafen; Manchmal ziehen sogar einige Delphine vorüber; nette Bar auf der Veranda. $$

Matanzas Seafare Co.
416 Crescent St., Fort Myers Beach
✆ (239) 463-3838
Hafenrestaurant mit ausgezeichnetem frischen Fisch – er kommt direkt von den Booten nebenan. $–$$

Gulf Shore Grill
1270 Estero Blvd., Fort Myers Beach
✆ (239) 765-5440
Sehr beliebtes altes Lokal mit großer Terrasse am Strand: Fisch und Steaks, solide zubereitet. Auch gut zum Frühstück. $–$$

Beached Whale
1249 Estero Blvd., Fort Myers Beach
✆ (941) 463-5505
Rustikale Kneipe mit bunter Strandszene, serviert werden BBQ-Rippchen, Chicken und viel Bier. $

Nachtleben in Ft. Myers Beach
Die Strandszene trifft sich in den Kneipen um den **Time Square**. Die beliebtesten Nachtclubs sind derzeit **Dusseldorf's**, **Top of the Mast** und die **Tiki Bar at Diamond Head**.

Sanibel/Captiva Islands

Sanibel & Captiva Islands Visitors Center
1159 Causeway Rd. (SR 867)
✆ (239) 472-1080, www.sanibel-captiva.org

South Seas Island Resort
Captiva Island, FL 33924
✆ (239) 472-5111, Fax 472-7541
www.southseas.com
Weitläufige Resortanlage, die die ganze Nordspitze der Insel umfasst. Gepflegte Apartments, die nach Hurrikanschäden bis zum Sommer 2006 komplett renoviert wurden. Tennis, Golf. $$$-$$$$

Sanibel Inn
937 East Gulf Dr., Sanibel Island, FL 33957
✆ (239) 472-3181, Fax 481-5234
www.sanibelinn.com
Ein Strandhotel, wie es sein sollte: schöne Gartenanlagen, picobello Zimmer, gutes Restaurant. $$$–$$$$

West Wind Inn
3345 W. Gulf Dr.
Sanibel Island, FL 33957
✆ (239) 472-1541, Fax 472-8134
www.westwindinn.com
Gutes Mittelklassehotel mit Gartenanlage und schönem Strand. $$–$$$$

Periwinkle Park
1119 Periwinkle Way
Sanibel Island, FL 33957
✆ (239) 472-1433
www.sanibelcamping.com
Ruhiger Campingplatz mit schönen Grünanlagen ca. 1 km vom Strand.

Bailey-Matthews Shell Museum
3075 Sanibel-Captiva Rd.
Tägl. 10–17 Uhr
Eintritt 7/4 $
Alles, was Sie je über Muscheln wissen wollten, illustriert mit großartigen Schalen aus aller Welt.

J. N. »Ding« Darling National Wildlife Refuge
Sanibel Island, ✆ (239) 472-1100
Tägl. außer Fr 7.30–19 Uhr, Visitor Center tägl. außer Fr 9–16 Uhr
Eintritt 5 $ pro Fahrzeug
Großes Naturschutzgebiet mit mehr als 100 Vogelarten an der Ostküste von Sanibel Island; ein faszinierender **Wildlife Drive** führt durch die ursprüngliche Lagunenlandschaft. Auch Führungen.

Keylime Bistro
11509 Andy Rosse Lane, Captiva Island
✆ (239) 395-4000
Eine tropisch umgrünte Terrasse, karibisch inspirierte Küche und eine beliebte Bar, oft mit Live-Musik. $$

Jacaranda
1223 Periwinkle Way, Sanibel Island
✆ (239) 472-1771
Pasta, Fisch und Steak stehen auf der Karte dieses tropisch gestylten Lokals; Live-Musik im Hof. $$

Lighthouse Cafe
362 Periwinkle Way, Sanibel Island
✆ (239) 472-0303
Beliebt zum Frühstück: große Omelettes und Frittatas; gute Sandwiches für Lunch. $

The Bubble Room
15001 Captiva Dr., Captiva Island

✆ (239) 472-5558
Ein vollgestopftes Schatzkästchen amerikanischer Erinnerungsstücke der 1930er und 1940er Jahre, Plakate, Fotos, Spielzeug; sehr sehenswert; und dazu noch eine gute Küche mit Riesenportionen und fabelhaften Nachspeisen (abends lange Warteschlangen). $$

The Mucky Duck
Andy Rosse Lane, Captiva Island
✆ (941) 472-3434
Schön für einen Drink beim Sonnenuntergang am Golfufer; die Küche des Pubs hält sich in Grenzen. So geschl. $–$$

Radvermietung
Mehrere Rad- und Mopedvermieter liegen kurz nach der Brücke auf die Inseln am Periwinkle Way, z. B. Finnimore's Cycle Shop (2353 Periwinkle Way, ✆ 239-472-5577, www.finnimores.com).

Canoe Adventures
716 Rabbit Rd., Sanibel Island
✆ (239) 472-5218
Mehrstündige Kanutrips auf dem Sanibel River und im Naturschutzgebiet; ornithologische Führungen.

Bootstouren
Bootsvermieter (Motor- und Segelboote) und Charterboote mit Skipper für Angel- oder Segeltörns findet man an der Sanibel Marina, an der Tween Waters Marina und an der McCarthy Marina. **Sightseeing-Bootsfahrten** zu kleineren Inseln im Pine Island Sound werden von diesen Marinas aus ebenfalls veranstaltet (Captiva Cruises, ✆ 239-472-5300).

Sarasota

Sarasota Visitors Bureau
701 N. Tamiami Trail
Sarasota, FL 34236
✆ (941) 957-1877, Fax 951-2956
www.sarasotafl.org

Auf Sanibel Island: So lässt's sich aushalten

Resort at Longboat Key Club
301 Gulf of Mexico Dr.
Longboat Key, FL 34228
✆ (941) 383-8821, Fax 383-0359
www.longboatkeyclub.com
Große Resortanlage etwas nördlich der Stadt mit herrlichem Strand, Golf- und Tennisanlagen. Mehrere Pools und Restaurants. $$$–$$$$

Helmsley Sandcastle Hotel
1540 Ben Franklin Dr., Sarasota, FL 34236
✆ (941) 388-2181, Fax 388-2655
www.helmsleysandcastle.com
Angenehmes Mittelklassehotel auf Lido Key, direkt am Strand und nahe dem St. Armand's Circle. $$–$$$$

Coquina on the Beach Resort
1008 Ben Franklin Dr., Sarasota, FL 34236

✆ (941) 388-2141, Fax 388-3017
www.coquinaonthebeach.com
Gutes Strandmotel auf Lido Key; zum St. Armand's Circle sind es nur ein paar Minuten zu Fuß. $$–$$$

Myakka River State Park
SR 72, östlich der I-75, Nordeingang im Winter manchmal werktags geschl.
✆ (941) 361-6511
Großes Naturschutzgebiet um die Feuchtgebiete am Myakka River. Bootstouren (tägl. 10, 11.30 und 13 Uhr, Fahrpreis 10 $; Eintritt 5 $ pro Auto) auf dem Upper Myakka Lake; Lehrpfade und Kanuvermietung.

Ringling Museum of Art
5401 Bayshore Rd. (US 41), Sarasota
Tägl. 10–17.30 Uhr, Eintritt 19 $
Großer Museumskomplex mit Kunstausstellungen (Gemälde des 17. und 18. Jh.), Ausstellungen zur Geschichte des Zirkus und dazu ein venezianischer Palast, das ehemalige Wohnhaus der Ringlings liegt an der Bucht.

Marie Selby Botanical Gardens
811 S. Palm Ave., Sarasota
Tägl. 10–17 Uhr, Eintritt 12 $
Schöne Gartenanlage mit ausgezeichneter Orchideensammlung.

Mote Aquarium
1600 Ken Thompson Pkwy., Sarasota
Tägl. 10–17 Uhr, Eintritt 17 $
Didaktisch gut angelegte Ausstellungen erläutern die Meereswelt im Golf von Mexiko.

Pelican Man's Bird Sanctuary
1708 Ken Thompson Pkwy., Sarasota
Die Pflegestation für verletzte Wasservögel ist derzeit geschlossen, soll aber im Lauf von 2008 wieder eröffnet werden.
Pflegestation für verletzte Wasservögel, Eulen und Habichte.

St. Armand's Circle
Lido Key, Sarasota
Die schicke Shopping- und Flaniermeile von Sarasota ist die beste Adresse für einen gepflegten Bummel. Mehrere Restaurants, z. B. das elegante »Cafe L'Europe« (✆ 941-388-4415), das kubanische »Columbia Restaurant« (✆ 941-388-3987) und das Fischrestaurant »Crab & Fin« (✆ 941-388-3964).

Coasters on the Water
1500 Stickney Point Rd., Sarasota
✆ (941) 925-0300
Gutes Fischlokal in einem alten Holzbau mit großer Terrasse an der Bucht von Sarasota. $$

St. Petersburg/St. Petersburg Beach

Visit St. Petersburg/Clearwater
13805 58th St. N., Suite 2-200
Clearwater, FL 34622
✆ (727) 464-7200, Fax (727) 464-7222
www.FloridasBeach.com
In Deutschland: ✆ (061 72) 38 80 94 80
Infobüro am Pier in St. Petersburg.

The Don CeSar Beach Resort
3400 Gulf Blvd.
St. Petersburg Beach, FL 33706
✆ (727) 360-1881, Fax 367-3609
www.doncesar.com
Das erste Haus am Platz – zu Recht. Klassisches Grandhotel in Pink aus dem Jahr 1928; Strand, Pool, Tennis und Luxus, der die Zeit des »Great Gatsby« wieder aufleben lässt. Elegantes Restaurant »Maritana Grill«. $$$–$$$$

Tradewinds Island Grand Resort
5500 Gulf Blvd.
St. Petersburg Beach, FL 33706
✆ (727) 367-6461, Fax 363-2275
www.tradewindsresort.com
Modernes Ferienhotel mit Apartments, schöner Gartenanlage und eigenem Strand; mehrere Restaurants, Sport- und Kinderprogramme.
$$$–$$$$

Bilmar Beach Resort
10650 Gulf Blvd.
Treasure Island, FL 33740
© (727) 360-5531, Fax 360-2915
www.bilmarbeachresort.com
Strandhotel der guten Mittelklasse am Nordende von St. Petersburg Beach; breiter Sandstrand, Swimmingpool, Restaurant und Bar. Im März und April $$$, sonst $$.

Island's End Resort
1 Passe-a-Grille Way
St. Petersburg Beach, FL 33706
© (727) 360-5023, Fax 367-7890
www.islandsend.com
Ein winziges Motel mit kleinen Hütten abseits der Hotelklötze ganz am Südende der Insel. $$–$$$

St. Petersburg KOA
5400 95th St., St. Petersburg, FL 33708
© (727) 392-2233, Fax 398-6081
www.stpetersburgkoa.com
Großer Privatplatz, etwas im Inland an einer Lagune gelegen, aber der Badestrand ist in 10 (Fahr-)Minuten zu erreichen; Pool, Minigolf, Radvermietung.

The Pier
800 2nd Ave. N.E.
Großer städtischer Pier mit Geschäften, einem Aquarium und mehreren Restaurants, wie etwa »Captain Al's« (© 727-898-5800) oder »Cha Cha Coconuts« (© 727-822-6655).

Salvador Dalí Museum
1000 3rd St. S., St. Petersburg
Tägl. 9.30–17.30, So ab 12 Uhr
Eintritt 15 $
Die umfassendste Dalí-Sammlung der Welt zeigt sehr schön die Entwicklung des Meisters von den frühen Jahren bis in die Spätzeit. Ausgezeichneter Museumshop mit Kunstbüchern und Postern.

Great Explorations
1925 4th St. N., St. Petersburg
Tägl. 10–16.30, So ab 12 Uhr, Eintritt 9 $
Nettes ganz neu gestaltetes Museum für Kinder, viele verblüffende Experimente.

Fort DeSoto Park
SR 679 South
Gut 350 ha großer Park auf mehreren Inseln am Südende von St. Petersburg Beach; vielfach prämierte, ruhige Strände und die Überreste eines Forts.

Suncoast Seabird Sanctuary
18328 Gulf Blvd., Indian Shores
Tägl. 9 Uhr bis Sonnenuntergang
Tierschutzheim für verletzte Vögel, eine gute Gelegenheit, alle Reiher-, Pelikanarten und anderen Flattertiere genauer kennenzulernen.

John's Pass Village
SR 699, 150 John's Pass Boardwalk
Madeira Beach
Restauriertes Hafenviertel am Nordende der Brücke nach Treasure Island mit Läden, Restaurants und Holzsteigen über dem Bootshafen; gut für einen Bummel am Ende des Tages.

Silas Steakhouse & Bayside Bar
5501 Gulf Blvd.
St. Petersburg Beach
© (727) 360-6961
Großes und beliebtes Fischlokal, das auch Alligatorensteaks (von der Farm) serviert; Austernbar, Live-Bands. $$

The Hurricane
Gulf Way & 9th Ave.
St. Petersburg Beach
© (727) 360-9558
Jazzbar, Tanzclub und Fischrestaurant in einem – immer mit Blick auf den Sonnenuntergang. Auch nett zum Frühstück und einem Spaziergang danach am ruhigen Strand im Südteil von St. Petersburg Beach. $–$$

Leverock's
10 Corey Ave., St. Petersburg
© (727) 367-4588

Fisch, Steaks und dazu ein schöner Blick über die Bocca-Ciega-Bucht. Etwas versteckt gelegen unter der Brücke des Causeway nach St. Petersburg Beach. $–$$

Gators Cafe & Saloon
12754 Kingfish Dr., Treasure Island
✆ (727) 367-8951, www.gatorscafe.com
Institution am nördlichen Ende von Treasure Island: draußen sitzen, Musik hören, trinken und essen. Mit Blick auf Kanal und Hebebrücke. $-$$

Tampa

Tampa Bay Visitor Center
615 Channelside Dr., Tampa, FL 33602
✆ (813) 223-2752 oder 1-800-448-2672
www.visittampabay.com

Florida Aquarium
701 Channelside Dr., Tampa, FL 33602
✆ (813) 273-4000, www.flaquarium.org
Tägl. 9.30–17 Uhr, Eintritt 18 $, Kinder 13 $
Das neueste Aquarium Floridas – und eines der besten.

Ybor City
Altes kubanisches Stadtviertel im Nordosten von Tampa, lange etwas schäbig, aber heute das neue Trendviertel mit schrillen Boutiquen und Kneipen wie etwa dem **Blues Ship** (1910 E. 7th Ave.). Interessante Architektur, die man beim Bummel entlang der 7th Avenue bewundern kann.

Das **Ybor City State Museum** (1818 East 19th Ave., tägl. 9–17 Uhr; Eintritt 3 $) in einer alten Bäckerei zeigt den Werdegang des Stadtteils.

Henry B. Plant Museum
401 W. Kennedy Blvd., Tampa, FL 33606
www.plantmuseum.com
Di–Sa 10–16, So 12–16 Uhr
Eintritt 5 $, Kinder 2 $
Ein kunterbuntes Museum zur Stadtgeschichte von Tampa in einem Seitenflügel des prachtvollen alten Tampa Bay Hotel.

Busch Gardens
3000 E. Busch Blvd.
✆ 1-888-800-5447, www.buschgardens.com
Tägl. 9.30–19 Uhr, im Sommer länger
Eintritt 65 $, Kinder 55 $
Riesiger Vergnügungspark mit spektakulären Achterbahnen und Themengebieten wie »Ägypten« oder »Marocco«. Dazu gehört auch ein weitläufiger Wildpark mit Zebras, Gorillas und Giraffen – hautnah zu erleben bei der Rhino Rallye.

Sehr schön für einen Zusatztag mit Kindern in St. Petersburg/Tampa. Zahlreiche gute Motels in der Umgebung des Parks ($–$$).

Old Hyde Park Village
15009 W. Swann Ave., Tampa
Schickes Einkaufsviertel in einem historischen Stadtteil am Westrand von Tampa. Hier gibt es auch mehrere nette Cafés und Restaurants.

Columbia Restaurant
2117 E. 7th Ave.
✆ (813) 248-4961
Der Klassiker in Ybor City – zwar etwas touristisch, aber gut. Wunderschöne Kachelfassaden und spanischer Kolonialstil; ausgezeichnete spanisch-kubanische Küche. $$

Mise en Place
442 W. Kennedy Blvd., Tampa
✆ (813) 254-5373
Hervorragende neuamerikanische Cuisine in einem schicken Bistro in der Innenstadt. $$

Barley Hoppers Alehouse
1600 E. 8th Ave., Tampa
✆ (813) 242-6680
Leckere Salate und Rippchen, serviert auf einer Terrasse im Obergeschoß des Centro Ybor. Ein guter Start zum Bar-Hopping. $–$$

Columbia Restaurant, Ybor City ▷

PATIO

Die Westküste

Buchten und Inseln

Lange war die Küste am Golf von Mexiko die vergessene, unerschlossene Region des Staates. Anders als auf der Atlantikseite ragen hier große Buchten ins Land, zergliedern Inseln und Lagunen die Küstenlinie – und hemmten den Bau von Eisenbahnen und Straßen. Nur Tampa war bereits zur vorletzten Jahrhundertwende eine Stadt; in den 1920er Jahren wurde St. Petersburg zum ersten Ferienziel an der Golfseite. In den letzten drei Jahrzehnten hat sich die Lage allerdings gründlich geändert. Die Westküste boomt, bisher kaum bekannte Orte wie

Weißer Sand und seichtes Meer: Fort Myers Beach

Naples oder Fort Myers zählen nun zu den am schnellsten wachsenden Städten Amerikas. Das milde Klima und die herrlichen Muschelstrände locken Urlauber, betuchte Senioren, Golfer und Segler an.

Und trotzdem blieb die beschauliche, natürliche Lebensart erhalten. Es gibt kaum Hochbauten und Hotelklötze, sondern meist nur ein- bis zweistöckige Ferienanlagen – nicht höher als die Palmen. Viele kleine Inseln sind bis heute kaum erschlossen, und selbst zur Hochsaison zwischen Weihnachten und Ostern sind die langen weißen Strände nie überfüllt. Sogar das Meer zeigt sich hier im milden Westen von seiner beschaulichen Seite und schickt nur ganz sanfte Wellen an die flachen Strände.

Ein ideales Ferienziel für Familien also, aber dank der herrlichen Golfanlagen und Wasserreviere auch für Sportfans. Und für Naturfreunde, denn im Hinterland der Küste blieben große ursprüngliche Naturlandschaften erhalten – in den Everglades etwa oder im Myakka River State Park. Manche Besucher werden die hervorragenden Museen der Westküste überraschen: Großzügige Mäzene haben ihre Sammlungen der Öffentlichkeit gestiftet und so fabelhafte Kulturtempel wie das Ringling oder das Dalí-Museum nach Florida gebracht – interessante Ausflugsziele, wenn man während des Badeurlaubs nicht nur am Strand liegen will.

1. Tag **Einmal quer durch die Sümpfe**
Die Everglades

Um dem Verkehrsgewirr in Miami zu entgehen, bleibt man vom Strand her kommend am besten auf einer der Stadtautobahnen Richtung Westen. Die Vororte der Metropole scheinen zunächst kein Ende zu nehmen, aber dann hört die Besiedlung abrupt auf. Die US 41 zieht sich als zweispurige, verblüffend wenig befahrene Landstraße durch grünes Buschwerk – die nördlichen Ausläufer der **Everglades**. Hier bietet sich dann auch bald die Gelegenheit, die Sümpfe aus einer anderen Perspektive als im Nationalpark kennenzulernen: vom Propellerboot aus. Diese seltsamen, lärmenden Gefährte mit ganz geringem Tiefgang sind im oft nur wenige Zentimeter tiefen Wasser der Schilfflächen das einzig mögliche Fortbewegungsmittel.

An der US 41 gibt es mehrere Bootsfirmen, deren laute Flitzer innerhalb des Nationalparks natürlich verboten sind. Die Prozedur ist überall dieselbe: Man erhält Wattestöpsel für die Ohren, steigt ins Boot, der Führer wirft den riesigen Flugzeugpropeller im Heck des Gefährts an und ab geht's – über die gelbgrünen Seggen- und Schilfflächen, durch schmale Kanäle zwischen den Bäumen und in rasender Fahrt über weite Sumpfgras-Seen. Die Vogelwelt stiebt vor dem Lärm entsetzt davon, aber die Alligatoren haben sich mittlerweile an die Knatterboote gewöhnt.

Von Zeit zu Zeit legen die Führer Fleischstücke aus, um die Tiere zum Bleiben zu ermuntern. Am Ende der Spritztour ist man (trotz Wattepfropfen) halb taub vom Lärm und zerzaust vom Fahrtwind, aber dennoch überwältigt von den riesigen Weiten und dem Rausch der Geschwindigkeit.

Ökologisch sinnvoller ist eine Tour im **Shark Valley** etwas weiter westlich. Das bereits wieder zum Nationalpark gehörende »Tal« ist eigentlich nur eine kaum merkliche Senke, in der auch während der Trockenzeit im Winter noch Wasser fließt. Daher sammeln sich in diesem Gebiet verstärkt die Zugvögel. Der Park Service bietet auf einer Rundstrecke Trolleytouren zur Tierbeobachtung an. Noch schöner und auf Tuchfühlung mit der Natur ist eine Fahrradtour auf der knapp 30 Kilometer langen, für Autos gesperrten Panoramastraße. In den Kanälen am Wegesrand kann man oft Alligatoren, Schildkröten und andere Wassertiere entdecken.

Gleich westlich vom Eingang zum Shark Valley beginnt die **Miccosukee**

Miccosukee-Dorf in den Everglades

Täuschend gut verborgen: Alligator in den Sümpfen der Everglades ▷

Indian Reservation, der Lebensraum eines während der Indianerkriege im 19. Jahrhundert beinahe ausgerotteten Stammes. Heute nehmen die Nachfahren der einstigen Krieger späte Rache am weißen Mann und locken die vorbeikommenden Touristen in ihr »Cultural Center« mit ein paar dürftigen Cheeckee-Hütten, mit Plastik-Tomahawks und Silberschmuck der Navajo-Indianer des Südwestens im Souvenirladen. Die Miccosukee-Verkäufer stehen teilnahmslos daneben und freuen sich wohl insgeheim über ihren Nepp.

Die meisten Miccosukees wollen bis heute möglichst wenig mit den Weißen zu tun haben. Am Kanal entlang der Straße sieht man oft die Frauen mit langen Angelstöcken sitzen, mit Schlapphut und wallenden Kleidern. Ihre Dörfer am Tamiami Trail liegen hinter hohen Palisadenwänden. Man sollte ihren Wunsch nach Privatsphäre respektieren.

Schnurgerade führt die US 41 weiter nach Westen. Der **Tamiami Trail**, eine Abkürzung für TAmpa-to-MIAMI Trail, war die erste Straße Südfloridas von der Ost- zur Westküste. Bereits 1915 wurde mit dem Bau von Tampa aus begonnen, doch 1918 blieben die Arbeiter 45 Kilometer östlich von Naples im Morast stecken. Ihr resigniertes Urteil: bodenloser Sumpf. 1923 versuchten einige Abenteurer die Strecke dennoch zu fahren: Sie umwickelten die Reifen ihrer Model-T-Fords mit dicken Seilen, folgten den Indianerpfaden im Sumpf und erreichten elf Tage später tatsächlich Miami.

Erst 1926 wurde die Arbeit am Trail wieder aufgenommen. Die Moskitos, die Schlangen und das Arbeiten im streckenweise hüfttiefen Wasser ließen die Männer oft verzweifeln. Teilweise kamen sie kaum mehr als einen Kilometer pro Monat voran. Aber zumindest hatten sie eine erfolgversprechende Baumethode entdeckt: Mit 1500 Tonnen Dynamit sprengte man einen Graben in den weichen Boden bis hinab zum Kalkfels. Dann wurde die Grube mit Kies und Steinen gefüllt; die so entstandene feste Fahrbahn konnte in der Regenzeit nicht mehr versinken. Im April 1928 war die Straße schließlich fertig gestellt – die ersten Autos fuhren von Tampa nach Miami in zwei Tagen.

Seither hat sich wenig verändert am Tamiami Trail, auch wenn der Highway heute geteert, ab und zu ein Haus zu sehen ist oder eine Seitenstraße abzweigt. Dass die Region Wildnis bleibt, dafür sorgt die 1974 gegründete **Big Cypress National Preserve**, ein Schutzgebiet, das mit gut 6 000 Quadratkilometern ebenso groß ist wie der angrenzende Everglades National Park. Savannen und Zypressensümpfe machen den Großteil dieser Region aus. In der **Big Cypress Gallery** des Naturfotografen Clyde Butcher dokumentieren dramatische Bilder die urwüchsige Schönheit der Feuchtgebiete; ein Stück weiter an der US 41 erläutert das **Oasis Visitor Center** die Pflanzen- und Tierwelt der Preserve.

Sogar sehr seltene Arten kommen hier noch vor, wie wenig später ein Verkehrsschild am Highway belegt: »Panther Crossing«. Die Wildnis Südfloridas ist die letzte Heimat des nordamerikanischen Pumas, hier »Panther« genannt. Nur noch etwa 50 Exemplare der scheuen Raubkatze soll es geben. Die großen, grauen Tiere leben von der Jagd auf Rehe, Waschbären und kleine Nager. Aber in der Regel flitzt kein Panther vorbei, sondern höchstens ein Jaguar – auf dem Weg zum nächsten Deal in Miami.

Noch ein weiterer Abstecher lohnt sich, ehe wir die Everglades verlassen: nach **Everglades City**, einem alten Fischerstädtchen tief in den Sümpfen,

Paradiesische Urlaubsverhältnisse: am Strand von Naples

das vom modernen Kommerz noch weitgehend verschont blieb. Alte, etwas verlottert wirkende Holzhäuser säumen die Ufer des Barron River, an der Hauptstraße liegen ein paar Läden und Lokale, die von neuen Zeiten und dem kommenden Tourismus künden.

Das Städtchen am äußersten Westrand des Everglades National Park ist der beste Ausgangspunkt für Touren in das Mangroven-Labyrinth der **Ten Thousand Islands** vor der Küste. Die Ranger bieten naturkundliche Bootstouren in die Inselwelt an; Wildnispaddler können von hier aus auf mehrtägigen Touren am Ufersaum der Everglades entlang tief in den Park bis Flamingo fahren.

Und im nahen **Collier-Seminole State Park** werden stundenweise Kanus vermietet. Das empfiehlt sich allerdings nur für den Winter, denn im moskitoverseuchten Sommer wird hier jeder Aufenthalt im Freien zur Blutspendeaktion. Aus diesem Grund verlassen im Sommer viele der Bewohner Everglades City und flüchten nach Norden. Auch die Orte an der südlichen Golfküste waren früher meist nur im Winter bewohnt. Doch die Klimaanlagen haben die heißen Sommer erträglich gemacht, und die Moskitos halten sich im Bereich der ständig wachsenden Städte auch in Grenzen – falls nicht, werden sie gezielt bekämpft.

Naples ist der neue Stern am wolkenlosen Himmel der Südwestküste. Seit 1980 die Autobahn von Norden her fertig gestellt wurde, wächst die Stadt schnell und stetig. Die kilometerlangen, herrlich weißen Strände sind ein Paradies für alle Sonnenanbeter. Und für Golfer ist die 20 000-Einwohner-Stadt das

Traumziel schlechthin mit gut 40 fein manikürten Plätzen. Vermutlich ein Weltrekord. Selbst ein Hurrikan wie Charley im Herbst 2004 kann wohl die Entwicklung hier nur kurz bremsen.

Bei der Einfahrt sieht Naples noch recht normal-amerikanisch aus: Tankstellen, kleine Shopping-Malls, das übliche bunte Durcheinander. Doch sobald man über die 9th Street weiter nach Westen in den Ortskern fährt, ändert sich das Bild: ruhige Wohnstraßen mit Palmenalleen, hübsche, teils recht exklusive Villen. Dazu passen auch die beiden Geschäftsstraßen **5th Avenue** und **Third Street South**, wo man nett bummeln, im Café sitzen und die vorbeifahrenden polierten Edelkarossen beobachten kann. Eh sich die Sonne neigt, sollte man aber noch ein paar Straßen weiter nach Westen vordringen: Dort warten traumhafte Strände mit puderfeinem Sand und vielen Muscheln. Perfekt für einen Spaziergang zum – oft dramatisch roten – Sonnenuntergang.

2. Tag Radler und Muscheljäger auf Sanibel Island

Ähnlichkeiten zwischen dem feinen, ruhigen, wohlhabenden Naples und der italienischen Namensschwester, der brodelnden Industriestadt Neapel, bestehen wohl nur im heißen Klima. Vielleicht ging es aber den Stadtgründern im Jahr 1886 auch einfach um einen klingenden, exotischen Namen, mit dem man Wintergäste anlocken wollte. Aus heutiger Sicht wäre vielleicht »Venedig« angebrachter, denn bei einer kleinen Rundfahrt durch die eleganten Wohnviertel nördlich und südlich der Innenstadt sind zahlreiche Kanäle und Lagunen zu entdecken. Zwar stehen an den Ufern keine mittelalterlichen Palazzi, aber manche exklusive Villa im Viertel **Port Royal** am Südende des Gordon Drive (2nd Street) ist kaum weniger aufwendig.

Vor der Weiterfahrt sollte man noch einen lehrreichen Abstecher zum **Conservancy Nature Center** machen, das sehr anschaulich die Ökosysteme in den Savannen und Sümpfen des Südwestens erklärt. Nebenan in der Pflegestation für verletzte Vögel sind oft Pelikane, Kraniche und Raubvögel zu sehen. Danach geht es nordwärts durch die Vororte von Naples. Über die Bonita Beach Road kommen wir wieder zur Küste, wo die Straße über mehrere kleine Inseln weiterführt. Wer ein ruhiges Badeplätzchen sucht, liegt am Strand von **Lover's Key** richtig und kann gleich hier ein Mittagspicknick einplanen.

Wer mehr Leben und Treiben sucht, fährt noch eine Insel weiter, nach **Fort Myers Beach** auf Estero Island, das gleich mit einer langen Reihe von Apartment-Anlagen beginnt. Das Zentrum des Strandstädtchens liegt am Nordende der langgestreckten Insel, und hier entfaltet sich das bunte Badeleben zu voller Blüte: Neben dem Pier schwingen sich die Parasailors in die Lüfte, üben sich einige Wassernovizen im Jet-skiing und braten die Sonnenanbeter im Sand. Je nach Hunger kann man sich hier dazugesellen, in einem der Strandlokale ein Fischsandwich essen oder am **Time Square** bummeln und shoppen.

Über die Brücke und vorbei an Malls und Minigolfplätzen fährt man dann am Nachmittag zum McGregor Boulevard und überquert auf der langen Brücke die blauschimmernde San Carlos Bay. Am anderen Ende warten **Sanibel** und **Captiva**, die beiden größten von rund 100 Inseln vor der Mündung des Caloosahatchee River in den Golf von Mexiko – zwei der schönsten und erholsamsten Inseln an der Westküste.

Es sind junge Eilande: Vor kaum 3000 Jahren hat der Golf den Sand angespült, und die Mangroven hielten ihn fest. Die Calusa-Indianer sammelten schon vor Christi Geburt an den langen Stränden die proteinreichen Muscheln, ihren wichtigsten Lebensunterhalt. Weiße kamen erst viel später: Der Volksmund berichtet vom blutgierigen spanischen Piraten José Gaspar, der um 1800 hier sein Hauptquartier aufschlug. Die Seeleute der geplünderten Schiffe ließ er über die Klinge springen, aber die weibliche Beute hielt er angeblich auf Captiva Island gefangen – daher der Name. Die US-Navy bereitete seinem Treiben ein vernichtendes Ende, und die Inseln sanken wieder in Vergessenheit.

Ein paar Farmer gegen Ende des 19. Jahrhunderts, einige verschwiegene Feriencamps seit den 1920er Jahren, das war alles hier – bis 1963. In diesem Jahr wurde die Brücke vom Festland auf die Inseln eröffnet. Spekulation, Bauboom und intensive Erschließung ließen nicht auf sich warten. Doch dies war nicht das Jahr 1950 und nicht Miami Beach. Die Bewohner von Sanibel hatten aus der ungezügelten Bauwut der Ostküste gelernt. 1974 erklärten sie sich zur Stadt, verboten Hochhäuser und erließen strikte Bau- und Naturschutzgesetze.

Der verträumte Charme und das gemächliche Pensionärstempo sind dadurch glücklicherweise ebenso erhalten geblieben wie die sauberen Naturstrände und die eindrucksvolle Vogelwelt, auch wenn Hurrikan Charley hier 2004 heftig gewütet hat. Es gibt keine riesigen Malls, sondern nur kleine, hinter Bäumen versteckte Lädchen. Die Straßen sind ganz unamerikanisch gewunden – keine

Der »Sanibel stoop« ist die typische Haltung beim Muschelnsammeln

schnurgeraden Schneisen, sondern schmale, oft von Ästen überhangene Fahrwege. Ebenfalls ganz ungewöhnlich für das autoverliebte Amerika: 30 Kilometer Fahrradwege laufen kreuz und quer über die Insel.

Hin und wieder stoppt der Verkehr, weil ein Waschbär auf der Fahrbahn dahintrottet oder ein Schneereiher über die Straße stakst – die in sein angestammtes Jagdrevier eingedrungenen Autos keines Blickes würdigend, den langen Hals nur auf sein zweites Frühstück, den Frosch am anderen Straßenrand, gerichtet. Eine langsamere Gangart einlegen, stehenbleiben und schauen, das ist die Devise von Sanibel.

Periwinkle Way, die Hauptstraße, endet an der Südostspitze der Insel nahe dem rostigbraunen Leuchtturm, der seit über 100 Jahren den Eingang zur San Carlos Bay weist. Der feinkörnige Sandstrand vor den weiß getünchten Wohngebäuden des früheren Leuchtturmwärters lädt zum Baden und Picknicken ein, oder man geht der beliebtesten Ferienfreude auf Sanibel nach, dem **Muschelsuchen**. Die Liebhaber dieser »Sportart« – auf Sanibel ist es schon fast eine Sucht – sind leicht zu erkennen: Geneigten Hauptes, gekrümmten Rückens gehen sie langsam mit einem kleinen Eimer und einem Schmetterlingsnetz aus Draht am Flutsaum entlang oder stehen vornübergebeugt bis an die Hüften im Wasser. *Sanibel stoop* nennen die *locals* diese Haltung, den »Sanibel-Bückling«.

Sanibel wie auch Captiva sind unter »Muschlern« weltbekannt. Die sanfte Brandung bringt auf dem nur ganz langsam ansteigenden Sandgrund die oft herrlich gefärbten Gehäuse heil an Land. Mit jeder Flut werden neue Schalen und auch viele lebende Muscheln aus den vorgelagerten reichen Brutstätten an die Küste getragen. Bei Ebbe kann man sie dann am Ufer und im flachen Wasser finden. Das Niedrigwasser am Morgen (und nach einem Sturm im Herbst oder Winter) ist die beste Zeit, um zahlreiche Spezies zu entdecken. Man munkelt, Muschelsüchtige seien mit Bergarbeiterlampen auf der Stirn schon vor Sonnenaufgang gesichtet worden.

Jakobsmuscheln und Sanddollars, stachelige Schneckenmuscheln und große Venusmuscheln, die seltene, braun getupfte Junonia und rund 400 weitere Arten geben sich an den 50 Kilometer langen Stränden der Eilande ein Stelldichein. Kein Wunder, dass man selbst auch bald vom Fieber ergriffen wird und nach kurzer Zeit der Rücken schmerzt.

Wer sich die Mühe ersparen will, kann sich die Wunderwelt der Muscheln weiter nördlich auf Sanibel im **Bailey-Matthews Shell Museum** ansehen – rund zwei Millionen Muscheln in allen Formen und Farben! Die hübschen Schalen draußen am Strand sollte man als Tourist ohnehin besser dort lassen, denn viele Muschelarten unterliegen dem Washingtoner Artenschutzabkommen und dürfen nicht nach Europa eingeführt werden.

Doch Schauen ist auch schön. Gut geeignet zum Muschelgucken sind noch **Bowman's Beach**, ein Naturschutzgebiet, und **Blind Pass**, die Meerenge zwischen Sanibel und der kleineren Nordinsel Captiva. Buchstäblich meterhohe Haufen von Muschelschalen türmen sich dort unter der Brücke, und an der Wasserlinie kommt ständig Nachschub. Im Museum gibt es Checklisten und Bestimmungsbroschüren, damit man diese Vielfalt auch einordnen kann.

Der tagsüber glühendheiße Sand von Bowman's Beach dient im Sommer außerdem den großen **Meeresschildkröten** als Brutstätte. Die früher in Florida sehr zahlreichen *loggerhead* und *leatherback turtles* wurden durch weltweite Jagd

Silberreiher im J. N. »Ding« Darling National Wildlife Refuge

fast ausgerottet. Besonders zu Zeiten der Segelschifffahrt waren die an Land langsamen und unbeholfenen Riesen beliebt, denn man konnte sie als lebende Fleischkonserven sehr bequem auf monatelange Reisen mitnehmen. Nur noch etwa 200 der rund drei Zentner schweren Tiere machen sich heute pro Jahr auf den Weg in die Dünen von Sanibel und Captiva, um ihre Eier zu vergraben.

Während der Brutzeit im Juli und August führen Freiwilligentrupps Patrouillengänge durch, um jede Störung der Eiablage zu verhindern. Später werden mehrere Gelege vorsichtig wieder ausgegraben und im Forschungsinstitut unter Infrarotlampen ausgebrütet. Nach einigen Wochen sind die Schildkrötenbabys so weit hochgepäppelt, dass man sie ins Meer entlassen kann. Ob dies aber das drohende Aussterben der mittlerweile streng geschützten Loggerheads verhindert, bleibt fraglich.

Noch mehr und sehr eindrucksvolle Natur gibt es am späteren Nachmittag zu sehen – im über 2000 Hektar großen **J. N. »Ding« Darling Wildlife Refuge**, das die gesamte Nordosthälfte von Sanibel umfasst. Man sollte es gegen Abend, etwa zwei Stunden vor Sonnenuntergang besuchen, weil dann viele Tiere aktiver sind und mit größerer Wahrscheinlichkeit beobachtet werden können. (Frühmorgens wäre übrigens auch eine gute Zeit.)

Im Visitor Center am Anfang der acht Kilometer langen Straße durch das Schutzgebiet erhält man eine Broschüre, die die wichtigsten Tierarten identifiziert und einige interessante Details verrät. Allein 100 Vogelarten leben in den ausgedehnten Feuchtgebieten, manche als Zugvögel, etwa die Hälfte das ganze

Jahr über. Fischadler und Silberreiher, Anhingas und Pelikane, Falken und Sumpfhühner bevölkern die kleinen Brackwasserseen. Wer Glück hat, bekommt im Sommerhalbjahr sogar eine Gruppe der seltenen Rosalöffler auf den Schlickbänken zu sehen. Mit ihrem seltsam geformten Löffelschnabel können sie auch in ganz seichtem Wasser kleine Fische packen.

Am Ufer der Kanäle und Seen suchen oft Waschbären nach Austern und Krabben – und laufen dabei manchmal dem König der Sümpfe in den zähnestarrenden Rachen: einem Alligator. Mehrere hundert dieser urzeitlichen Reptilien leben im Refuge und haben, nachdem sie in den 1960er Jahren vom Aussterben bedroht waren, mittlerweile wieder eine stabile Zahl erreicht.

Das letzte Stück der Straße führt an einem Wasserlauf entlang, in dem meist Panzerechsen zu beobachten sind. Sie treiben träge im braunen, brackigen Wasser oder sonnen sich auf flachen Sandbänken. Einige Uferstellen, offenbar ihre Lieblingsplätze, sind ganz kahl gewetzt von den kaltblütigen Sonnenanbetern.

An der Nordspitze von Sanibel endet der Wildlife Drive wieder an der Hauptstraße. Genau richtig zum Sonnenuntergangsspaziergang am **Turner Beach**. Der Sand fühlt sich jetzt beim barfüßigen Schlendern an der Flutlinie schon angenehm kühl an. Ein paar Unentwegte laufen angestrengten Auges noch immer gebückt über den Sand und hoffen eine letzte Muschel-Kostbarkeit zu entdecken.

Viel schöner ist es aber, sich jetzt auf das Farbenspiel am Horizont zu konzentrieren und dem sowieso schon verspannten Rücken eine Pause zu gönnen. Kleine Gruppen brauner Pelikane ziehen im Formationsflug über das Wasser nach Norden, die Angler auf den großen Felsbrocken an der Nordseite des John's Pass holen die Leinen ein und zählen ihre Beute. Richtig friedlich ist die Szenerie, und man kann den Sonnenuntergang mit nur einigen wenigen Gleichgesinnten genießen.

3. Tag Zu Besuch bei Mr. Edison in Fort Myers

»Es gibt nur ein Fort Myers, und 90 Millionen Menschen werden das noch herausfinden«, hatte Thomas Edison, der berühmteste Bürger, seinem Winterwohnsitz prophezeit. Das war vor hundert Jahren, als noch niemand daran dachte, dass die moskitoverseuchten Sümpfe am Caloosahatchee River und die Mangroveninseln vor der Küste zu irgend etwas gut wären.

Lange Zeit sah es so aus, als hätte sich Edison gewaltig verrechnet: ein Fischerhafen, ein paar exklusive Kurhotels und eine Kolonie betuchter Winterurlauber – dabei blieb es bis weit ins 20. Jahrhundert hinein. Erst seit den 1970er Jahren entdecken mehr und mehr Menschen die Region **Fort Myers**. 90 Millionen sind es nicht geworden, aber fast 400 000 Menschen leben heute schon hier, und fast zwei Millionen Touristen kommen jährlich hinzu.

Noch immer ist von Februar bis April Hochsaison, dann fallen ähnlich wie in Palm Beach oder Fort Lauderdale die »Schneevögel« ein. *Snowbirds*, so nennen Floridianer ein bisschen spöttisch die wärmesuchenden Winterurlauber aus dem Mittelwesten, Neuengland und Kanada, die sich oft monatelang in Südflorida einmieten, um den Schneemassen zu Hause zu entfliehen. Die Sommer sind ruhiger, man trifft mehr Europäer, für die dann das ideale Ferienwetter herrscht: Mittagstemperaturen um 30,

Wassertemperaturen von 25 Grad – und leere Strände auf den versteckteren Teilen der Inseln.

Am McGregor Boulevard, der von Sanibel und Fort Myers Beach aus landeinwärts nach Fort Myers führt, herrscht allerdings das ganze Jahr über reger Verkehr. Er ist die wichtige Nabelschnur zwischen den Stränden und der Stadt, die etwa 15 Kilometer landeinwärts am Südufer des Caloosahatchee River liegt. Bald säumen kilometerweit schlanke Königspalmen die Straße. Die ersten dieser Spezies holte Edison aus Kuba und pflanzte sie um 1900 zur Verschönerung seines Wohnsitzes. Der Boulevard verläuft durch gepflegte Wohnviertel, bis in der Straßenmitte ein gelbes Schild in Form einer Glühbirne das ehemalige Zuhause des »Erfinders« der Elektrizität anzeigt.

Der Parkplatz der **Edison & Ford Winter Estates** wird überschattet von einem riesigen Banyanbaum. Auf 120 Meter Durchmesser ist er seit 1925, als der Reifenindustrielle Harvey Firestone den jungen Schößling Edison geschenkt hatte, gewachsen – ein »kleiner« Vorgeschmack auf die botanische Wunderwelt, die der Erfinder hier zusammentrug.

Im Empfangshäuschen formiert sich die nächste Besuchergruppe. Der Führer, ein älterer Herr, schultert schon sein Megaphon zum Spaziergang durch die exotischen Gartenanlagen und das hübsche Herrenhaus am Ufer des Caloosahatchee River. Gleich wird man mehr erfahren über das Lebenswerk des größten Erfinders Amerikas, wenn nicht der ganzen Welt.

Thomas Alva Edison lebte von 1847 bis 1931. Nach seiner Jugend in Ohio

Üppig umgrünt: Thomas Edisons Winterquartier in Fort Myers

zog er 1869 nach New York, wo er unter anderem den Börsenticker und das gewachste Butterbrotpapier, das Mikrophon und den Phonographen erfand. 1879 gelang ihm der große Durchbruch mit der Erfindung der Glühbirne. Im Laufe seines Lebens meldete er insgesamt 1097 Patente an, davon über 300 von 1879 bis 1886 – das war im Durchschnitt eine Erfindung alle acht Tage!

Im Winter 1884 kam Edison zur Kur nach Florida. Das tropisch grüne Fort Myers gefiel ihm, er kaufte Land und verbrachte von nun an die Winter im milden Klima des Südens. Sein Haus ließ er in Fertigteilen herbeischiffen und dazu gleich ein Gästehaus, denn in jenen Tagen war man in Fort Myers vom Rest der Welt abgeschnitten: Nur einmal im Monat kam das Versorgungsschiff, und Kurzbesuche gab es nicht. Der unermüdliche Erfinder, der nur vier Stunden Schlaf pro Nacht benötigte, mochte auch im Winter nicht untätig sein, und so entstand im Garten bald ein Laboratorium.

Vom warmen Klima unterstützt, begann Edison mit Pflanzen aus aller Welt zu experimentieren, um neue Nutzanwendungen zu entdecken. Reisefreudige Freunde besorgten ihm Samen und Stecklinge von über 6000 Arten. Rund 400 davon stehen als ausgewachsene Exemplare noch heute auf dem Gelände: riesige Moretonfeigenbäume aus Australien, ein Regenbaum aus Südamerika, Kaffee- und Teestauden, Mangoalleen und Zimtbäume. Ein besonders prächtiges Bild bietet sich im März und April, wenn viele Büsche und Bäume in exotischen Formen und Farben blühen.

Das weitläufige Haus selbst liegt versteckt inmitten der idyllischen Pracht: lauschige Veranden, ein vornehmes Esszimmer, das Arbeitszimmer – und neben jedem Schreibtisch und Stuhl steht ein Spucknapf, denn der (glücklich) verheiratete Edison war begeisterter Tabakkauer. Dies war angeblich auch der Grund, warum er seinen Model-T-Ford so liebte, den ihm sein Nachbar Henry Ford 1907 geschenkt hatte. Aus dem offenen Wagen konnte er nach Herzenslust spucken.

Die Winteraufenthalte in Fort Myers nutzte der geniale Mann trotz aller Forschungen (allein für die Entwicklung der Säurebatterie waren 41 000 Experimente notwendig) auch zur Erholung, etwa beim »Telefonbuch-Spiel« mit seinen Enkeln. Edison hatte ein fotografisches Gedächtnis und war fähig, ein mehrere hundert Seiten starkes Buch in einer Viertelstunde zu »lesen«. Wie eine Anekdote erzählt, warf er einen einzigen Blick auf die Seite eines Telefonbuchs und konnte seinen entzückten Enkelkindern im Frage-und-Antwort-Spiel dann die Telefonnummer jeder beliebigen Person auf dieser Seite sagen.

Danach ging er mit den Kindern zum Schwimmen, denn selbstverständlich stand der erste Swimmingpool Floridas im Hause Edison. Die Wände des Pools waren aus »Bambusbeton«, aus Zement, in den Bambusstäbe eingegossen waren. (Müßig den Erfinder zu nennen.) Das Becken ist heute noch dicht.

Angesichts von so viel Genialität und so vielen wichtigen Details ist unser rotbejackter Führer nun schon etwas außer Atem. Aber es geht noch weiter: in das Originallabor, in dem Edison seine letzten Experimente zur (kriegswichtigen) Herstellung von Gummi aus den Zweigen des Goldrutenbuschs durchführte, und schließlich ins Museum.

Hier findet, dank Edisons universalem Erfindergeist, jeder etwas Interessantes: eine Sammlung der ältesten Glühbirnen und der ersten Grammophone, den ersten Stromzähler und den hübschen

Model-T-Ford; Kinder bewundern die erste sprechende Puppe.

Ein letzter Blick auf den riesigen Banyanbaum (angeblich der größte in Nordamerika), dann geht es weiter durch die moderne Innenstadt von Fort Myers zur Autobahn. Man überquert den Caloosahatchee River, auf dem die Boote über den Intracoastal Waterway zum Binnenmeer Floridas, dem Lake Okeechobee, und weiter bis zum Atlantik fahren können.

Über dem Fluss dröhnt an manchen Sommertagen ein Helikopter: die *Mosquito Control* im Einsatz. Das sumpfige Mangrovenland entlang den Küsten ist ein ideales Brutgebiet für die kleinen Stechfliegen. Auch wenn das Umweltbewusstsein mittlerweile zugenommen hat, ohne gezielte Eingriffe in die Natur wäre die Region praktisch unbewohnbar. Die Stadtväter von Fort Myers sind stolz auf die größte, älteste und erfahrenste Truppe für *Mosquito Control* in ganz Florida. Ein Stab von Wissenschaftlern und Piloten steht Spritzpistole bei Fuß, um mit Hilfe von Hubschraubern und DC-3-Flugzeugen das Blut ihrer Mitbürger zu verteidigen.

Glücklicherweise ist die Forschung schon so weit gediehen, dass heute nicht mehr ganze Landstriche mit Sprühmittel zugedeckt werden müssen; es bleibt meist bei gezielten Präventivschlägen. Zunächst werden kontinuierlich im gesamten Regierungsbezirk die Wasserflächen auf Moskitoeier und -larven untersucht. Stellen die Wissenschaftler eine zu hohe Dichte fest, wird sofort generalstabsmäßig der Angriff geplant und die hochverdünnte Killerlösung gesprüht.

»70 verschiedene Moskitoarten gibt es, bei uns sind hauptsächlich Saltmarsh-Moskitos verbreitet, wegen des vielen Brackwassers«, erzählt Butch Sterling,

Bestechend: Wahr- und Warnzeichen der Mückenbekämpfer von Fort Myers

der im Team der *Lee County Mosquito Control* gegen die Blutsauger kämpft. »Eine weibliche Mücke legt pro Monat 700 Eier. In manchen unbesprühten Kanälen haben wir schon eine Dichte von 25 000 Moskitoeiern pro Quadratmeter Wasserfläche gemessen, das sind unvorstellbare 250 Millionen Eier pro Hektar! Wenn die alle ausschlüpfen, kann man nur noch im Raumanzug draußen sitzen.«

So wird denn gesprüht, damit Bewohner wie Besucher die Strände und Spazierwege unbehelligt genießen können. Wer in Fort Myers ein Gartenfest plant, ruft ein paar Tage zuvor die Mosquito Control, damit die Party nicht im Blutbad endet. Ökologisch ist das vielleicht nicht gerade einwandfrei, doch im wasserreichen Florida, wo kein Frost die Mücken dezimiert, zumindest verständlich. Kritikern kann man nur empfehlen, einen Sommer in den Everglades zu verbringen, wo nicht gesprüht wird.

Die I-75 verläuft in weiten Schwüngen durch eine üppig grüne Savannenlandschaft nach Norden. Auf dem Mittelstreifen stolzieren Seidenreiher durch das Gras, ganz unbeeindruckt von den vorbeifahrenden Autos. In der Region leben viele Wasservögel, denn **Charlotte Harbor**, ein Stück weiter westlich, ist die einzige große Meeresbucht an der Westküste Floridas, die noch nicht völlig erschlossen ist – und dass Hurrikan »Charley« im Herbst 2004 direkt hier an Land kam, wird die Entwicklung wohl weiter bremsen.

Wenige kleine Orte, vorwiegend stille Altersruhesitze, liegen draußen an der Küste, während das Hinterland fast unbesiedelt blieb. Nur 130 000 Einwohner zählt der Regierungsbezirk, die meisten davon Pensionäre – deshalb ist Charlotte County auch der »älteste« Bezirk ganz Floridas: Bei der Volkszählung von 1990 lag das Durchschnittsalter bei 53,6 Jahren!

Nördlich der Bucht von Charlotte führt die I-75 wieder näher an die Küste heran. Doch vor Sarasota sollte man noch einen Abstecher in die Botanik unternehmen, in den nur einige Fahrminuten entfernten **Myakka River State Park**. Fast ohne Gefälle mäandert der nur gut 100 Kilometer lange, aber verblüffend breite Myakka River durch das Schutzgebiet. Hier bestimmen Trockensavannen, Kiefern- und Eichenwälder, Reiher und Raubvögel das Bild; Spanisches Moos hängt in dicken, grauen Bärten von den Bäumen und schafft Südstaatenflair. Auf dem Upper Myakka Lake kann man eine Paddelstunde im Kanu einlegen. Nur Baden ist im Park verboten, denn im Fluss leben zahlreiche Alligatoren.

Durch saftiges Farmland geht es dann wieder zurück nach Westen, schnurstracks hinein in die nächste größere Stadt der Westcoast: **Sarasota**. Der heute über 60 000 Einwohner zählende Ort entstand Ende des 19. Jahrhunderts als schlecht geplante schottische Kolonie. Sir John Gillespie, der Präsident einer Landgesellschaft in Edinburgh, hatte hier einen riesigen Küstenstreifen

Stille Weite: im Myakka River State Park bei Sarasota

gekauft. Als jedoch im Dezember 1885 die ersten Siedler an Land gingen, fanden sie weder Häuser noch Lebensmittel und Farmgeräte vor, die ihnen der offenbar sehr sparsame Sir Gillespie versprochen hatte. Die meisten Schotten zogen wieder ab, und fast wäre die Kolonie gescheitert. Erst als Gillespies Sohn mit neuen Siedlern (und ausreichend Geld) nachkam, begann das Städtchen schließlich zu florieren.

Als Florida in den 1920er Jahren im Grundstücksfieber lag, wurden auch in Sarasota und sogar auf den Inseln vor der Küste Parzellen vermessen und Haupt- und Nebenstraßen abgesteckt. Manche Grundstücke wechselten im Laufe eines einzigen Tages fünfmal den Besitzer – jedesmal zu einem höheren Preis. Sarasota sollte ein luxuriöser Winterkurort werden. Einige der oberen Zehntausend waren bereits eingezogen und hatten sich Paläste an der Bucht gebaut – darunter der Zirkuskrösus John Ringling, der zum berühmtesten Bürger der Stadt werden sollte.

Auf dem Gipfel des Booms, im Oktober 1925, wurde in Sarasota Land im Wert von elf Millionen Dollar umgesetzt. Doch dann platzte die Seifenblase über Nacht, und die Spekulanten blieben auf ihren – per Kredit gekauften – Grundstücken sitzen. Erst Jahre später erholte sich die Stadt von der Rezession und blühte zum beliebten Seebad auf.

Eine Bestätigung hierfür bietet der erste Stopp vor Ort: **Lido Beach**, auf einer Insel am Westende der von Ringling gebauten Brücke. Die Boutiquen und Restaurants am palmenbestanden **St. Armands Circle**, der bereits in den 20er Jahren von Ringling angelegt wurde, laden zum Bummeln, zum Leutegucken und zu einem späten Lunch ein. Nur ein paar Schritte weiter westlich liegt der feinsandige Strand der Insel, und wer noch eine Dosis Sonne braucht, ist hier oder auf dem nördlich angrenzenden Longboat Key für den Nachmittag gut aufgehoben.

Wer aber nach der Botanik auch noch die Unterwasserwelt im Golf von Mexiko kennenlernen möchte, der sollte einen Besuch im ausgezeichneten **Mote Aquarium** am Nordende von Lido Key einplanen. Es gehört zu einem renommierten ozeanographischen Institut, das Haiforschung und Studien über Algenblüte und bedrohte Schildkrötenarten betreibt. Die gut konzipierten Ausstellungen erläutern die Zusammenhänge im komplexen Ökosystem des Golfs, in 22 großen Becken kann man zudem viele Bewohner des warmen Meeres vor der Haustür kennenlernen.

Gleich gegenüber dem Aquarium finden erkrankte Vögel im **Pelican Man's Seabird Sanctuary** ein – zumindest zeitweiliges – Zuhause. Auf der von den Menschen besetzten Pinellas-Halbinsel ist ihnen nur wenig Lebensraum geblieben. Der Gründer Dale Shields kümmerte sich hier mit freiwilligen Helfern um etwa 7000 Vögel pro Jahr. Viele können nach durchschnittlich einmonatiger Pflege wieder in die Freiheit entlassen werden. Die anderen, die sich nicht mehr selbst versorgen können, verbringen hier ihren Lebensabend.

»Neun von zehn Pelikanen werden während ihres Lebens verletzt, immer durch den Menschen – durch Haken und Leinen der Fischer, durch Drähte und Fensterscheiben oder Autounfälle«, klagt einer der *volonteers*. »Am schlimmsten aber ist es, wenn ein Vogel gebracht wird, der von irgendwelchen sadistischen Menschen absichtlich verletzt wurde – durch einen in Brot versteckten Angelhaken zum Beispiel.«

Im Sanctuary versucht man zu retten, was zu retten ist: Pelikane bekommen

Plastikschnäbel angepasst, verletzte Kraniche auch mal »orthopädische Schuhe«. In einer speziellen Abteilung werden Raubvögel behandelt. Doch das Projekt ist in Gefahr: Seit der Pelikan-Mann Shields 2003 verstarb, geriet das Vogelkrankenhaus in finanzielle Schieflage und musste sogar schließen. Nun soll es bis Ende 2008 mit neuen Spenden und neuer Hoffnung wieder eröffnet werden.

Wer sich für Blumen interessiert, darf auf keinen Fall die **Marie Selby Botanical Gardens** in Sarasota verpassen, deren Orchideensammlung zu den besten Amerikas zählt. Für Strand und Baden bleibt dann allerdings keine Zeit mehr. Am besten wäre es, hier einen Extratag einlegen – zumal Sarasota noch hohe Kunst zu bieten hat – doch dazu morgen mehr.

Die fünf Zirkusbrüder

4. Tag

Statuen und Surreales
Ein Tag für die Kunst

Ein Museumsbesuch in Florida? Alte Meister? Eigentlich ist man ja zum Baden, Bräunen und Spaßhaben gekommen. Doch das skurrile Lebenswerk des schwerreichen Zirkusdirektors John Ringling – seine Sammlungen und sein prachtvoller Palast an der Bay – ist durchaus ein typisches Stück Amerika, das von der Begeisterung der High Society für die Alte Welt zeugt. Auch das Dalí-Museum sollte man sich nicht entgehen lassen – nirgendwo sonst wird das Schaffen des Surrealisten so umfassend dokumentiert wie hier.

Zuerst geht's zum **Ringling Museum of Art**. Auf 27 Hektar erstrecken sich die mit ausladenden Banyanbäumen und zahlreichen Skulpturen übersäten Parkanlagen um den Museumskomplex. Die Gebäude sind vorwiegend von der italienischen Renaissance inspiriert, die die Ringlings auf ihren Europareisen kennen- und lieben gelernt hatten.

John Ringling wurde 1866 in Iowa geboren und baute zusammen mit seinen Brüdern ein Zirkusimperium auf. Zur Jahrhundertwende war er Direktor des *Ringling Brothers and Barnum & Bailey Circus* und hatte ein sagenhaftes Vermögen angehäuft. Seine Investitionen umfassten Ölquellen, Eisenbahnen und riesige Ländereien. In Sarasota, das er zum Winterquartier seines Zirkus erkoren hatte, wurde er umgehend zum Grundstücksmogul.

Auf der Suche nach neuen Zirkussensationen hatte Ringling mit seiner Frau häufig Europa bereist und dabei alte Kunst gesammelt. Nun begann er in den 20er Jahren am Ufer der Bucht von Sarasota zu bauen: einen Wohnpalast und eine »florentinische« Villa mit Ausstellungsräumen für die Gemälde und

Im venezianischen Stil: Ca'd'Zan, das Wohnschloss der Ringlings

Skulpturen. Sie sollten sein Ruhesitz und sein Lebenswerk werden, ein Zeugnis seines Reichtums und ein Geschenk an die Bevölkerung Floridas. Doch der Zusammenbruch der Landspekulation und der Schwarze Freitag von 1929 vernichteten sein Vermögen. Trotzdem vollendete er unter größten Anstrengungen die Bauten und bewahrte auch seine Sammlungen. Doch kostete ihn dies seinen geliebten Zirkus, den die Gläubiger übernahmen. Ringling starb 1936 als gebrochener Mann, sechs Jahre nach der Eröffnung seines Museums, das heute vom Staat Florida geführt wird.

Gleich beim Betreten des Museums grüßt von der gegenüberliegenden Seite des weiten, säulenumrahmten Innenhofs eine überdimensionale Bronzekopie von Michelangelos David – der besondere Liebling Ringlings. Die großen Ausstellungssäle bergen eine beeindruckende Sammlung von mehr als 750 Gemälden, vor allem Rubens und Lucas Cranach sind mit großartigen Werken vertreten. Die Sammelwut der Ringlings machte sogar vor ganzen Gebäuden nicht halt, wie das wunderschöne Asolo-Theater im hinteren Teil des Museums verdeutlicht: Der komplette Innenraum des italienischen Theaters aus dem 18. Jahrhundert wurde Stück für Stück zerlegt und nach Florida verschifft.

Der grandiose, mit wertvollem Barockmobiliar ausgestattete Wohnpalast an der Bucht kann ebenfalls besichtigt werden. **Ca'd'Zan**, venezianisch für »Haus des John«, nannte ihn sein Besitzer nicht gerade bescheiden, denn immerhin war das Vorbild der Dogenpalast Venedigs. Dass Ringling zur damaligen Zeit nicht der einzige Amerikaner mit einem Hang zur Exzentrik war, beweisen etwa die Villa Vizcaya in Miami oder das Schloss San Simeon des Zeitungszaren Hearst in Kalifornien.

Die ehemalige Garage des Anwesens birgt eine letzte, kleinere Ausstellung: die Zirkusgalerien. Restaurierte Zirkuswagen der Jahrhundertwende, alte Plakate und Kostüme zeigen eine ganz andere Seite des Millionärs. Die verspielten Schnörkel an den goldenen Wagen lassen die Liebe des Zirkusdirektors zum Barock verstehen, der jahrzehntelang mit seiner Show durch Amerika gezogen war, ehe er sich die »hohe« Kunst leisten konnte.

Durch die Parkanlagen kehrt man wieder zurück zur Straße, wo die moderne Realität mit nüchternen Supermärkten und knalligen Werbetafeln wartet. Etwas nördlich an der US 41 liegt am Südufer des Manatee River **Bradenton**. 1539 ging Hernando de Soto hier an der Mündung des Flusses in die Tampa Bay an Land und begann seine jahrelange Irrfahrt durch Florida. Die De Soto Bridge, die sich hoch über den Manatee schwingt, erinnert an ihn.

Das nächste Wegstück führt – man kennt dies schon von den Keys – über Wasser. 18 Kilometer spannt sich die **Sunshine Skyway Bridge** über den Eingang zur Tampa Bay. Beim Bau des »Himmelsweges« Anfang der 1950er Jahre wurden mit Millionenaufwand lange Dämme aus der Bucht gebaggert. Das tiefere Wasser in der Mitte überwand man durch eine sechs Kilometer lange Brücke. Keine 30 Jahre hat das Jahrhundertwerk gehalten, denn schon 1980 rammte ein Frachter dagegen, und ein großes Stück Fahrbahn stürzte ins Meer. Danach ist sie ersetzt worden durch eine neue, noch höhere Brücke, die auch die größten Ozeanriesen passieren können. So breit ist die Mündung

der Bucht, dass das andere Ufer im feuchten Meeresdunst anfangs kaum zu sehen ist. Erst wenn man in weitem Bogen die Abfahrtsrampe erreicht, werden die ausgedehnten Wohngebiete erkennbar: **St. Petersburg**, der berühmte Winterspielplatz von Amerikas Mittelklasse.

Sonnenschein ist in der Urlaubsstadt auf einer großen Halbinsel an der Westseite der Tampa Bay praktisch garantiert. St. Petersburg rühmt sich der meisten Sonnentage in Florida: durchschnittlich 361 pro Jahr. Zwischen Februar 1967 und März 1969 schien die Sonne rekordverdächtige 768 Tage lang. Das Klima in dieser Ecke der Welt ist derart erholsam, dass Dr. W. C. Van Bib-

Pompöser Palast im Zuckerbäckerstil: das Don CeSar Hotel in St. Petersburg Beach

ber auf einem Ärztekongress 1885 nach zehnjähriger Forschungsarbeit sogar vorschlug, hier eine »Welt-Gesundheitsstadt« zu errichten.

Mit dem Sonnenschein begann auch die neuere Geschichte von St. Petersburg. Zwar hatten sich bereits im 16. Jahrhundert Pánfilo de Narvaéz und Hernando de Soto hier mit den Indianern angelegt, richtig Fuß fassen konnten die Spanier allerdings nie. Im 19. Jahrhundert errichtete die US-Army einige Forts als Stützpunkte im Krieg gegen die Seminolen. Ein paar Pflanzer kamen Mitte des Jahrhunderts hinzu und legten erste Orangenplantagen an. Doch richtig in Schwung kam die Erschließung der Region erst mit dem Urteil des Doktors und dem Bau der Eisenbahn. Denn im damaligen Florida konnte nur die Eisenbahn Siedler und Touristen bringen.

Peter Demens, ein russischer Exil-Adeliger der Zarenzeit, ließ sich von den Landspekulanten überzeugen und führte seine *Orange Belt Railroad* von der Atlantikküste quer durch den Staat zum Golf. 1888 waren die Schienen fertig, und er benannte die neugegründete »Metropole« am Westufer der Tampa Bay stolz nach seiner russischen Heimatstadt Sankt Petersburg. Der Name klang großartig, aber mit der Stadt haperte es noch, wie der erste – und einzige – Fahrgast nach der Jungfernfahrt mit der Bahn feststellen musste. Angesichts der wenigen schäbigen Hütten an der Endstation fragte er, wo denn die Stadt sei. »Keine Ahnung, Sir«, antwortete der Schaffner, »ich bin auch das erste Mal hier.«

Doch die Wald- und Dünenlandschaft sollte sich schnell verändern. Breite Straßen wurden abgesteckt, erste Hotels und Wohnhäuser gebaut. Ein stetig wachsender Touristenstrom setzte ein. Auf der Ostseite der Bucht in Tampa, wo Henry B. Plant 1884 eine Eisenbahnlinie hingeführt hatte, zogen die Zigarrenhersteller ein. Im Kubakrieg 1898 wurde die Tampa Bay zum Invasions-Sprungbrett für die Soldaten. Kriegsberichterstatter – darunter auch ein junger Schreiber namens Winston Churchill – warteten hier auf die neuesten Nachrichten von der Front und schrieben, da spektakuläre Meldungen ausblieben, Reiseberichte über die sonnige Westküste.

In den 1920er Jahren stieg die Fieberkurve der Landspekulation steil nach oben. Um genügend teure Grundstücke am Wasser verkaufen zu können, wurden Kanalsysteme angelegt und künstliche Inseln aus der Bucht gebaggert. Das Ende des Booms kam 1926, konnte aber die Entwicklung nur für einige Jahre aufhalten. Vor allem Senioren entdeckten in den 1930er Jahren das milde Klima von St. Petersburg; und die grünen Rastbänke an den Straßen und in den Parks wurden nach dem Zweiten Weltkrieg zum Symbol der entstehenden Rentnerstadt. Die High Society Amerikas zog nach Palm Beach oder Sarasota, der Mittelstand kam im Urlaub und zum Lebensabend nach St. Petersburg. Die Schwesterstadt Tampa florierte als Hafen- und Industriestadt.

Diese Aufteilung in zwei Welten ist bis heute geblieben. Auch die gewaltige Bevölkerungsexplosion der letzten drei Jahrzehnte änderte daran nichts. Über zwei Millionen Menschen leben jetzt im Großraum um die Tampa Bay: Hoteliers, Sonnenölverkäufer und Rentner in St. Petersburg; Bankiers, Fabrikbesitzer und Hafenarbeiter in Tampa.

Auf dem Weg ins Zentrum erhält man gleich einen Eindruck vom Stadtbild St. Petersburgs. Endlose Reihen kleiner, einstöckiger Wohnhäuser säumen die Stadtautobahn I-275. Auch die Downtown zeigt keine glitzernde Skyline, sondern wirkt eher behäbig und beschaulich, wie es sich für das Schaltzentrum einer traditionellen Pensionärsmetropole geziemt.

Bunter und quirliger wird es dann vorn am Wasser, wo am Fuße der 2nd Avenue der **Pier** weit in die Bucht hinausragt. Das beliebte Pierhaus mit Restaurants und Läden am äußeren Ende steht buchstäblich Kopf: ein großer, auf der Spitze balancierender Pyramidenbau.

Gut zehn Straßen weiter südlich, am Rand der Downtown liegt das 1982 eröffnete **Salvador Dalí Museum**. Der flache weiße Bau mit dem Autogramm Dalís in riesigen Lettern über dem Eingang ist nicht groß, doch er beherbergt die weltgrößte Sammlung der Werke des Surrealisten: 93 Ölgemälde, 200 Zeichnungen und Aquarelle sowie mehr als 1000 Grafiken. Ein Rundgang im Uhrzeigersinn durch die in einem einzigen großen Raum untergebrachte Ausstellung zeigt die Entwicklung des Künstlers von den frühen Werken aus dem Jahr 1914 zu Meisterstücken wie »Das ökumenische Konzil« oder »Die Entdeckung Amerikas durch Christopher Columbus«.

Blinzelnd gewöhnt man sich nach dem halbdunklen Innenraum wieder an die grelle Sonne im Freien. Doch gleich wird es noch gleißender: auf der Fahrt über das schimmernde Wasser der Boca Ciega Bay nach Westen zu den langgestreckten Inseln von **St. Petersburg**

Beach. Hier liegen die vielgerühmten Strände, die sich oft 100, ja 200 Meter breit über Kilometer hinziehen – ein Tummelplatz für Strandläufer, Volleyballspieler und tiefbraune (oder feuerrote) Sonnenanbeter.

Je nach Gusto kann man hier eine Rast nach dem Kulturgenuss einlegen oder ein Stück weiter nach Süden fahren. Im Strandviertel **Pass-A-Grille** herrscht schon viel weniger Trubel als weiter nördlich, wo die großen Hotels stehen. Ganz ruhig ist es im **Fort DeSoto Park**. Eigentlich wurde der Park geschaffen, um ein Militärfort vom Ende des letzten Jahrhunderts zu bewahren, doch als netter Nebeneffekt stehen auch die langen Strände unter Schutz und dürfen nicht mit Hotelklötzen bebaut werden.

Egal, ob hier oder weiter nördlich – von St. Petersburg Beach aus kann man zum letzten Mal auf dieser Route den Sonnenuntergang über dem Meer genießen, ehe man vielleicht noch zu einem abendlichen Bummel im kleinen Hafen von **John's Pass Village** aufbricht. Das Wasser des Golfs liegt wie ein glattes Seidentuch, wenn sich der rote Ball in einer violetten Farborgie verabschiedet. Solche Schauspiele kann die Ostküste nicht bieten.

5. Tag **Tampa**
Zierfische und Zigarren

Mit einem herzhaften Ham-and-Eggs-Frühstück im Strandcafé und einem Spaziergang am Meer lässt sich ein Urlaubstag gut beginnen. Danach kann man noch ein bisschen in der Sonne liegen oder den amerikanischen Strandsportarten Frisbee und Volleyball frönen. Gegen 10 Uhr aber, nach der Rush-hour, heißt es Abschied nehmen vom Westküstenstrand.

Von St. Petersburg Beach führt die Route wie am Vortag zurück nach St. Petersburg und dann auf der Autobahnbrücke über die Old Tampa Bay. Die I-275 ist die Nabelschnur, die die Zwillinge St. Petersburg und Tampa verbindet. Doch es wird schnell deutlich, dass es sich bei den Städten nicht um eineiige Schwestern handelt. **Tampa**, mit fast 300 000 Einwohnern die größte Stadt der Westküste, liegt im Hinterland – mit ausgezeichnetem Hafen, aber ohne Sandstrände. Dort die Rentner und Urlauber, hier die Industrien und Büros. Im Wasser der Bucht spiegeln sich die Glastürme einer modernen Innenstadt. Hafenanlagen, Arbeiterwohnbezirke – endlich mal eine Stadt (ganz ungewöhnlich für Florida), die nicht vom Tourismus lebt.

Über die Ashley Street kommt man von der Autobahn in die Innenstadt und kann zuerst etwas westlich am Kennedy Boulevard einen Blick auf die **University of Tampa** werfen. Der Hauptbau der Hochschule wurde einst von Henry B. Plant als nobles Tampa Bay Hotel errichtet – bei der Eröffnung 1891 das beste Haus im Staate. Heute erzählt hier ein kleines Museum von diesen glanzvollen Tagen. Gleich einige Straßen weiter südlich beginnen die alten und vornehmen Wohnbezirke an der Bucht: Am Bayshore Drive reihen sich herrschaftliche Villen mit schönem Blick aufs Wasser, etwas zurückgesetzt an der Swann Avenue lässt es sich im Shoppingviertel **Old Hyde Park Village** gut eine Stunde aushalten – vielleicht bei einem frühen Lunch.

Die größte Attraktion der Innenstadt aber liegt weiter östlich: das 1995 eröffnete **Florida Aquarium**. In dem spektakulären dreistöckigen Glasbau, geformt wie eine Muschel, werden alle Wasser-Ökosysteme Floridas dargestellt

Beim Burgenwettbewerb die Nummer eins: größte Sandburg der Welt in St. Petersburg Beach ▷

Enjoy

– nicht nur die Unterwasserwelt, sondern auch die Mangroveninseln, die Dünenlandschaften und Brackwassersümpfe. Das Highlight: eine 13 Meter lange Glasfront, hinter der Haie, Rochen und Fischschwärme beobachtet werden können – ein Erlebnis wie beim Tauchen.

Zurück an Land: Im Nordosten der Downtown von Tampa, über die 13th Street vom Aquarium aus schnell zu erreichen, liegt **Ybor City**, das historische Latino-Viertel. 1886 gründete Vicente Martínez Ybor hier die erste Zigarrenfabrik, 300 weitere kubanische Unternehmer folgten. Um 1920 war Ybor City ein geschäftiges Städtchen, in dem 60 000 flinke Hände 400 Millionen Zigarren pro Jahr rollten. Aus allen Türen drangen das Rascheln der Tabakblätter und die Stimmen der Vorleser, die den Drehern ihren monotonen Arbeitstag mit Gedichten, Geschichten und Zeitungsartikeln verkürzten. Doch dann kamen bittere Arbeitskämpfe und schließlich die Erfindung der mechanischen Tabakverarbeitung. Der Ruhm von Ybor City war dahin, und das Viertel verkam zum Slum.

Das war noch vor zehn Jahren so. Seither hat sich Ybor City erneut gewandelt und ist jetzt der neue Szenetreff geworden. Viel alte Fassaden wurden restauriert, Restaurants, Jazz- und Blues-Clubs zogen ein, neue, teils recht schrille Boutiquen eröffneten, und die Enkel der Tabakroller entdeckten mit Stolz ihre Geschichte.

Übrigens: Tampa ist immer noch Zigarrenhauptstadt der USA, drei Millionen Zigarren werden hier täglich gerollt – allerdings heute von Maschinen.

Beim Bummeln stößt man an der Ecke 8th Avenue und 14th Street auf

Alte Kunst aus Kuba: Zigarrendreher in Ybor City

Ybor Square, die renovierte Fabrik des Gründers Ybor, in der in einem kleinen Laden sogar noch Zigarren im Handbetrieb gefertigt werden. Die Hauptstraße des Viertels ist die 7th Avenue, in der sich Backstein und schmiedeeiserne Balkone, buntbemalte Fliesen und Palmen zu einem stimmungsvollen Bild vereinen. Ein Bild, das den morbiden Charme eines alten Industrieviertels ausstrahlt.

Noch ist Ybor City nicht totsaniert, noch sind die Schaufenster mancher Läden vernagelt, und an den Ecken drücken sich ein paar Stadtstreicher herum. Es wird noch einige Zeit dauern, bis die Wiedergeburt Ybor Citys wirklich abgeschlossen ist.

Am Nachmittag dann geht es weiter: auf der I-4 in Richtung Orlando. Das Binnenland Zentralfloridas, in das man nun gelangt, liegt bereits einige Meter höher als die Everglades-Region unten im Süden. Das bedeutet, dass hier das Land trockener ist und eine fruchtbare Bodenkrume trägt. Darunter liegen in ganz Zentral- und Nordflorida kilometerdicke Sedimentschichten, vorwiegend aus porösem Kalk. Wie ein riesiger Schwamm hat sich dieses Gestein im Laufe der Jahrtausende mit Regenwasser vollgesogen und bildet heute das wichtigste Süßwasserreservoir des Staates: das *Florida Aquifer*.

An der Oberfläche entstanden Seengebiete, Sumpfniederungen und große trockenere Savannenplateaus. Viele Seen in dieser Region sind sogenannte *sink holes*: Regen- und Grundwasser fressen so lange an dem Kalkgestein unter der dünnen Humusschicht, bis der löchrige Karstschwamm während einer Dürreperiode, die ihm das Wasser entzieht, zusammenbricht; in dem entstandenen großen Loch bildet sich ein neuer See. 1981 verschluckte solch ein

Willkommen im Zitrusland

»Sinkloch« im Ort Winter Park nördlich von Orlando sogar mehrere Autos, ein Haus und einen Swimmingpool.

Aber es gibt nicht nur Seen: Der größte Teil des Landes östlich von Tampa ist fruchtbarer, trockener (und sonnenverwöhnter) Boden, der die amerikanischen Pioniere wie ein Magnet anzog. Ende des letzten Jahrhunderts entstanden große Rinder- und Pferderanches, und bald erkannte man, dass Gemüse, Zitrusfrüchte und andere wärmeliebende Obstsorten hier ausgezeichnet gediehen. Um **Plant City** zum Beispiel dehnen sich heute riesige Erdbeerfelder: Im Spätherbst wird gepflanzt und von Februar bis April geerntet – gerade rechtzeitig, um die Restaurants im tiefverschneiten Norden der USA mit leckeren Nachspeisen zu versorgen.

Um Dünger für den intensiven Obstanbau herbeizuschaffen, muss man nicht weit fahren. In **Bartow**, 20 Kilometer südlich von Lakeland, werden Phosphate abgebaut. Und nicht nur einige Tonnen Dünger fördern die Gruben, sondern 70 Prozent des gesamten Weltbedarfs. Das weiße Pulver aus Bartow hat einen beträchtlichen Anteil am Umsatz des florierenden Hafens von Tampa; von dort wird Phosphat in alle Welt verschifft. Die gewaltigen Abraumhalden und stinkenden Tümpel um das Abbaugebiet sowie die Umweltschädlichkeit der Phosphate haben der heimischen Bergbauindustrie allerdings viele Kritiken eingebracht.

Zurück zum Obst: Die Hauptanbauregion der wichtigsten Frucht Floridas – diejenige, die schlechthin mit Florida identifiziert wird – liegt ebenfalls im zentralen Landesteil. Soweit das Auge reicht, dehnen sich um **Lakeland** die Zitrusplantagen. 42 000 Hektar Land sind allein in diesem Regierungsbezirk mit Orangen, Zitronen und Pampelmusen bepflanzt. Haupterntezeit ist von Januar bis Mai, dann stehen die großen Container am Rand der Haine, und braungebrannte Pflücker holen mit hohen Leitern die süße Ernte ein. Der weitaus größte Teil von Floridas Orangen wird umgehend ausgepresst und als gefrorenes Konzentrat weiterverkauft. Ganz Florida hat fast 350 000 Hektar Land den saftigen Früchten verschrieben, eine Fläche weit größer als das Saarland.

1970, zum Höhepunkt des Zitrusbooms, nahmen die Orangenbäume noch weit mehr Boden ein, doch die zunehmende Verstädterung und einige böse Winterfröste in den 1980er Jahren haben die Haine dezimiert. Viele Plantagenbesitzer haben aufgegeben und ihr Land profitabel an Bauspekulanten verkauft. Manche sind allerdings nur in den wärmeren Süden ausgewichen, wo um den Lake Okeechobee Sümpfe drainiert und neue Plantagen angelegt wurden.

Gleich hinter Lakeland, noch zwischen den Orangenplantagen, fällt die neue Urbanisierung deutlich ins Auge. Die Seenplatte ist der Alterstraum vieler pensionierter Amerikaner: Das saubere Häuschen braucht man in diesen Breiten nie zu heizen, der See liegt direkt vor der Eingangstür – was will man mehr? Der Strandtrubel muss nicht sein, man geht ohnehin lieber zum Golfen.

So erkennt man das Land von einem Jahr auf das nächste fast nicht wieder. Wo jüngst noch ein Grapefruithügel voll dicker gelber Früchte leuchtete, stehen plötzlich neue Wohnsiedlungen und *mobile home parks*. Shopping-Centers schießen aus dem Boden, und neue, stets preisgekrönte Golfplätze füllen das noch freigebliebene Land dazwischen. Von 1970 bis 1980 stieg die Bevölkerung von Polk County um 26 Prozent an, die des östlich angrenzenden Bezirks Osceola sogar um 118 Prozent.

Dass die Orte die *snowbirds* aus dem Norden anlocken wollen, zeigen schon die Namen: Winter Park, Winter Haven, Winter Garden. Alle versprechen sie wohltemperierte Paradiese. Entlang der Autobahn werben die Schilder für luxuriöse *homes* mit Seeblick – und, je näher man Orlando kommt, für die zahlreichen Vergnügungsparks. Über 50 Attraktionen versprechen die Werbebroschüren. Da fällt die Wahl schwer.

Zur Einstimmung lohnt sich, falls Zeit bleibt, ein Abstecher zum **Cypress Gardens Adventure Park**, Floridas ältestem Vergnügungspark. Die Anlage ist zwar längst nicht so spektakulär wie Mickeys Reich in Orlando, doch dafür ist die Atmosphäre familiärer, sind die Menschenmengen kleiner und die Pflanzen natürlich gewachsen.

Cypress Gardens ist vor allem berühmt für seine Wasserski-Shows – kein Wunder, denn hier wurden sie erfunden. 1936 gründete Dick Pope, ein ideenreicher Grundstücksmakler, einen kleinen botanischen Garten am Ufer des Lake Eloise. 1943 begannen die Kinder der Popes für die in der Nähe stationierten Soldaten Kunststücke auf Wasserskiern vorzuführen. So richtig los ging es aber erst 1946, als die ersten Nachkriegstouristen kamen; seitdem fand die Skishow angeblich jeden Tag statt.

Dass die durchtrainierten Jungs und Mädchen Übung haben, wird bald deutlich. Sie drehen sich graziös auf ihren Brettern, springen über die Schanzen, treiben allerlei Schabernack und fahren zur Not auch ohne Ski nur auf den bloßen Füßen weiter. Das schwierigste Kunststück aber kommt gegen Ende: Zehn Artisten treten in Formation hinter dem Boot an, brausen los, klettern blitzschnell übereinander und drehen als formvollendete vierstöckige Pyramide eine Runde.

Danach kann man sich noch in den anderen Teilen des Parks umsehen. Der gut 50 Jahre alte botanische Garten hat sich zum tropischen Urwald gemausert. Mehr als 8000 Pflanzenarten sind hier versammelt, und die Blütenpracht ist zu jeder Jahreszeit einfach überwältigend. Besonders hübsch sind die alten Zypressen am Seeufer, von deren Ästen das Spanische Moos dick herabhängt. Um die Idylle perfekt zu machen, sitzen in den Lichtungen *Southern Belles* – hübsche Mädchen in weiten, krinolinengestützten Nostalgiekleidern. So muss man sich den Alten Süden vorstellen – wenigstens außerhalb von Onkel Toms Hütte.

Dazu gibt es noch einige kleinere Attraktionen: die einzige Eislaufshow Floridas (die am heißen Sommernachmittag allerdings vor allem durch die Klimakühlung der Halle beeindruckt), eine Modelleisenbahn und eine Schmetterlings-Voliere.

Zum Abschluss noch ein Blick über den See beim erfrischenden Drink auf der Veranda des nachgebauten Plantagenhauses, ehe man nach Orlando weiterfährt. Morgen kommen die großen Attraktionen. Morgen geht's zu Mickey!

Südstaatenidylle fürs Fotoalbum: Cypress Gardens

Orlando – Informationen für 2–6 Tage Aufenthalt

Magic Kingdom, Epcot, Disney's Hollywood Studios, Universal Studios, Sea World

Planung des Aufenthalts

Wer heutzutage seinen Orlando-Urlaub nicht genau plant, wird Probleme bekommen – zumindest mit den mitreisenden Kindern. Zu vielfältig sind die Eindrücke, zu groß die Qual der Wahl. In einigen Tagen Aufenthalt ist Orlando längst nicht mehr zu schaffen. Also, wohin zuerst, und wieviele Parks denn überhaupt? Auch bei einer eiligen Rundfahrt durch Florida sind zwei Tage in Orlando das absolute Minimum, dann schaffen Sie gerade mal die beiden größten und wichtigsten Parks: Epcot und Universal Studios. Wer noch nicht in Disneyland in Kalifornien war, sollte sich vorab einen Tag für das Magic Kingdom nehmen.

Mit fünf bis sechs Tagen in Orlando lässt sich schon mehr anfangen: ein Zusatztag für Sea World, für die rasanten Achterbahnen von Islands of Adventure oder im Animal Kingdom, je ein halber Tag für die Disney's Hollywood Studios und zum Planschen in einem Wasserpark – und irgendwann dazwischen ein bisschen Zeit zum Erholen.

Auch für die Besichtigungen der einzelnen Parks sollten man sich vorab mit der in den Hotels und am Eingang erhältlichen Karte einige Gedanken machen: Welche Attraktionen möchte man unbedingt sehen? Wann finden die Shows und Paraden statt? Wo möchte man zu Abend essen? Besonders während der Hauptsaison (Weihnachten und Ostern, Juni bis August und dazu an Feiertagswochenenden wie Labor Day) ist die Planung sehr wichtig.

Fantasie am Bau: das Dolphin Hotel in Walt Disney World

Orlando – Informationen

Hier noch einige Zusatztipps:

- Planen Sie den Besuch eines Themenparks mit Erholungspause: früh ankommen, nachmittags zwei Stunden am Hotelpool, am Spätnachmittag dann wieder gestärkt zu weiteren Rides, zur abendlichen Parade und zum Feuerwerk in den jeweiligen Park.
- Stellen Sie sich schon eine halbe Stunde vor der Parköffnung am Gate an, und fahren Sie sofort nach Öffnung mit den größten und neuesten Rides – dort sind während des restlichen Tages die längsten Schlangen.
- Besorgen Sie die Eintrittskarten schon vorab (im heimischen Reisebüro, im Internet oder – teils mit Extragebühr, teils etwas verbilligt – im Orlando Visitor Center), dann ersparen Sie sich die morgendliche Schlange am Ticketschalter.
- Stellen Sie sich für Paraden früh an, nur dann gibt's gute Sicht.
- An Wochenenden ist es bei Disney und auch in den anderen Parks oft etwas ruhiger – weil viel Leute glauben, dass es an Wochenenden sehr voll ist...

Extratour: Wenn Sie eine Pause brauchen vom organisierten Vergnügen der Themenparks, dann ist **Winter Park**, ein ruhiger Vorort Orlandos, genau richtig für einen halbtägigen Ausflug. An der von Läden Restaurants gesäumten **Park Avenue** lässt es sich hübsch bummeln, im **Morse Museum** (445 Park Ave. N., Di–Sa 9.30–16, So 13–16 Uhr, Eintritt 3 $) ist eine Sammlung von Tiffany-Glaskunst zu bewundern, und bei einer **Scenic Boat Tour** (Morse Blvd., stündlich 10–16 Uhr, Tour 10 $) auf den Seen und Kanälen des Städtchens kann man die Villen der Reichen begutachten.

Orlando Visitor Information Center
8723 International Dr.
Orlando, FL 32819
www.orlandoinfo.com/de
✆ (407) 363-5872 (in Deutschland vgl. S. 244)
Modernes Infozentrum mit Kartenverkauf und Zimmerreservierung für die ganze Region.

Unterkünfte
Hotels, Motels und Campingplätze gibt es in Orlando wie nirgends sonst in Florida – 115 000 Hotelbetten müssen jeden Morgen gemacht werden. In der Nebensaison ist es meist kein Problem, auch kurzfristig und vor Ort etwas zu finden. In der Hauptsaison sollte man jedoch unbedingt einige Monate vorab reservieren. Die großen Resorts liegen in Lake Buena Vista und um den International Drive am Westrand von Orlando. Preiswerte Motels reihen sich zuhauf an der US 192 in Richtung Kissimmee. Mit jedem Kilometer, den man sich von Disney World wegbewegt, sinken die Zimmerpreise.

Walt Disney World Resorts
Buchung vorab im Reisebüro, kurzfristige Anfragen vor Ort unter ✆ (407) 934-7639
www.disneyworld.com
Am bequemsten, aber nicht billig sind die großen, Disney-eigenen Hotels, von denen aus man schnell (und kostenlos) per Monorail oder Shuttle-Bus in die Parks gelangt. Zudem darf man als Disney-Gast an manchen Tagen bis zu drei Stunden länger als das allgemeine Publikum in den Parks bleiben. Der Nachteil: In den Restaurants bilden sich besonders beim Frühstück oft lange Schlangen – stehen Sie also früh auf.

Besonders empfehlenswert unter den Disney Resorts: die wie ein historisches Nationalparkhotel gestaltetete **Wilderness Lodge** ($$$$) und der elegante **BoardWalk Inn** ($$$$). Preiswerter und schön für Kinder sind das **All Star Sports Resort** ($$) und das **Pop Century Resort** ($$). Für Camper gibt es auf dem Disney-Gelände den großen **Fort Wilderness Campground** (✆ 407-824-2900).

Hyatt Regency Grand Cypress
One Grand Cypress Blvd.
Orlando, FL 32836
✆ (407) 239-1234, Fax 239-3800
www.grandcypress.hyatt.com
Weitläufige Luxushotelanlage mit schönem Garten, Tennisplätzen, großer Pool-Landschaft und eigenem Golfplatz. Gute Restaurants und Sandstrand am kleinen See. $$$$

Gaylord Palms
6000 W. Osceola Pkwy.
Kissimmee, FL 34746
✆ (407) 586-0000, Reservierung unter (407) 586-2000
www.gaylordhotels.com
Prachtvoller Hotelpalast nahe dem Eingang zu Disney World mit riesigem begrüntem Atrium, Pools, Restaurants und Wellness-Anlage. $$$–$$$$

Fantasy World Club Villas
5005 Kyngs Heath Rd.
Kissimmee, FL 34746
✆ (407) 396-1808, Fax 396-6737
www.fantasyworldresort.com
Ideal für Familien: Ferienhäuser mit 2 Schlafzimmern komplett mit Küche und Waschmaschine. Drei Pools, Tennis. $$–$$$

Sheraton Safari Resort
12205 Apopka-Vineland Rd.
Orlando, FL 32836
✆ (407) 239-0444, Fax 239-1778
www.sheratonsafari.com
Gutes Mittelklassehotel mit Afrika-Motiv und nahe zum Königreich der Mickymäuse. Swimmingpool, Restaurant, Bar. $$–$$$

Sevilla Inn
4640 W. Irlo Bronson Hwy.
Kissimmee, FL 34746
✆ (407) 396-4135 und 1-800-367-1363
Fax (407) 396-4942, www.sevillainn.com
Einfaches, sauberes Motel am Hwy. 192, nur 10 Fahrminuten von Disney World. $

Palm Lakefront Resort & Hostel
4840 W. Irlo Bronson Hwy.
Kissimmee, FL 34746
✆ (407) 396-1759, Fax 396-1598
www.orlandohostels.com
Die Jugendherberge Orlandos ist ein witziges kleines Resort mit Pool, Seeufer und Spielwiese, ideal für junge Leute. Auch Familienzimmer buchbar. $

Tropical Palms Resorts
2650 Holiday Trail
Kissimmee, FL 34746
✆ 1-800-647-2567
www.tropicalpalmsrv.com
Gepflegter, sehr familienfreundlicher Privatplatz direkt neben Disney World; Hüttenvermietung, Pool.

KOA Kissimmee
4771 W. Irlo Bronson Hwy.
Kissimmee, FL 34746
✆ (407) 396-2400, www.kissorlandokoa.com
Großer Privatplatz etwas östlich von Disney World; Pool, Kinderspielplatz, Hüttenvermietung.

Walt Disney World
Lake Buena Vista, FL 32830
✆ (407) 824-4321, www.disneyworld.com
Eintritt 71 $, Kinder 60 $; diese Preise gelten für einen Tagespass für alle Attraktionen in jeweils einem der vier Vergnügungsparks innerhalb des 113 km² großen Disney-Geländes: Magic Kingdom, Epcot, Animal Kingdom oder in den Disney's Hollywood Studios. Preisnachlässe gibt es ab 3 Tagen Aufenthalt: 212 $ für Erwachsene, Kinder 171 $.

Walt Disney World liegt rund 30 km südwestlich von Orlando in Lake Buena Vista, die Eingänge sind über I-4 und US 192 zu erreichen. Von den Parkplätzen (Parkreihe merken) wird man mit kleinen

Elektrozügen zum Haupteingang gebracht. Shuttle-Busse und die auf hohen Stelzen gebaute Monorail verbinden die einzelnen Parks und Hotels.
Tipp: Nutzen Sie das Programm **FastPass** um die Warteschlangen abzukürzen. Und beachten Sie das am Eingang erhältliche Tagesprogramm, um bei Paraden und Feuerwerken rechtzeitig einen guten Platz zu besetzen.

Magic Kingdom
Tägl. 9–22, Sommer/Feiertage bis 24 Uhr
40 ha großer Park mit knapp 50 Attraktionen, die in 7 Themengebieten angeordnet sind. Nicht verpassen sollte man: *Pirates of the Caribbean, Jungle Cruise, It's a Small World, Alien Encounter* und für starke Nerven die Achterbahn *Space Mountain.* Besonders für kleine Kinder zu empfehlen sind die Karussells sowie die Lion-King-Show im Fantasyland, das *Swiss Family Tree House, Mickey's Toontown Fair* und *Tom Sawyer Island.*
Das ganze Jahr über findet täglich an der Main Street und vor dem Cinderella Castle eine große Parade statt, im Sommer und an Feiertagen zusätzlich abends eine Lichterparade und ein Feuerwerk.

Epcot
Tägl. 9–19 (World Showcase 11–21 Uhr), im Sommer und an Feiertagen bis 24 Uhr
Gut 100 ha großes Gelände, das in **Future World** und **World Showcase** geteilt ist. Den ersten Teil besetzt eine Art dauerhafte Weltausstellung, die technische Errungenschaften preist und einen hoffnungsvollen Blick in die Zukunft wirft. Im angrenzenden World Showcase liegen um einen zentralen See 11 »Dörfer«, die exemplarisch Baustile und Produkte ver-

Disney's Animal Kingdom: Im Zentrum des Safari Village steht der Tree of Life

schiedener Nationen zeigen sollen – klischeehaft, aber hübsch.

Etwa eine Stunde nach Sonnenuntergang wird tägl. das Laser- und Feuerwerkspektakel **IllumiNations** gezeigt, das vom See im World Showcase aus gut beobachtet werden kann. Tagsüber finden in den einzelnen »Ländern« Aufführungen statt.

Disney's Hollywood Studios
Tägl. 9–19.30, im Sommer und an Feiertagen bis 21 Uhr
Der Filmkulissen-Park unter dem Wasserturm mit Mickey-Ohren zeigt auf gut 50 ha Fläche alles über die Welt des Films von den 1930er Jahren bis zu den modernsten Trick- und Spielfilmtechniken. Besonders zu empfehlen: Achterbahnen wie *Star Tours, Tower of Terror*, die Stuntshow, *Toy Story Mania* und die neu für 2009 geplante Attraktion *American Idol* (Amerika sucht den Superstar). Schön für Kinder: *Little Mermaid*.

Disney's Animal Kingdom
Tägl. 9–18 Uhr
Der 200 ha große Disney Park widmet sich der Tierwelt unserer Erde.
Hauptattraktionen: eine Zeitreise zu den Dinosauriern, die *Kilimanjaro Safari* durch die Steppe Afrikas, das Musical *Finding Nemo* und die Wildwasserfahrt *Kali River Rapids Run*.

Universal Studios Florida
1000 Universal Studios Plaza (nahe I-4/SR 435), Orlando, ✆ (407) 363-8000
www.universalorlando.com
Tägl. 9–19 Uhr, im Sommer länger
Eintritt 71 $, Kinder (3–9 Jahre) 59 $
Themenpark und echtes Filmstudio mit viel Action: Themen sind Filme wie *Shrek, Die Simpsons, ET, Men in Black, Terminator* oder *Die Rückkehr der Mumie*.

Universal Islands of Adventure
Neben Universal Studios
✆ (407) 363-8000
Tägl. 9–19 Uhr, im Sommer länger
Eintritt 71 $, Kinder (3–9 Jahre) 59 $
Der neueste Park mit spektakulären Achterbahnen, Stuntshows und einer Wildwasser-Tour durch die Welt der Dinos.

Sea World
7007 Sea World Dr., Orlando
✆ 1-800-327-2424, www.seaworld.com
Tägl. 9–19 Uhr, im Sommer länger
Eintritt 68 $, Kinder (3–9) 58 $
Weitläufiger Vergnügungspark, in dem sich alles um die Meerestiere dreht; Shows mit Walen, Delphinen und Seelöwen; große Aquarien mit Korallenriffen, Pinguinhalle Haibecken und Delphinlagune. In Discovery Cove nebenan darf man sogar mit Delphinen schwimmen (Reservierung nötig, www.discoverycove.com).

Aquatica
5800 Water Play Way, Orlando
✆ (407) 351-3600
www.aquaticabyseaworld.com
Tägl. 9–16 Uhr, im Sommer länger
Eintritt 39 $, Kinder (3–9) 33 $
Die neueste Attraktion Orlandos, 2008 eröffnet: ein riesiger Wasserpark mit Rutschen durch Delphinbecken, Wellenpools und Sandstränden.

Holy Land Experience
I-4, Exit 78, Orlando, ✆ 1-800-447-7235
www.holylandexperience.com
Mo–Sa 10–16 Uhr, Eintritt 35 $, Kinder 20 $
Religionsunterricht auf amerikanisch: ein Nachbau des biblischen Palästina.

Cypress Gardens Adventure Park
Winter Haven, an der SR 540
✆ (813) 324-2111
www.cypressgardens.com
Tägl. 10–18 Uhr, im Sommer länger
Eintritt 40 $, Kinder 6–12 Jahre 35 $
Der älteste Vergnügungspark Zentralfloridas bietet einen botanischen Garten mit mehr als 8000 Pflanzenarten und romantischem Südstaatenflair. Im Frühjahr 2004 wurde der Park komplett neu

Orlando – Informationen

Spritziges Vergnügen für einen Nachmittag: Wet 'n Wild

gestaltet und bietet nun auch Achterbahnen und andere Attraktionen.

Gatorland
14501 S. Orange Blossom Trail, Orlando
✆ (407) 855-5496, www.gatorland.com
Tägl. 9–17 Uhr, Eintritt 23 $, Kinder (3–12) 15 $
Wenn Sie noch nie einen Alligator gesehen haben – hier warten Tausende. Zur Fütterung springen die Tierchen recht agil nach Hühnchenteilen. Dazu ein Lehrpfad durch den Sumpf sowie Gehege mit Schlangen, Waschbären und seltenen Vögeln.

Wet 'n Wild
6200 International Dr., Orlando
✆ (407) 351-1800, www.wetnwild.com
Im Sommer tägl. 9–23, sonst 10–17 Uhr, Eintritt 40 $, Kinder (3–9) 34 $
Ein gut 10 ha großer Wasserpark der Superlative mit gigantischen Rutschen, Wellenpool und Wasserski-Parcours. Ein spritziges und kühlendes Vergnügen.

Typhoon Lagoon/Blizzard Beach
Walt Disney World, Lake Buena Vista
✆ (407) 824-4321
Eintritt 39 $, Kinder (3–9 Jahre) 33 $
Tägl. 10–17 Uhr, im Sommer länger
Wenn in der Hitze keine Besichtigungstour mehr möglich scheint, kann man sich in einen großen Wasserpark retten: Swimmingpools, künstlicher Strand, Wasserrutschen und Floßfahrten locken.

Restaurants
Auf große kulinarische Genüsse in den Parks braucht man nicht zu hoffen. Meist beschränkt sich die Auswahl auf standardisiertes Fastfood. Ein Besuch lohnt sich im **Epcot** in den Restaurants von Norwegen und Mexiko, wer versäumt hat zu reservieren, stellt sich im »Le Cellier«, dem Cafeteria-Lokal Kanadas, in die Schlange. In den Universal Studios sollte man mal im »Hard Rock Cafe« vorbeischauen – wegen der museumsreifen Sammlung von Rock 'n' Roll-Reliquien.

Orlando – Informationen

Die beste Strategie für die Orlando-Tage ist opulent zu frühstücken, tagsüber mit einem Hamburger vorlieb zu nehmen und erst abends richtig essen zu gehen. Die zahlreichen Kettenrestaurants wie **Olive Garden** (italienisch), **Outback** (Steaks), **Ponderosa** (Steaks) oder **Red Lobster** (Fisch) bringen solide Kost auf den Tisch.
Dazu noch einige weitere Tipps:

Capriccio
9801 International Dr., Orlando
✆ (407) 352-4000
Elegante Trattoria mit italienischer Showküche im Peabody Hotel. Ebenfalls sehr beliebt ist der im nostalgischen Fifties-Look gestylte, rund um die Uhr geöffnete Coffeeshop des Hotels, der B-Line-Diner. $$–$$$

California Grill
Contemporary Resort
Walt Disney World, Lake Buena Vista
✆ (407) 939-3463
Schickes Dinnerrestaurant im 15. Stockwerk neben dem Magic Kingdom. Art-déco-Dekor und neukalifornische Küche. Das Schönste aber ist der Blick auf das allabendliche Feuerwerk. $$–$$$

Bahama Breeze
8849 International Dr., Orlando
✆ (407) 248-2499
Szenelokal mit karibisch-amerikanischer Küche; sehr beliebt zur Happy Hour, am Abend spielt meist eine Band auf der Terrasse. $$

Crab House Seafood Restaurant
8496 Palm Pkwy., Lake Buena Vista
✆ (407) 239-1888
Großes rustikales Fisch- und Lobsterlokal; berühmt für seine Krebse in Knoblauchsauce. $$

Cafe Tu Tu Tango
8625 International Dr., Orlando
✆ (407) 248-2222
Laut und quirlig geht es in diesem mediterran gestylten Bistro zu. Zu essen gibt es nur Vorspeisen, aber die reichlich. $–$$

Adobe Gilas
9101 International Dr., Orlando
✆ (407) 903-1477
Trubelige Tequila-Bar und mexikanische Cantina, oft mit Live-Musik. $$

Ran Getsu
8400 International Dr., Orlando
✆ (407) 345-0044
Zur Abwechslung mal Fernöstliches gefällig? Sushi und Tempura mit Blick auf einen japanischen Garten. $$

Lulu's Bait Shack
9101 International Dr./Pointe Orlando
✆ (407) 351-9595
New Orleans lässt grüßen – mit scharf gewürzter Gumbosuppe, *blackened chicken* und anderen Cajun-Spezialitäten. $$

Rainforest Cafe
Disney Village Marketplace
Lake Buena Vista
✆ (407) 827-8500
Ein Erlebnisrestaurant im besten Sinne: Man sitzt im Dschungel zwischen Gorillas und Elefanten. Und im Dach bricht alle Viertelstunde ein Vulkan aus. $–$$

The Ale House
5573 S. Kirkman Rd., Orlando
✆ (407) 248-0000
Beliebte Sportsbar mit Pooltischen und großen Fernsehschirmen für Sportübertragungen. Zu essen gibt's Steak und Fisch. $–$$

Einkaufen
Das originale Mickey-Shirt, die Mauskappe und die Terminator-Sonnenbrille gibt es meist nur in den relativ hochpreisigen Souvenirshops der Parks. Für normale Freizeitkleidung und andere Einkäufe sind die großen Einkaufszentren wie die **Florida Mall** (Sand Lake Rd./ Hwy. 441) viel billiger.

Orlando – Informationen

Beliebtester Hit ist der Fabrikverkauf: z.B. bei **Prime Outlets** (W. Oakridge Rd.) mit 140 Läden oder für Designerklamotten bei **Premium Outlets** (8200 Vineland Ave.).

Nachtleben

Orlando ist ein Ferienziel für Familien, so war das Nachtleben lange unterentwickelt. Erst in den letzten Jahren entstanden mehrere große Vergnügungskomplexe mit Showbühnen und Discos wie etwa **Downtown Disney Pleasure Island** und **Universal City Walk**, die vorwiegend für die Besucher gedacht sind.

Die *locals* findet man eher in den Szenebars und Clubs entlang der Orange Avenue in Downtown. Für guten Jazz zum Beispiel ist dort **The Social Club** (54 N. Orange Ave., ✆ 407-246-1419, www.thesocial.org) zu empfehlen.

Einen abwechslungsreichen Abend versprechen auch die in Orlando sehr beliebten Dinnershows, von denen ein gutes Dutzend alles vom mittelalterlichen Turnier bis zur Piratenschlacht inszeniert. Die besten: die Seeräubershow **Pirate's Dinner Adventure** (6400 Carrier Dr., ✆ 407-248-0590), das orientalische Spektakel **Arabian Nights** (6225 W. Irlo Bronson Hwy., ✆ 407-239-9223), die Gangster-Revue **Capone's Dinner Show** (4740 W. Hwy. 192, ✆ 407-397-2378). Daneben gibt es für die junge Szene aber auch reguläres Nachtleben in Clubs und Discos, etwa im High-Tech-Tanzschuppen **Matrix** (9101 International Dr., Suite 2300, ✆ 407-370-3700) oder im **Mako's** (27 W. Church St., ✆ 407-872-3296) in Orlandos Innenstadt. Beliebt ist in der alten Innenstadt Orlandos auch der **Cheyenne Saloon** (Church St. & Orange Ave., www.cheyennesaloonandoperahouse.com) mit guten Live-Konzerten und viel Westernflair. Besonders an Wochenende ist hier um den Saloon im Nightlifedistrikt der Innenstadt viel los.

Gefiedertes Exponat in Floridas größtem Ozeanarium: Sea World in Orlando

Perfekte Urlaubswelten

Orlando

Mickey und Freund Dagobert machten es möglich: Innerhalb von knapp 30 Jahren mauserte sich die verschlafene Kleinstadt Orlando zur Welthauptstadt des perfekt organisierten Urlaubsvergnügens. Aus den Zypressensümpfen Zentralfloridas wuchs eine höchst erfolgreiche Ferienlandschaft aus Themen- und Wasserparks, aus verrückten Dinner-Shows und weitläufigen Abenteuerspielplätzen. Fantasie ist Trumpf, die Realität spielt keine Rolle. Was zählt in den heilen Urlaubswelten Orlandos, ist nur das Vergnügen – und der rollende Dollar.

Rund 50 Millionen Besucher kommen jedes Jahr, lassen sich verzaubern von den Illusionen der Parks, halten den Atem an bei wilden Rides, schlecken Eis und futtern Burger. Sie schlafen in rund 100 000 Hotelbetten, essen in gut 3000 Restaurants, tummeln sich auf 100 Golfplätzen und 800 Tennisanlagen – ein Urlaubsziel der Superlative.

Sieben große *Theme Parks* (vier davon im Zeichen der Maus, dazu Universal Studios, Islands of Adventure und Sea World) sowie gut vier Dutzend weitere *attractions* buhlen heute um die Feriendollar der Besucher im Großraum Orlando. Die Ingenieure der High-Tech-Spaßimperien inszenieren Sternenkriege, lassen Arnold Schwarzeneggers Terminator wieder auferstehen, bauen ganze Korallenriffe nach. Atemberaubende Achterbahnen und Flugsimulatoren nehmen die Passagiere mit ins Reich der unbegrenzten Illusionen.

Der Erfolg gibt den Machern der blitzblanken Ferienwelten Recht. Kein Naturwunder der Neuen Welt, weder die Niagarafälle noch der Grand Canyon, können mit der Attraktivität der menschgemachten Urlaubsparks Floridas konkurrieren. Mutter Natur steuert zum Ferienziel Nummer eins in Amerika nichts bei außer viel Platz und viel Sonne.

Dabei hätte sich vor 40 Jahren noch niemand träumen lassen, wie durchschlagend das Konzept von der heilen, sicheren, perfekt organisierten Urlaubswelt der Themenparks werden sollte. Orlandos Geschichte, heute ein echtes Cinderella-Märchen, verlief bis dahin recht beschaulich: Der Ort war um 1840 nach dem Zweiten Seminolenkrieg von einigen ausgemusterten Soldaten gegründet worden. Nach der Jahrhundertwende entwickelte sich das Städtchen zum Versorgungszentrum der Ranches und Orangenplantagen in der weiten Seenplatte Zentralfloridas. Urlauber waren noch nicht in Sicht, nur ein paar Rentner ließen sich nach dem Zweiten Weltkrieg nieder, angelockt von der warmen Sonne.

Als Walt Disney in den 1960er Jahren die Pläne für Orlando zu schmieden begann, sorgte er mit reichlich Platz für Expansion vor. Nach dem Vorbild des erfolgreichen kalifornischen Disneyland sollte ein zweites Königreich der Lustbarkeiten im Osten der USA entstehen. Seine Wahl fiel auf Florida, der vielen Sonnenstunden wegen – und weil der Morgen Land hier noch für 180 Dollar zu haben war. Unbemerkt von den Bodenspekulanten ließ Disney in der unwirtlichen Einsamkeit Zentralfloridas rund 110 Quadratkilometer Land aufkaufen – und die wundersame Verwandlung Orlandos begann.

Am 1. Oktober 1971 eröffnete das Magic Kingdom in Walt Disney World – und fortan strömten die Massen. Zuerst noch etwas zögerlich, denn niemand hatte je von Orlando als Urlaubsziel gehört. Doch dann stoppten immer mehr Besucher auf ihrem Weg zu den Stränden im Süden auch in Orlando, das höchst praktisch genau in der Mitte Floridas liegt. Für die gesamte Region setzte ein ungeahnter Boom ein.

Die Politiker Floridas waren hocherfreut und gestanden Disney Steuervergünstigungen und sogar den Status eines Regierungsbezirks für sein Territorium zu. Politisch selbstständig ist Disney World bis heute geblieben – mit einer Wählerschaft von ganzen 22 Personen. Das Land der Mickey Mouse hat seine eigene Polizei, Feuerwehr und Müllabfuhr, seine eigenen Transportmittel. Allein 600 Gärtner sind festangestellt, um die Parkanlagen zu pflegen.

Walt Disney war der visionäre Pionier, doch bald folgten weitere Attraktionen

Fast wie im echten Hollywood: Disney's Hollywood Studios

und Themenparks, die von den Dollars der Besucher ihren Anteil haben wollten: Sea World, Universal Studios, Church Street Station und viele mehr. Gigantische Wasserparks und Entertainment-Komplexe folgten. Und auch Disney baute über die Jahre weiter: 1982 Epcot, sechs Jahre später die MGM-Studios (heute: Disney's Hollywood Studios) und 1998 einen großen Safaripark. Konkurrent Universal war nicht faul und eröffnete 1999 den neuen Park Universal Islands of Adventure.

Doch es blieb nicht allein bei Themenparks: Mitte der 1980er Jahre wuchsen die ersten »Fantasy-Hotels« auf dem Disney-Areal aus dem platten Sumpfboden. Stararchitekten wie Michael Graves und Arata Isozaki durften ihre Träume zu bunten Herbergen wie dem Dolphin oder dem Swan Hotel werden lassen. Große Badelandschaften und neue Golfplätze sorgten für Abwechslung, und um nicht nur tagsüber Unterhaltung zu bieten, wurden für den Abend Dinner-Shows erdacht.

Jeden Abend leuchtet der Himmel

Seit Ende der 1980er Jahre hat sich diese rasante Entwicklung noch beschleunigt. Die großen Themenparks – nach wie vor die Publikumsmagneten – bauen ständig weiter aus und planen noch spektakulärere neue Parks. An Ideen für Themen-Hotels mangelt es ebenfalls nicht: Ob polynesisch oder karibisch, im Stil des Wilden Westens oder eines nostalgischen Strandresorts der 1920er Jahre – die Fantasie kennt keine Grenzen.

Und auch räumlich sind solche noch lange nicht erreicht: Erst 2500 Hektar, nicht einmal ein Viertel seines Besitzes, hat das Disney-Management bisher erschlossen und bebaut. Weitere 2900 Hektar wurden zum Naturschutzgebiet erklärt. Flächenreserven bleiben noch genügend – für neue Vergnügungsparks wie Animal Kingdom, für neue Entertainment-Centers, für Hotels, Läden und Restaurants.

Der komplette Disney-Urlaub ist keine Utopie mehr. Man wohnt, isst, trinkt, staunt, lacht, lernt und kauft komplett bei Disney und seinen Geschäftszweigen. Ein Staat im Staat entsteht, und die eigene Währung ist schon im Umlauf: Zahlen kann man mit dem »Disney-Dollar«, auf dessen Scheinen Mickymaus lacht. Rücktausch in US-Dollar ist jederzeit möglich, Aufheben als Souvenir natürlich auch – so wird ein Stück Papier für Disney zu barem Geld.

Doch Disney World ist wie auch viele andere Parks sein Geld wert. Nach einigen Sightseeing-Tagen wird man für sich selbst entscheiden können, was einen nun mehr beeindruckt hat: Waren es die täuschend echten Plastikelefanten und Kautschukpiraten, die 3-D-Actionfilme

Abseits der Touristenströme: Downtown Orlando

und die sensationellen Achterbahnen? Oder der wie geölt funktionierende Apparat von Disney World selbst, dessen rund 40 000 Angestellte flink, freundlich und frisch gekämmt mit der Devise »Lächeln und positiv denken!« notfalls mit 200 000 Besuchern am Tag strahlend fertig werden?

Orlando, das Epizentrum dieser real existierenden Kunstwelten, zählt mittlerweile 1,3 Millionen Einwohner im Großraum, der Flughafen der Stadt rangiert schon unter den 20 größten in Amerika. Für viele Besucher ist die Fun-Metropole nicht mehr nur Zwischenstopp, sondern auch Ausgangspunkt für den Florida-Urlaub. Eine Woche kann man hier mühelos verbringen, und für den Abstecher zum Baden sind die Küsten am Atlantik und am Golf in ein bis zwei Stunden Fahrt zu erreichen.

Und für die Planer ist die Region Orlando der Prototyp für den Urlaub der Zukunft. Jede Ferienart soll abgedeckt werden: Erlebnisschwimmbäder bieten Badespaß, Wildparks laden zur Safari nach Afrika, gigantische Shopping-Komplexe verlocken zum Kaufrausch, und von Port Canaveral laufen Kreuzfahrtschiffe zum Hochseetörn aus.

Wer Aktiv-Urlaub will, kann sich im Disney Sport Complex von Profi-Trainern schulen lassen. Wer noch etwas dazulernen möchte in den schönsten Wochen des Jahres, muss nicht mehr zum Töpfern in die Toskana, sondern kann in Mickeys Volkshochschule, dem Disney Institute, verschiedene Kurse vom Kochen bis zum Schauspielern belegen.

Und sogar für den Fall, dass die Gäste gar nicht mehr weg wollen, wurde vorgesorgt: Die Maus-Manager haben »Celebration« gegründet, ein perfekt geplantes Entenhausen für echte Menschen, eine Stadt der Zukunft für 20 000 Bewohner. Blitzsauber und familienfreundlich – ganz im Geiste von Walt Disney.

Mickeys Land der lächelnden Mäuse
Magic Kingdom

Ein kräftiges Frühstück ist die wichtigste Grundlage für den Besuch bei Mickey Mouse und den anderen Disney-Klassikern – wie auch für all die anderen Parks um Orlando. Die warme Waffel mit Sirup auf der Gabel, den Lageplan des Magic Kingdom auf dem Tisch – so beginnt die Planung: »Erst zum Treff mit den Aliens im Fantasyland oder zur Dschungel-Cruise im Adventureland und auf dem Weg dahin die Parade um halb drei nicht verpassen.«

Ein Blick ringsum bestätigt: An den anderen Tischen stellen sich ähnliche Fragen. Später wird man dieselben »Photo Spots« nutzen, die Empfehlungsschilder für Erinnerungsknipser. Man wird an denselben Seil-, Achter- und Eisen-

Bunt und laut: Main Street USA im Magic Kingdom

bahnen Schlange stehen, dieselben Disney-Souvenirs begutachten. Und abends erschöpft von derselben Frage geplagt sein: »Haben wir nun das Wichtigste gesehen oder etwas Tolles verpaßt?«

Letzteres kann leicht passieren, wenn man auf die Disney-Dimensionen nicht vorbereitet ist. Immerhin ist dies die beliebteste Touristenattraktion der Welt, die Vielfalt der Angebote auf dem weiten Areal ist schier überwältigend. Und ständig kommt Neues hinzu.

Also los, auf in den Park! Wer zum ersten Mal Disney World seine Aufwar-

Astronauten-Maus mit irdischen Verehrern

tung macht, beginnt am besten mit dem **Magic Kingdom** und lässt die neueren, futuristischeren Parks in den nächsten Tagen folgen. So wird die Fortentwicklung des Disney-Konzeptes besser deutlich und das Erlebnis eindrucksvoller.

Gut 25 Jahre hat das »Magische Königreich« mittlerweile auf dem Buckel. Zwar wird es ständig renoviert und auch mit neuen Rides aktuell gehalten, aber dennoch ist zu merken, wie sehr der Schwerpunkt in den Anfangsjahren noch auf den Vergnügungen für die kleineren Kinder lag und wie sehr das nostalgische Bild vom guten alten Amerika damals verklärt wurde.

Gleich hinter dem Haupteingang verläuft die **Main Street USA**, eine nachgebildete Straße aus dem Amerika des 19.

Jahrhunderts mit verschnörkelten Holzveranden, Balkonen und Erkerchen, die uns aus den Wildwestfilmen so vertraut sind. Da gibt es ein Rathaus und eine Bank, Blumenmärkte in den Seitengassen und Kinos mit den Rennern der Stummfilmzeit. Hinter den Schwingtüren zum Saloon lauern allerdings keine stoppelbärtigen Raufbolde, sondern Verkäuferinnen inmitten von Souvenirs.

Die einzelnen Territorien des Königreichs – **Adventureland, Frontierland, Fantasyland, Mickey's Toontown Fair** und **Tomorrowland** – sind kreisförmig um das Cinderella Castle gruppiert. Dieses Märchenschloss, gleich nach Mickey das bekannteste Wahrzeichen Disneys, ist dem Original-Disneyland-Schloss in Kalifornien nachempfunden, das wiederum im bayrischen Neuschwanstein sein Vorbild hat. Eine Kopie der Kopie also.

Außer dem Schloss sind noch weitere beliebte Disney-Klassiker von Kalifornien nach Florida verpflanzt worden. Die berühmte **Jungle Cruise** etwa, eine Bootssafari auf einem Dschungelfluss mit gar schrecklichen Raubtieren, wasserspritzenden Elefanten und wütenden Gorillas. Allesamt sind sie synthetisch, sehen aber beeindruckend echt aus.

Längere Wartezeiten lohnen sich auch für einige weitere Klassiker: In **Pirates of the Caribbean** treibt man langsam in Booten durch eine Seeschlacht, während der die Piraten eine Stadt einnehmen und brandschatzen. Besonders schön sind hier die kleinen (Plastik-)Details der zahnlosen, schmuddeligen Freibeuter, der kreischenden Möwen und brennenden Kerker.

Im Fantasyland wartet in **It's A Small World** eine Bootsfahrt durch das Fantasiereich der Puppen. Die Melodie des beschwingten Liedchens, das die Reise begleitet, wird einen den restlichen Tag als Ohrwurm verfolgen. Und für Achterbahnfreunde mit starken Nerven wartet schließlich noch eine lohnende Attraktion im Tomorrowland: die rasende Fahrt durch die Finsternis des **Space Mountain**.

Die Wahl fällt schwer bei den weiteren Attraktionen der übrigen »Länder«: Vielleicht ein Besuch in der aufwändigen Zeichentrick-3-D-Show **Mickey's Philhar Magic**, eine Fahrt mit dem Schaufelraddampfer **Liberty Belle Riverboat** oder ein – besonders für Kinder lohnender – Abstecher zu den Zeichentrickfiguren im **Mickey's Toontown Fair**. Ebenfalls schön: eine Achterbahnfahrt mit der geradezu rührend altmodischen **Big Thunder Mountain Railroad** im Frontierland. Aber das passt hier ganz gut zu der Umgebung aus Goldrausch-Pionierstolz, deren Utensilien original aus Arizona importiert wurden.

Zu empfehlen sind auch die Transportmittel des Parks, um sich bequem einen Überblick zu verschaffen. Von den Gondeln der **Skyway**-Seilbahn lassen sich im Morgenlicht gute Panoramafotos schießen, eine Oldtimer-Eisenbahn umrundet das ganze Gelände.

Ihr moderner Nachfahre, die **Monorail**, gleitet auf einer schmalen Betonschiene auf Stelzen zu Sehenswürdigkeiten, Seen und den Haupteingängen von Magic Kingdom Park und Epcot. Sie fährt in luftiger Höhe und fast lautlos vorüber am polynesischen Bungalowdorf und dem »Kolonialhotel« Grand Floridian und sogar mitten durch die Lobby des als gigantisches Beton-A gebauten Contemporary Resort.

So vergeht der erste Tag mit Fahren und Staunen, mit Eisschlecken und Schlangestehen im Flug. Spätabends, nach bombastischem Feuerwerk und eindrucksvoller Nachtparade, in der viele Disney-Figuren mitwirken, wankt man dann müde die Main Street hinab zum Ausgang. Und holt sich noch ein letztes Lächeln vom Türsteher der Monorail: »Come back soon.«

Die Welt im Miniformat
Epcot

Walt Disney, der rastlose Planer, entwarf bereits in den frühen 1960er Jahren die Idee der »**E**xperimental **P**rototype **C**ommunity **o**f **T**omorrow«, einer beispielhaften Zukunftsstadt für rund 2000 Menschen. Nach Disneys Tod 1966 verwässerte der neue Führungsstab dieses Konzept zum Vergnügungspark. Das 1982 fertiggestellte Epcot wurde zu einer Art dauerhafter Weltausstellung, die in der **Future World** sehr optimistisch die technischen Leistungen der Menschheit und die von Zukunftsforschern erwarteten Entwicklungen zeigt.

Im zweiten Bereich des Geländes sollen im **World Showcase** elf »Dörfer« die Architektur und Kultur verschiedener Nationen vorstellen. Die Lage rings um einen kleinen See ist sehr hübsch, doch werden – häppchengerecht für das amerikanische Publikum – zumeist nur vage Klischees über die einzelnen Länder vermittelt.

Mit 105 Hektar Fläche ist Epcot fast dreimal so groß wie das Magic Kingdom einige Monorail-Minuten weiter westlich. Doch sollte man sich von seiner Größe nicht schrecken lassen. Die Transportsysteme in den Shows der »Welt der Zukunft« sind rascher und ausgefeilter als die im Magic Kingdom. Man sieht mehr in kürzerer Zeit; die Warteschlangen bewegen sich zügiger voran.

Mickey, Minnie und Pluto halten sich übrigens merklich zurück in der Zukunftswelt. Zwar lässt sich die lustige Löffelohrenmaus im angemessenen Astronautenanzug gern auf dem Epcot-Hauptplatz mit den Kindern fotografieren, aber im großen und ganzen passt der Zeichentrickheld wohl besser in eine Welt von gestern als in die von morgen. Sichtbarer wird dafür hier der Einfluss der Sponsoren

Raumschiff Erde und Monorail

aus der Großindustrie. Findig, wie die Disney-Manager sind, hat sich der Vergnügungskonzern kräftig unter die Arme greifen lassen. Die Telefongesellschaft AT&T präsentiert die Geschichte der Kommunikation, General Motors zeigt eine Testrennstrecke für Autos und der Erdölmulti Exxon eine Multimediashow zum Thema Energie. So geht das munter weiter – bis hin zum Zwinger für die Aufbewahrung von im Gelände unerwünschten Besucherhunden: »Presented by Gaines Foods, Inc.«.

Gleich am Eingang des Parks ragt die mächtige Silberkugel des **Spaceship Earth** auf, das Wahrzeichen von Epcot. Von der Steinzeit bis ins High-Tech-Zeitalter fliegen bei der Fahrt durch den metallenen Globus 40 000 Jahre Weltgeschichte an einem vorüber – ein Zeitraffer im Extrem. Von der Erfindung des Rades, der Entwicklung von Sprache und Schrift, den Leistungen der Elektronik bis zum

Sprung zu neuen Planeten erscheint alles zum Greifen nahe – in kleinen Details auch sehr humorvoll – und lebensecht dargestellt. Die perfekte Technik macht staunen; Lasereffekte, Hologramme und elektronisch gesteuerte Lichtshows lassen die Augen nicht zur Ruhe kommen.

Zum schluss der Reise landet man in der **Earth Station**, in der man auf interaktiven Bildschirmen die Reservierung für das Abendessen in einem der Restaurants des World Showcase tätigen kann – und auch unbedingt sollte. Denn wer erst nachmittags merkt, dass er lieber in Norwegen als in Japan zu Abend essen mag, kann Pech haben.

Je nach Knopfdruck erscheint entweder Mandy aus England, Giorgio aus Italien oder Juanita aus Mexiko auf dem Bildschirm und fragt – zum Glück auf Englisch –, ob 18.45 Uhr oder 19.30 Uhr angenehm wären, weil 19 Uhr schon ausgebucht sei. Man entscheidet sich, nennt Namen und Personenzahl und wird gebeten, pünktlich zu erscheinen: »Thank you«. Ganz Heimattreue oder Norddeutsche, die in Florida zum ersten Mal Schuhplattler sehen wollen, können auch bei Holger oder Ann-Christin reservieren, denn natürlich ist auch Deutschland mitsamt Biergarten vertreten.

Doch bevor man dorthin weiterbummelt, lohnt sich noch ein Besuch im 3-D-Multimedia-Spektakel von **Honey I Shrunk The Audience**. Ein verrückter Erfinder lässt hier das Publikum auf Daumengröße schrumpfen – und bis hin zum kleinen Hund in der Show darf man alle Details hautnah miterleben.

Danach geht es nun (hier sind die Schlangen jetzt noch kürzer) weiter in den **World Showcase**. Linker Hand steht

Bayern lässt grüßen: im deutschen Dorf des World Showcase

die Maya-Pyramide Mexikos, gefolgt von norwegischer Stabkirche und chinesischem Himmelstempel. Jedes »Dorf« besteht aus mehreren Gebäuden im traditionellen Baustil des Landes, in denen Ausstellungen oder Filme gezeigt werden. Das Potpourri aus Formen und Farben spiegelt wider, wie sich die Amerikaner das fremde Land vorstellen. Alles ist lobenswert detailgenau: Die Verzierungen an den Plastikwänden, die Maserung des Kunstholzes. Wirklich authentische Repräsentanten ihrer Länder sind aber nur die Verkäufer und Hostessen – und die Souvenirs.

Auch in **Germany**, das als nächstes im Länderrund folgt, ist nicht alles echt. Die »Lederhosen« von Holger sind aus dünnem, atmungsaktivem Stoff – wegen der Floridahitze. Im bayrischen Biergarten gibt es Bier aus Bremen, die Blasmusikanten mit Filzhut und Alpentracht sind Amerikaner. Holger und Ann-Christin allerdings kommen »really from Germany«, wie sie den unermüdlich fragenden Amerikanern vor dem Erinnerungsfoto immer wieder bestätigen müssen. Sie verkaufen *pretzels*, Bier und Schweinebraten, wischen die Tische und kriegen dafür pro Stunde einen Dollar mehr als den gesetzlichen Mindestlohn, nämlich 5.85 Dollar.

Wie man sich alpenländisch kleidet und bierseligen Amerikanern die richtige Aussprache von »Oans, zwoa, gsuffa« beibringt, haben die beiden jungen Deutschen erst in Florida lernen müssen. Denn Holger stammt aus Flensburg und Ann-Christin aus Wuppertal. Beworben für den Job hatten sie sich bei der Zentralstelle für Arbeitsvermittlung in Frankfurt. Eine Disney-Delegierte führte das Auswahlgespräch, das vor allem »die sympathische, saubere und optimistische Ausstrahlung, die zum Disney-Image passen muss,« feststellen sollte. Der Arbeitsvertrag läuft ein Jahr lang, aber »viele steigen vorher aus, weil ihnen die amerikanischen Arbeitsbedingungen zu hart sind«.

Wen es auf seiner Florida-Reise nicht unbedingt zu Teddybären, Leibnizkeksen und Kuckucksuhren zieht, der findet sich schon wenige Meter weiter am venezianischen Markusplatz wieder, wo ein vielbeklatschtes Straßentheater zum Mitspielen einlädt. Und nebenan gratuliert sich Amerika selbst: Benjamin Franklin und Mark Twain unternehmen mit den Zuschauern einen eindrucksvollen Rundgang durch die (natürlich glanzvolle) Geschichte der USA, der die patriotischen Einheimischen zu Ovationen hinreißt. Auf der Showbühne vor dem Amerikapavillon treten mehrmals täglich Folkloregruppen auf.

Danach führt der Weltenbummel weiter – zur Pagode Japans, den sandbraunen Mauern Marokkos und zum Pariser Eiffelturm. Großbritannien ist mit einem Pub vertreten; nebenan in Kanada kann man die Naturschönheit des Nordens in einem riesigen Rundkino erleben. Wirklich bombastisch wirkt dieses Weltpanorama dann am Abend, wenn es über der Spiegelfläche des Sees in einem wahren Farben- und Funkenmeer aus Feuerwerk, Lichterketten und Lasershows erstrahlt. **IllumiNations** nennt sich das Spektakel, zu dem man sich spätesten eine Viertelstunde vor Beginn am Ufer nahe dem Eingang einfinden sollte.

Nach der »Reise um die Welt in vier Stunden« macht man sich am späteren Nachmittag auf zum Rückweg durch die **Future World**. In mehreren Themenpavillons wie **The Land** oder **The Living Seas** werden die Ökosysteme der Erde vorgestellt. Dazwischen mitreißende Sinneserlebnisse wie die Drachenflug-Tour **Soarin!** oder Technikshows wie etwa die perfekt inszenierte Raumfahrt in **Mission: Space**.

Die optimistische Vorstellung einer heilen Welt im 21. Jahrhundert ist in Epcot ein wiederkehrendes Grundthema. Die Message ist klar: Die Chance für eine bessere Zukunft war noch nie so groß wie heute. Und noch nie war eine Nation so stolz auf ihre Leistungen wie die Amerikaner. Wer mag da widersprechen?

Das Grundthema von einer Welt, die schön, gut und noch zu retten ist, findet sich auch im 1998 eröffneten Disney-Park **Animal Kingdom**, der auf einer Fläche von 200 Hektar die Vielfalt der Tierwelt feiert. Die Disney-Manager haben sich die besten Pfleger, Experten und Zooplaner geholt und eine neue Art von Safaripark geschaffen. Keine Tiershow wird gezeigt, sondern ein gigantischer Wildpark ohne sichtbare Zäune, in dem über 200 Tierarten – Zebras, Giraffen und Gorillas ebenso wie seltene Insekten – auf dem weitgehend natürlich gestalteten Gelände leben. Der neue Park ist nach Kontinenten gegliedert. Im Mittelpunkt steht der 45 Meter hohe **Tree of Life**, dessen Stamm einen Durchmesser von 15 Metern hat und mit geschnitzten Tierfiguren verziert ist (im Innern befindet sich ein 3-D-Kino). Um den Baum gruppieren sich die Ökosysteme der Welt: Vorerst sind Afrika (mit einer Safarifahrt durch die wildreichen Ebenen am Fuß des Kilimandscharo) und Asien (mit einer Dschungeltour und der Achterbahn *Expedition Everest*) vertreten. Weitere Kontinente sind geplant – mit typischen Tieren und Pflanzen der jeweiligen Region. Doch Disney wäre nicht Disney, wenn nicht auch spektakuläre High-Tech-Attraktionen in die Naturwelt eingebaut würden: Im **Count Down to Extinction** reist man in wilder Fahrt zurück ins Zeitalter der

Im Fifties-Look: Diner in den Universal Studios

Dinosaurier, um den letzten Dino vor dem Aussterben zu retten. Wenn das nur so leicht wäre ...

Zu Besuch bei Miss Piggy, Arnold und Shamu
Disney's Hollywood Studios, Universal Studios und Sea World

Nach dem Besuch in Epcot möchte man kaum glauben, dass andere Themenparks noch mehr Vielfalt, noch mehr Abwechslung bieten können. Doch die großen Filmstudios wie auch Sea World sind ganz anders strukturiert, haben ganz andere Motive, Shows und Ausstellungen und verdienen unbedingt einige weitere Tage Aufenthalt in Orlando.

Die 1988 eröffneten Disney MGM Studios, heute **Disney's Hollywood Studios** zum Beispiel auf dem Gelände von Disney World widmen sich ganz der Hollywood-Nostalgie. Vorüber an bekannten Gebäuden aus der echten Filmstadt an der Westcoast bummelt man am **Hollywood Boulevard** in den Park hinein. Hier und dort ist ein verkleidetes Filmstar-Double zu sehen, die Kulissen erinnern an New York und Los Angeles.

Von den Vorführungen im Park ist die **Muppet Show** für alle Fans von Miss Piggy und Kermit ein absolutes Muss. Die Handpuppen aus der Fernsehserie erwachen hier in 3-D zu höchst vergnüglichem Leben. Wer mehr über die Filmproduktion erfahren möchte, sollte sich die **Backlot Tour** (mit dem Haus der »Golden Girls«) und die **Magic of Disney Animation Tour** ansehen sowie die spektakulären Stuntshows **Lights, Motors, Action!** und das **Indiana Jones Epic Stunt Spectacular** mit vielen Szenen aus den Indiana-Jones-Filmen.

Beliebteste Attraktion im Park aber ist mit Abstand der **Twilight Zone Tower of**

Kulissenwelt der Filmstudios: Western-Show ...

Terror, eine Gruselreise durch das Hollywood Tower Hotel am Sunset Boulevard mit atemberaubendem Absturz des Lifts – völlig ungefährlich, auch wenn's nicht so aussieht. Ebenfalls nicht verpassen dürfen Sie hier das **Sci-Fi Dine-In Theatre** – ein Restaurant in einem nostalgischen Drive-in-Kino mit alten Autos und Stummfilmen.

Weit größer und vielfältiger als die Hollywood-Studios sind die 1990 eröffneten **Universal Studios** am Westrand von Orlando. Der Film-Vergnügungspark war ursprünglich als kleine Tochter der echten Universal Studios in Hollywood gedacht, hat aber mittlerweile die Mutter an der Westküste überflügelt und sich zum größten Produktionsstudio für Film und Fernsehen außerhalb Hollywoods entwickelt. Die Kulissenstadt auf dem 180 Hektar großen Gelände wird für die Filme genutzt, ist aber auch dem Publikum zugänglich. Nebenan wurde dazu der Entertainment-Komplex **City Walk** angelegt, und 1999 folgte **Islands of Adventure**, ein weiterer großer Vergnügungspark, der mit seinen wilden, perfekt ausgetüftelten Rides vor allem Achterbahn-Fans begeistert.

Zum Pflichtprogramm in Orlando gehören die Universal Studios auf jeden Fall: Um eine Lagune im Zentrum des Parks gruppieren sich Kulissensets, die New York, San Francisco oder auch ein Dorf in Neuengland darstellen. Mae West und die unsterblichen Marx Brothers kommen zum Fototermin mit den Gästen. Aktuelle Fernsehproduktionen wie **Fear Factor** werden in Live-Shows für und mit den Zuschauern nachgestellt und die Blues Brothers bringen mit ihren Songs die Bühne zum Wackeln.

... und Grusel-Fahrten

Die Expertise von Universal wird aber vor allem in den großen Movie-Rides deutlich: Bei **Revenge of the Mummie** sausen die Besucher durch eine gruselige Pharaonenwelt voller Mumien und Skelette, **Shrek 4-D** lässt den liebenswerten Film-Troll auferstehen und beim 2008 eröffneten **Simpson-Ride** steht ein Besuch im virtuellen Cartoon-Vergnügungspark mit Homer, Marge und Bart an.

Ebenso atemberaubend ist Arnold Schwarzeneggers Auftritt in **Terminator 2**. 60 Millionen Dollar kostete der zwölfminütige Film dieses 3-D-Abenteuers – auf die Minute umgerechnet, der teuerste Film aller Zeiten, mit High-Tech-Perfektion auf allerhöchstem Niveau. Muskelmann Arnold kämpft in altbewährter Sitte in einer düsteren Zukunft gegen Roboter und Bösewichte, rettet die Menschheit und lässt zum Schluss sogar flüssiges Metall über die Zuschauer regnen.

Nicht um High-Tech, sondern um die Natur geht es im letzten großen Vergnügungspark Orlandos, in **Sea World**, genauer gesagt um die Unterwasserwelt auf unserem blauen Planeten. Die 1973 gegründete Sea World ist das größte Ozeanarium Floridas und wohl auch das beste. Natürlich sind die Attraktionen, die »Killerwale« und die »Schrecken der Tiefe« dem Publikumsgeschmack entsprechend etwas sensationsheischend aufgemacht, aber in vielen Ausstellungen kann man über die Bewohner des nassen Elements einiges lernen. Das Ozeanarium arbeitet zudem mit biologischen

Besuch beim Beluga-Wal: Sea World

Forschungseinrichtungen zusammen und unterhält sogar ein vorbildliches Rettungsteam für verletzte Manatees und andere Wassertiere.

Beim Rundgang durch das Gelände sind in großen Aquarien und Terrarien verschiedene Lebenszonen der Meere nachgestellt: ein Korallenriff mit seinen bunten Fischarten etwa, eine Felsbucht am Pazifik, eine antarktische Küste mit Pinguinen und auch ein Fluss in Florida, in dem seltene Seekühe leben. Dazu finden über den Tag verteilt mehrere Shows statt, bei denen verspielte Seehunde, der berühmte Schwertwal Shamu und Delphine auftreten.

Beliebter Publikumsmagnet ist außerdem das weitläufige Delphinbecken von **Key West**, in dem die Flipper pfeilschnell herumschießen, sich von den Menschen anlocken lassen und sie dann nass spritzen. Besonders spektakulär: **Wild Arctic**, ein hochmoderner Komplex, in dem Eisbären, Beluga-Wale und andere Tiere des Polarmeers zu sehen sind. Die Besucher werden per Film-Helikopter in die tiefgekühlte Arktis eingeflogen – an einem heißen Floridatag gar nicht unangenehm.

So gehen die Tage dahin, man könnte zwei Wochen lang jeden Tag in einen anderen Park gehen und hätte immer noch nicht alles erlebt in Orlando. Aber das muss man vielleicht auch nicht. Es gibt schließlich auch noch das andere, ursprüngliche Florida außerhalb der Kunstwelten von Mickey und Arnold. Und das liegt gar nicht so weit von Orlando.

Der Nordosten – Route: Orlando – St. Augustine – Orlando (555 km/348 mi)

1. Tag – Route: Orlando – Ocala – St. Augustine (305 km/191 mi)

km/mi	Zeit	Route
0	Vormittag	Von **Orlando** US 192 und US 27 nach Norden bis
145/91		**Ocala**. Besuch von **Silver Springs** mit Bootsfahrt oder eigene Paddeltour auf dem Juniper Creek. Mittags: Picknick in Juniper Springs oder bei einer der anderen Quellen.
	Nachmittag	Weiterfahrt über die SR 40 nach Osten und SR 19 nach Norden; Baden in den

1. Tag – Route: Orlando – Ocala – St. Augustine (305 km/191 mi)

201/126		**Silver Glen Springs** oder **Salt Springs**. Danach Weiterfahrt auf der SR 19 und SR 207 über Palatka nach
305/191		**St. Augustine**. Abends Bummel in der Altstadt.

2. Tag – Route: St. Augustine – Daytona Beach (100 km/63 mi)

km/mi	**Zeit**	**Route**
	Vormittag	Besichtigungen in **St. Augustine**: Castillo de San Marcos, Spanish Quarter, Flagler College, Lightner Museum, Oldest Store, Dow Museum of Historic Homes; Mittagspause in der Stadt oder Picknick am Strand auf Anastasia Island.
0	Nachmittag	Baden in der **Anastasia State Park**, danach Besuch der St. Augustine Alligator Farm Zoological Park und anschließend Weiterfahrt, evtl. mit kurzem Stopp in den **Washington Oaks State Gardens**, auf dem Hwy. A1A nach
100/63		**Daytona Beach**.

3. Tag – Route: Daytona Beach – Orlando (150 km/94 mi)

km/mi	**Zeit**	**Route**
	Vormittag	Fahrt auf dem Strand von Daytona und auf der Atlantic Avenue südwärts zum **Lighthouse Point Park**, Ponce Inlet. Dann Besuch von Daytona USA und dem **Daytona International Speedway**. Anschließend Bummel an der **Beach Street** und Mittagspause.
0	Nachmittag	Abfahrt von Daytona Beach über SR 40 nach
65/41		**DeLeon Springs** (Baden) und weiter nach
150/94		**Orlando**.
		Bei **Anschluss an die Route nach Süden** Fahrt von Daytona Beach auf I-95 nach **Titusville/Cape Canaveral** (80 km).

Der Nordosten – Route: Orlando – St. Augustine – Orlando (555 km/348 mi)

Abkürzung/Extratouren: Die Reise nach St. Augustine ist auch in **zwei Tagen** gut machbar: Man lässt Ocala und die artesischen Quellen aus und fährt am ersten Tag über die Autobahn (I-4/I-95) direkt von Orlando bis St. Augustine (mit einem Abstecher zu den DeLeon Springs). Am zweiten Tag dann bricht man schon mittags von St. Augustine auf, besichtigt nachmittags Daytona Beach und fährt abends zurück nach Orlando oder weiter nach Cape Canaveral.

Gefällt Ihnen die ruhige Atmosphäre des Norden, dann sollten Sie noch eine zwei- bis dreitägige **Extratour** nach **Amelia Island** anhängen. Die nördlichste Insel Floridas bietet viel Südstaatenflair mit moosbehangenen Eichen und stillen Dünenlandschaften, dazu das charmante, von viktorianischer Architektur geprägte Inselstädtchen **Fernandina Beach**, das einst ein berüchtigter Piratentreff war. Zum Strandwandern, Reiten und Golfen ist die Insel ideal. Gut zum Übernachten: die große Resortanlage **Amelia Island Plantation** (✆ 904-261-6161, Fax 277-5159, www.aipfl.com, $$$–$$$$) oder der **Ash Street Inn** (102 S. 7th St., ✆ 800-277-6660, www.ashstinn.com, $$$), ein nostalgischer Country Inn in der Altstadt von Fernandina Beach.

Geschichtsinteressierte können vom Hwy. A1A südlich von St. Augustine per Fähre einen kurzen Abstecher zum **Fort Matanzas National Monument** unternehmen, einer kleinen spanischen Bastion aus dem Jahr 1742.

Per Auto zum Sonnenbaden: New Smyrna Beach

Ebenfalls einen Abstecher verdient auf der Reise nach Süden **New Smyrna Beach**, ein beschauliches Strandstädtchen – bereits 1767 als britisch-griechische Kolonie gegründet –, das mit schönen alten Häusern, Eichenalleen und einem langen weißen Sandstrand bezaubert. Im **Smyrna Dunes Park** können Sie auf einem 2 km langen Lehrpfad die Dünenvegetation erkunden. Die geheimnisvoll überwucherten *Sugar Mill Ruins* (600 Mission Dr.) sind die Überreste einer Zuckerrohrplantage von 1830.

Von November bis März lohnt sich auf der Fahrt von Daytona nach Orlando ein Abstecher zum **Blue Springs State Park** an der US 17: Im warmen Wasser der Quelle können dann Dutzende von Manatees beobachtet werden.

Ocala/Ocala National Forest

Ocala Chamber of Commerce
110 E. Silver Springs Blvd.
Ocala, FL 32678
✆ (352) 629-8051, www.ocalacc.com

Citrus Tower
An der US 27, Clermont
Mo–Do 9–18, Fr/Sa bis 19 Uhr, So geschl., Eintritt 3.50 $
Rundblick über Hügel und Plantagen von einem 70 m hohen Turm; Souvenirladen.

Florida's Silver Springs
SR 40 östl. von Ocala
✆ (352) 236-2121, www.silversprings.com
Tägl. 10–17 Uhr, im Herbst nur an Wochenenden, Eintritt 34 $, Kinder 25 $
Natur- und Vergnügungspark um die größte artesische Quelle Floridas; lohnende Fahrten mit Glasbodenbooten, Exotik-Zoo und Abenteuerschwimmbad.

Juniper Springs
SR 40 östl. von Ocala
Große Süßwasserquellen mit 11 km Kanu-Trail; Kanuvermietung ab 9, Sa/So ab 8 Uhr, Auskunft unter ✆ (352) 625-2808.

Silver Glen Springs
Schöne Naturquelle an der SR 40 mit großem Badeteich.

Salt Springs
Naturquelle an der SR 19 mit 8 km langem Fluss zum Lake George, Boots- und Kanuvermietung; Lehrpfad.

Ravine State Gardens
Twigg St.
Palatka, FL
Tägl. 8 Uhr bis Sonnenuntergang
Eintritt 4 $ pro Fahrzeug
Botanischer Garten in einer kleinen Schlucht; Blütezeit vor allem im März und April.

St. Augustine

St. Augustine Visitor Center
88 Riberia St., Suite 400
St. Augustine, FL 32084
✆ (904) 829-1711, Fax 829-6149
www.Getaway4Florida.com
Infobüro neben dem Stadttor am Nordende der St. George St.

Casa Monica
95 Cordova St.
St. Augustine, FL 32084
✆ (904) 827-1888, Fax 827-0426
www.casamonica.com
Elegant renoviertes historisches Ferienhotel im maurischen Stil; beste Lage direkt in der Altstadt. Gourmet-Restaurant, Bar. $$$–$$$$

Casa de Solana B & B
21 Aviles St.
St. Augustine, FL 32084
✆ (904) 824-3555, www.casadelsolana.com
Sehr stilvolles, mit Antiquitäten möbliertes Bed & Breakfast-Haus in einem spanischen Haus von 1763. Vier Suiten; schöner Garten. $$$

Kenwood Inn
38 Marine St., St. Augustine, FL 32084
✆ (904) 824-2116, Fax 824-1689
www.thekenwoodinn.com
Historischer B&B-Inn in einem verwinkelten historischen Haus der Altstadt; gemütliche große Zimmer; Pool. $$–$$$

Days Inn
2475 A1A South
St. Augustine Beach, FL 32080
✆ (904) 461-9990, Fax 471-4774
www.staugustinedaysinn.com
Die preiswerte Alternative für St. Augustine – ein blitzblankes Kettenhotel etwas südlich der Stadt, nur eine Straße vom Strand. $$

St. Augustine Beach KOA
525 W. Pope Rd.
St. Augustine Beach, FL 32080
✆ (904) 471-3113, www.koa.com
Gepflegter Privatcampingplatz auf Anastasia Island; Pool.

Ocean Grove Camp Resort
4225 A1A South, St. Augustine, FL 32080
✆ (904) 471-3414
www.oceangroveresort.com
Großer Privatcampingplatz am Meer südlich der Stadt mit Pool und Laden.

Castillo de San Marcos
Castillo Dr., am Hafen
Tägl. 9–17.30 Uhr, Eintritt 6 $
Spanische Festung von 1672 mit Ausstellungen über die Kolonialgeschichte.

Colonial Spanish Quarter
33 St. George St., St. Augustine
✆ (904) 823-4569
Tägl. 9–17.30 Uhr, Eintritt 7 $
Ein Freiluftmuseum mit originalgetreu restaurierten Gebäuden aus der frühen Kolonialzeit von St. Augustine; zeitgenössisch kostümierte »Bewohner« erläutern den Besuchern anschaulich die Frühzeit der Stadt.

Dow Museum of Historic Homes
Cordova, St. George & Bridge Sts.
Tägl. 10–16.30 Uhr, Eintritt 7 $
Neun historische Häuser, die berühmte Personen und Epochen der Stadt illustrieren.

Lightner Museum
King & Cordova Sts., St. Augustine
Tägl. 9–17 Uhr, Eintritt 8 $
Großes, recht kunterbuntes Kunstmuseum mit Gemälden und Skulpturen aus allen Epochen; schöne Glasfenster von Tiffany.

Oldest House
271 Charlotte St., St. Augustine
Tägl. 9–17 Uhr, Eintritt 8 $
Museum zur spanischen Eroberungsgeschichte im vermutlich ältesten Haus der Stadt. Führungen; besonders schöner Garten.

Sightseeing Trains
170 San Marco Ave., St. Augustine
✆ (904) 829-6545
Tägl. 8.30–17 Uhr, Fahrpreis 19 $, gültig 3 Tage
Trolleyfahrten in kleinen Bahnen, die auf ihrer gut 10 km langen Route alle Attraktionen der Stadt passieren. Abfahrt alle 20 Minuten.

Anastasia State Park
5 km südl. von St. Augustine an SR A1A
Tägl. 8 Uhr bis Sonnenuntergang
Eintritt 5 $ pro Auto
Breiter Sandstrand mit schönen Sanddünen; Naturpfad, Campingplatz. In der Lagune hinter den Dünen kann man windsurfen (Vermietung von Surfbrettern).

Alligator Farm Zoological Park
SR A1A South, Anastasia Island
✆ (904) 824-3337, www.alligatorfarm.us
Eintritt 22 $, Kinder 11 $
Tägl. 9–17, im Sommer bis 18 Uhr
Zahlreiche Alligatoren und Krokodile, teilweise in natürlicher Umgebung; Schlangenausstellung, Vögel und andere Tiere Floridas. Vorführungen und Erläuterungen einzelner Tierarten.

World Golf Village
I-95, Exit 95A, ✆ (904) 940-4000
Tägl. 10–18, So ab 12 Uhr, Eintritt 16 $
Ein Muss für Golfer: große Ausstellungen, Ruhmeshalle des Golfs, mehrere Golfplätze und Läden.

Washington Oaks State Gardens
20 km südl. von St. Augustine an SR A1A
Tägl. 8 Uhr bis Sonnenuntergang
140 ha große Gartenanlage mit altem Baumbestand. Naturkundliches Museum.

Premium Outlet Center
2700 SR 16
✆ (904) 825-1555
Große Mall mit knapp 100 Läden mit Fabrikverkauf von Markenartiklern wie Reebok, Jockey, Levis und Mikasa.

Raintree
102 San Marco Ave., St. Augustine
✆ (904) 829-5953
Romantisches Dinner-Restaurant in einer viktorianischen Villa mit hübschem Innenhof; ausgezeichnete Fischgerichte. Unbedingt reservieren. $$–$$$

Gypsy Cab Co.
828 Anastasia Blvd., ✆ (904) 824-8244
Bei den Einheimischen sehr beliebtes Szenelokal am Südrand der Stadt auf Anastasia Island; italienisch-amerikanische Küche und guter Fisch. $$

Columbia Restaurant
98 St. George St., ✆ (904) 824-3341
Durch seine Lage in einem Gebäude der Altstadt recht touristisch, aber mit solider spanischer Kost; frische Krabben, Muscheln und Fische. Brunch am Sonntag. $$

Originaler Krämerladen: Oldest Store

Conch House Restaurant
57 Comares St., St. Augustine
✆ (904) 829-8646
Witziges Lokal mit kleinen Hütten über dem Wasser und Karibik-Feeling. Gut zum Lunch mit Blick über den Yachthafen. $–$$

Salt Water Cowboys
299 Dondanville Rd., St. Augustine
✆ (904) 471-2332
Rustikales Fischlokal mit Alt-Florida-Atmosphäre und Dixieland-Musik im Hintergrund. Schön zum Sonnenuntergang. $–$$

Scarlett O'Hara
70 Hypolita St., St. Augustine
Nette Bar für einen späten Drink in einem alten Holzhaus mit Schaukelstühlen auf der Veranda; drinnen machen Jazz- oder Rhythm & Blues-Bands Stimmung, und an der Theke drängen sich die *locals.*

Milltop Tavern
19 1/2 St. George St., St. Augustine

Eine Kneipe mitten im Rummel der Altstadt, aber mit hübscher Terrasse im Obergeschoss eines alten Hauses.

Daytona Beach

Daytona Beach Visitors Bureau
126 E. Orange Ave.
Daytona Beach, FL 32114
✆ (386) 255-0415, Fax 255-5478
www.daytonabeach.com
Infobüro am International Speedway.

Hilton Daytona Beach
100 N. Atlantic Ave.
Daytona Beach, FL 32118
✆ (386) 254-8200, Fax 253-8841
www.daytonahilton.com
Großes, luxuriöses Strandhotel neben dem Einkaufszentrum The Shoppes at Oceanwalk Village; Pools, 5 Restaurants etc. $$–$$$

August Seven Inn
1209 S. Peninsula Dr.
Daytona Beach, FL 32118
✆ (386) 248-8420, Fax 248-8418
www.jpaugust.net
Gepflegter Country Inn auf der Südseite der Stadt in einem charmanten viktorianischen Haus mit 7 Gästezimmern. Nicht am Strand. $$

Daytona Hotels/Ocean Waters
600 N. Atlantic Ave.
Daytona Beach, FL 32118
✆ 1-800-329-8662, www.daytonahotels.com
Verbund von gut zwei Dutzend Strandhotels und -motels in Daytona Beach. Alle recht gepflegt und viele auch mit Küche für längere Aufenthalte. $$–$$$

Daytona Beach Campground
4601 Clyde Morris Blvd.
Daytona Beach, FL 32119
✆ (386) 761-2663, www.rvdaytona.com
Privatcampingplatz etwas abseits vom Strand, aber mit Pool.

Daytona Beach Pier/Boardwalk
Main St., Daytona Beach
Das Zentrum der Action in Daytona Beach; eine Promenade mit Läden und langem Pier.

Ponce Inlet Lighthouse
Am Südende der S. Atlantic Ave.
Tägl. 10–18, im Sommer bis 21 Uhr
Eintritt 5 $
Museum und Aussichtsplattform im Leuchtturm von 1887.

Marine Science Center
100 Lighthouse Dr.
Mo–Sa 10–16, So 12–16 Uhr, Eintritt 5 $
Aquarium mit einer Rettungsstation für Meeresschildkröten.

Daytona 500 Experience/Daytona International Speedway
1801 W. International Speedway Blvd.
✆ (386) 253-7223, tägl. 9–19 Uhr
Eintritt 24 $, Kinder 15.50 $
Ein Multimedia-Museum neben der berühmten Rennstrecke zeigt alles über die Geschichte des Autosports. Führungen und Imax-Kino mit Rennsportfilmen. Gegenüber liegt der Speed Park mit Motorsport zum Mitmachen.

Daytona Flea Market
Tomoka Farms Rd., I-95/US 92
www.daytonafleamarket.com, Fr–So 9–17 Uhr
Der größte und berühmteste Flohmarkt in Nordflorida – rund 1000 Stände auf einem Areal von 15 Hektar!

Halifax Historical Museum
252 S. Beach St., Daytona Beach
Di–Sa 10–16 Uhr, Eintritt 4 $
Kleines Museum in der alten Bank von Daytona mit einem hübschen Modell der alten Strandpromenade.

The Chart House
1100 Marina Point Dr., Daytona Beach
✆ (386) 255-9022
Gediegenes Fischlokal am Yachthafen

Spaß am Strand: Daytona Beach

mit schönem Blick über den Halifax River. $$–$$$

Angell & Phelps Café
156 S. Beach St., Daytona Beach
✆ (386) 257-2677
Beliebtes Lokal an der renovierten Hauptstraße; gut zum Lunch, abends Live-Musik. $–$$

Aunt Catfish's
4009 Halifax Dr., Port Orange
✆ (386) 767-4768
Deftige Südstaaten-Küche mit Catfish (Wels) und Chicken am Ufer des Halifax River. $–$$

Inlet Harbor Restaurant
133 Inlet Harbor Rd., Ponce Inlet
✆ (386) 767-5590
Fisch- und Steaklokal am Südende der Stadt mit großer Terrasse am Yachthafen, Austernbar und abends meist Live-Musik. $$

Nachtleben
Daytona ist legendär für sein junges, wildes Nightlife, das vor allem zur Zeit der *Spring Break* im März floriert. Beliebte Clubs sind z.B. das **Ocean Deck** (127 S. Ocean Ave.), der **Iguana Sam's** (301 S. Atlantic Ave.), der schicke Nachtclub **Solar Nights** (132 Beach St.) mit dem hervorragenden **Song Mongolian Grill** nebenan oder der Blues-Club **The Bank** (701 Main St.) in der alten Downtown.

DeLeon Springs

DeLeon Springs State Park
Nahe der US 17
Tägl. 8 Uhr bis Sonnenuntergang
Große Naturquelle mit Badebecken. Die Wassertemperatur liegt Sommer wie Winter bei 22 °C. Hübsches historisches Pancake-Restaurant angeschlossen.

Der Nordosten

Spanische Burgen und schnelle Flitzer

Zwar ist die nördliche Atlantikküste Floridas, die Region zwischen Orlando, Daytona und der Grenze zu Georgia, längst kein weißer Fleck mehr auf der touristischen Landkarte, doch das Leben läuft hier noch weit ruhiger ab als im schnelllebigen Süden. Vor allem im Hochsommer lässt es sich hier gut aushalten, denn das Klima ist nicht so schwülheiß wie im subtropischen Süden, das Meer angenehm temperiert und der Ansturm der Besucher hält sich in Grenzen. Ebenso empfehlenswert sind die Nebensaisonzeiten, wenn im Frühjahr die Gärten prächtig blühen, und der ruhigere Herbst bis Mitte November.

Prunkbau im spanischen Renaissance-Stil: Flagler College

Im Nordosten ist Florida am ursprünglichsten, und hier nahm mit der Landung der ersten Spanier vor 500 Jahren die Geschichte des Sunshine State ihren kolonialen Anfang. Das charmante St. Augustine gilt als die älteste Stadt Amerikas – was viele alte Gemäuer augenfällig bezeugen. Ganz anders Daytona Beach, ein turbulenter Urlaubsort mit buntem Strandleben, Nightlife und legendärer Rennfahrergeschichte.

Aber auch das Hinterland der Küste lohnt die Fahrt: Ranchwiesen und Felder dehnen sich um das Tal des St. John's River, westlich davon beginnen die großen Staatswälder Nordfloridas mit ihren idyllischen Seen und glasklaren artesischen Quellen.

1. Tag Durch die Wälder nach St. Augustine

Nach einigen Tagen in den Plastikwelten von Orlando ist es an der Zeit, wieder echte Erde – besser noch Sand – unter die Füße zu bekommen. Der schnellste Weg zum Meer wäre über die Autobahn zur Küste bei Daytona Beach, doch zuvor lohnt sich auf dem Weg nach St. Augustine eine Tour durch die Wälder nördlich von Orlando – schöne Badeplätzchen gibt es auch dort zu entdecken.

Plantagen und neue Wohnsiedlungen für die Winterflüchtlinge aus dem Norden prägen zunächst noch das Bild der Landschaft entlang der US 27. Dazwischen blitzen kleine Seen auf. Dann weitet sich das Panorama, Ranchland und Orangenhaine überziehen das sanfte Hügelland. Der Zitrusanbau ist allerdings in den letzten Jahren stark zurückgegangen; durch Frosteinbrüche in kalten Wintern zu Anfang der 1990er Jahre wurden die Orangenpflanzer weiter nach Süden vertrieben. Trotzdem haben einige Plantagen hier überlebt, und prompt tauchen bald die ersten Straßenstände auf, die Orangensaft, -marmelade und Orangenpostkarten feilhalten.

Sattgrüne Wiesen säumen wenig später den Highway und weisen auf den wichtigsten Wirtschaftszweig dieser Region hin. **Ocala**, die nächste Stadt, ist das Zentrum der Pferdezucht in Florida. Seit die Rancher und Rennpferdbesitzer feststellten, dass das Klima und das besonders nahrhafte, mineralienreiche Gras in dieser Region für die Zucht edler Araber und anderer Rennpferde ideal sind, hat sich die Anzahl der Gestüte von 220 im Jahr 1960 auf heute über 2500 erhöht. Das leicht wellige Land um Ocala hat dadurch eine fast englische Parkatmosphäre bekommen: Lange Zäune umgrenzen die grünen Koppeln, zwischen den kleinen Baumgruppen traben muskulöse, wohlgepflegte Pferde. Wer sich für die Zucht interessiert, kann sogar einige der Galopper-Gestüte besichtigen – das Infobüro in Ocala zeigt den Weg.

Große Werbeschilder weisen am Ostrand der Stadt auf die nächste Touristenattraktion hin: **Silver Springs**, die wasserreichste artesische Quelle Floridas. Rund 2,8 Millionen Liter frisches Grundwasser strömen im Durchschnitt pro Tag aus der Kluft am Grund des Sees. Per Glasbodenboot kann man das Naturwunder besichtigen. Im kristallklaren Wasser scheint der 30 Meter entfernte Seeboden zum Greifen nahe.

Zahlreiche Fische schwimmen durch das wogende Seegras. Der Bootsführer nennt ihre Namen und verrät noch allerlei andere Details über die Quellen. So wird z.B. das klare Wasser gerne bei Filmaufnahmen benutzt, auch wenn der Film selbst auf einem ganz anderen Kontinent spielt. An einer Stelle sind am Grund noch algenbewachsene Requisiten zurückgeblieben. Dort tauchte schon James Bond und kämpfte gegen die Bösewichter der Welt.

Das Eindrucksvolle der Quellen wird leider auch touristisch »ausgeschlachtet« mit *jungle cruises* durch einen Tierpark mit Giraffen und Zebras, einem Streichelzoo und Abenteuer-Schwimmbad. Wer artesische Quellen lieber im Naturzustand erlebt, fährt deshalb besser weiter ostwärts in den **Ocala National Forest**. Das 155 000 Hektar große, noch recht ursprüngliche Waldgebiet liegt direkt über dem riesigen Florida Aquifer, einem uralten Wasserspeicher tief unten im porösen Kalkgestein. Undurchlässige Schichten aus Lehm und Tonerde halten das Wasser im Untergrund und lassen es nur an manchen Stellen entweichen. So entstanden die rund 300 artesischen Quellen im Norden Floridas, in denen dieses vor Jahrtausenden abgeregnete Wasser mit Druck an die Oberfläche sprudelt.

Gleich mehrere dieser großen Quellen liegen auf unserem Weg durch den Staatsforst, und je nach Lust und Kondition kann man sie erkunden: Von **Juniper Springs** aus folgt ein elf Kilometer langer Kanutrail dem Juniper Creek durch den Buschwald aus Kiefern und Palmetto. Eine ideale Gelegenheit zu einer gemütlichen Paddeltour. Die Parkranger vermieten Kanus und sorgen auch für den Transport zurück zum Ausgangspunkt.

Etwas weiter liegen **Silver Glen Springs** und **Salt Springs**, wo man ebenfalls Kanus und Boote mieten kann. Zum Baden eignen sich übrigens alle drei Quellen sehr gut – besonders schön sind die Silver Glen Springs. Wer lieber an Land bleibt, sollte dem drei Kilometer langen Naturpfad der Salt Springs folgen, auf dem viele Wasservögel zu beobachten sind, vor allem Reiher.

Durch schier endlose Kiefernwälder geht es weiter nordwärts. Diese ländliche Region und vor allem die großen Waldgebiete weiter nordwestlich sind die Heimat der *Cracker*, der schon fast legendären weißen »Ureinwohner« Floridas. Die Cracker waren die ersten US-amerikanischen Siedler in den Sümpfen und Pinienwäldern Nordfloridas. Sie versuchten kleine Farmen auf der mageren Bodenkrume anzulegen, blieben aber meist bettelarm und lebten von zerstoßenem *(cracked)* Mais. Daher vermutlich ihr Spitzname.

Dass die ersten »zivilisierten« Reisenden auf diese ursprünglichen Pioniere mit

Idyllisches Badeplätzchen: Salt Springs Run im Ocala National Forest

Verachtung herabsahen, wird aus einem Reiseführer für Florida aus dem Jahr 1882 deutlich: »Die ganze Tagesreise ging durch unbesiedeltes Gebiet; die einzigen menschlichen Wesen, die an der Straße lebten, waren vier oder fünf Familien von Eingeborenen Floridas, echte, unverwässerte Cracker – von der lehmfressenden, hageren, blassen und käsigen, lederhäutigen Sorte – dumm, stur, die gaffenden Augen tot und glanzlos; ungekämmtes Haar von undefinierbarer Farbe; und solch unbeholfene, schlampige Manieren! Einfach weiße Wilde ...«

Der Begriff Cracker wird noch immer humorvoll für die in Florida geborenen Bewohner des Staates gebraucht, die mit nicht einmal 30 Prozent der Gesamtbevölkerung eindeutig in der Minderheit sind. Bis heute leben diese »einheimischen« Floridianer vorwiegend in Nordflorida, das schon lange vor der Erfindung der Klimaanlage und der Sonnencreme besiedelt wurde.

In Städtchen wie **Palatka** zum Beispiel, einem verschlafenen Nest, das als Versorgungszentrum für die Farmer und Holzfäller der Umgebung dient. Einige Läden, eine Hauptstraße wie aus den 1950er Jahren, ein paar schöne alte Villen am Seeufer – das war's. Der Stolz der Stadt sind die schon in den 1930er Jahren angelegten **Ravine State Gardens**, in denen im März und April die Azaleen und Kamelien prächtig blühen.

Von Palatka braucht man nur noch eine halbe Stunde bis zum Tagesziel **St. Augustine**. Gegen Abend anzukommen ist gerade richtig, denn in der historischen Altstadt hat zu dieser Tageszeit der touristische Rummel schon etwas nachgelassen. Bei einem Bummel nach dem Dinner im Viertel um die restaurierte St. George Street zeigt sich die ehemalige spanische Hauptstadt Floridas von ihrer romantischen Seite: Nur wenige Laternen erhellen die Mauern und Höfe, und man würde sich nicht wundern, wenn ein hellebardetragender Nachtwächter um die nächste Ecke biegen würde.

2. Tag St. Augustine
Das Rothenburg Amerikas

St. Augustine, die älteste Stadt Amerikas: Sie hat spanisches Flair und liebenswerten Kleinstadtcharakter. Und sie mutet mit ihren weiß gekalkten Häusern ganz verblüffend europäisch an, wie ein alter Hafenort irgendwo in Südspanien oder Italien.

Seit man dies nach dem Zweiten Weltkrieg (wieder-)entdeckt hat, lebt das Städtchen ganz gut von seinem Nimbus. In den letzten Jahrzehnten hat man zahlreiche alte Häuser restauriert, nostalgische B & B-Hotels eingerichtet und in der Altstadt sogar eine Fußgängerzone geschaffen. Schlechterdings alles ist hier »das älteste« – das Schulhaus, der Laden, das älteste Haus überhaupt. Die in puncto Geschichte nachhilfebedürftigen Amerikaner lieben so etwas und lassen sich per Tram oder Pferdekutsche von einem »ältesten« zum nächsten karren. Aber auch ohne sich dem Superlativwahn der Führer auszusetzen, wird man beim gemütlichen Bummel genügend Beschaulich-Historisches in vielen hübschen Details entdecken.

Anastasia Island heißt die langgestreckte Insel, die der Hafenstadt vorgelagert ist. Und irgendwo auf dieser Insel, vielleicht auch etwas nördlich oder südlich, betrat der spanische Konquistador Ponce de León 1513 Floridas Boden. In schimmernder Rüstung und schwarzen

St. George Street, St. Augustine: Die älteste Straße Amerikas

Nachgestellte Geschichte: Die Landung von Ponce de León in Florida

Samthosen kniete er nieder, um gleich anschließend das Territorium und all seine Schätze für seinen König zu beanspruchen. Aber er fand auf dem neuen Kontinent nur Dünen, dorniges Buschwerk und unfreundliche Indianer, nicht das erhoffte Gold. Und schon gar nicht den sagenhaften Jungbrunnen, nach dem er – so geht die Sage – auf der Suche war.

Die eigentliche Stadtgeschichte von St. Augustine begann wenig später – mit einem Blutbad. Pedro Menéndez sollte im Auftrag der spanischen Krone 1565 eine Konkurrenzkolonie von französischen Hugenotten in Nordflorida aufspüren und eine eigene Siedlung gründen. Er fand die Franzosen und massakrierte kaltblütig Soldaten und Siedler. Nachdem der Besitzanspruch Spaniens so unzweideutig demonstriert worden war, konnte eine eigene Kolonie gegründet werden. Hurrikane, Engländer und Piraten bestimmten das Geschick der jungen Hauptstadt Floridas in den nächsten beiden Jahrhunderten. Sir Francis Drake plünderte die Siedlung 1586, der Pirat John Davis 1668. Deren Ziel war weniger das arme St. Augustine, sie hatten es vielmehr auf die spanischen Schatzgaleonen abgesehen, für die dieser Hafen ein wichtiger Fluchtpunkt auf ihrem Weg von Mittel- und Südamerika nach Europa war.

Der Golfstrom, der St. Augustine und der Nordküste Floridas angenehme Wassertemperaturen beschert, bestimmte die Route der Segler. Dicht unter der Küste führt diese große Meeresströmung von der Südspitze Floridas nach Norden und schwenkt dann hinaus in den Nordatlantik. Dabei erreicht er eine Geschwindigkeit von bis zu 1,8 Meter pro Sekunde – für die Kapitäne eine willkommene Beschleunigung ihrer Heimreise. Nach

Süden in die andere Richtung zu fahren war für die Galeonen allerdings schwierig, weil die Strömung sie oft schneller zurücktrieb, als die Segel sie vorwärts brachten.

Um ihre Schatzschiffe zu schützen, begannen die Spanier um 1670 mit dem Bau einer Festung, eines Castillo, am Hafeneingang von St. Augustine. Eine sinnvolle Investition, wie sich zu Anfang des 18. Jahrhunderts herausstellte, denn nun häuften sich die Attacken der Engländer und der wehrhaften Kolonisten aus Carolina. Immer wieder wurde das Städtchen belagert und wechselte sogar mehrmals den Besitzer: 1763 zogen die englischen Truppen ein, doch nach dem amerikanischen Unabhängigkeitskrieg erhielt Spanien seine Kolonie Florida wieder zurück.

1821 schließlich wurde das Sternenbanner endgültig über St. Augustine aufgezogen. Doch nun verlegte man den Regierungssitz nach Tallahassee – und St. Augustine entschlummerte in einen Dornröschenschlaf. Der Prinz, der es wachküssen sollte, kam erst 1885: Henry M. Flagler, der schwerreiche Öl- und Eisenbahnmagnat, verbrachte seine Flitterwochen in St. Augustine. Er erkannte sofort das Potenzial der Strände und des milden Klimas. Eine Eisenbahn musste her und Hotels, um die Stadt zum Winterkurort auszubauen. 1888 eröffnete er das erste seiner drei Hotels am Ort, und in den folgenden Wintern strömten Präsidenten und Millionäre zu den glitzernden Bällen der Wintersaison in St. Augustine.

Unglücklicherweise jedoch zog es Flagler bald weiter nach Süden, nach Palm Beach, Miami und schließlich Key West. Und mit ihm zogen die Winterurlauber davon. Ein neuer Dornröschenschlaf übermannte die Stadt. Und weil sich Märchen ja nicht wiederholen, riss kein fescher Prinz mehr die Rosenhecke nieder. Dafür kamen aber in den letzten Jahrzehnten die Touristen und entdeckten St. Augustine als historisches Kleinod, als idealen Zwischenstopp auf der Fahrt von New York oder Chicago zu den Stränden im Süden.

Um dem täglichen Rummel in der Altstadt etwas zu entgehen, lohnt es sich, früh zu beginnen. Dann ist es noch kühl in den Gassen, und die Parkplätze sind leer. Erster Sightseeing-Punkt ist das trutzige **Castillo de San Marcos**, das die Spanier 1672–95 anlegten. Wassergräben, Zinnen, symmetrische Bastionen, Kanonen (die am Wochenende abgefeuert werden) – alles wie es sich für eine Festung gehört. Auffällig sind die extrem dicken Mauern, die aus Muschelgestein, sog. *coquina*, errichtet wurden, den die Bauherren in Steinbrüchen auf Anastasia Island schlugen und aus dem auch die meisten der alten Häuser in der Stadt gebaut sind. Der poröse, extrem weiche Kalkstein erwies sich als äußerst praktisch, denn die Kanonenkugeln der Engländer wurden beim Aufprall abgefedert und blieben einfach stecken, ohne Schaden anzurichten.

Von hier geht es weiter in die Altstadt: zum stilvollen Entree am besten durch das Stadttor, ein Überbleibsel der 1704 begonnenen Stadtbefestigung. Dahinter liegt die pittoreske **St. George Street**, das Rückgrat der spanischen Siedlung. Fast alle der vorwiegend aus dem 18. Jahrhundert stammenden Häuser wurden mittlerweile restauriert und geben das Bild der spanischen Garnisonsstadt wieder.

Den besten Eindruck vom damaligen Leben bietet ein Besuch im **Colonial Spanish Quarter**, wo man sich 300 Jahre zurückversetzt fühlt. In den sieben Gebäuden des Freilichtmuseums spielen die »Bewohner« das recht einfache Leben der Soldaten und ihrer Familien eindrucksvoll nach. Während seine Frau draußen im Gärtchen das Gemüse erntet, beschwert sich der »einfache Gefreite« Pedro über die magere Bezahlung und erläutert, warum sein raues, knielanges Hemd aus Sackleinen so praktisch ist: Tagsüber stopft man es einfach in die Hose, abends lässt man es herunter – schon ist es ein Nachthemd. Mit großen Eisenkesseln und -pfannen wird in der Küche hantiert, die Frauen weben den Stoff für die Kleidung ihrer Familie, der Schmied repariert Rüstungen – man erkennt: Das Leben in einem abgeschiedenen Außenposten des Imperiums war nicht einfach.

Dann spaziert man weiter die von Souvenirshops, Kunstgewerbeläden und Restaurants gesäumte St. George Street entlang. »Visa Alley« nennen sie die Einheimischen schon – mit Kreditkarte ist hier alles zu haben. Dennoch, die Historie ist authentisch: Manche Häuser haben noch die alten, holzvergitterten Fenster, die oft ein Stück in die Straße hineinragen, damit die dahintersitzenden Frauen früher beim Nähen immer die ganze Gasse im Überblick behielten.

Am Südende der Straße liegt dann linker Hand die 1797 erbaute **Kathedrale** von St. Augustine, die – wie könnte es anders sein – der Sitz der ältesten Pfarrei Amerikas ist. Vor der Kirche erstreckt sich die alte, schön umgrünte Plaza der Stadt. Geht man hier nach Westen, so überspringt man 200 Jahre Geschichte. Denn dort wartet der Beginn des 20. Jahrhunderts. Der kleine Park an der **King Street**, nur einen Straßenzug weiter, wird von den drei Hotels Henry Flaglers umrahmt. Das weitläufige Ponce de Leon Hotel im spanischen Renaissance-Stil ist heute das **Flagler College**, vor dem die Statue des Gründers auf den Besucher herabblickt. Das Tor der Universität steht meist offen, und man sollte sich den

Heute Kunstmuseum: das frühere Alcazar Hotel

Innenhof ansehen. Die Eingangshalle des einstigen Luxushotels zieren schöne Holzschnitzereien. Gegenüber, auf der Ostseite des Platzes, erstrahlt das maurisch anmutende ehemalige Cordova Hotel heute in renoviertem Glanz. Als **Casa Monica** dient es wieder seinem ursprünglichen Zweck. Ein Geschäftsmann aus Boston baute den Fantasiepalast 1887 und verkaufte ihn bald danach an Henry Flagler. Nach der Nutzung des Baus als Gerichtsgebäude wurde er 1999 prachtvoll restauriert. Auch wer nicht hier wohnt, sollte sich einen Blick in die Lobby gönnen, die viel vom Flair der Jahrhundertwende bewahrt hat. Und im einstigen Alcazar Hotel nebenan zeigt das **Lightner Museum** eine hervorragende Glassammlung.

Hinter der Casa Monica kann man dann die ruhigeren Seitenstraßen des Viertels südlich der King Street erkunden. Hier hält sich der Rummel in den alten Gassen noch in Grenzen, und die historischen Häuser und verwunschenen Gärtlein lassen nostalgische Gefühle aufkommen. Am Wege liegt ein letzter Sightseeing-Punkt: das **Oldest House** an der St. Francis Street. Mit etwas Englischkenntnissen erfährt man bei der Führung durch das Gemäuer aus dem frühen 18. Jahrhundert allerlei über die Kolonialtage und die verschiedenen Architekturstile der Stadt.

Die vielen weiteren Attraktionen von St. Augustine wie das Wachsmuseum, Ripley's, der angebliche Jungbrunnen Ponce de Leóns oder das »Museum der Tragödien«, in dem – welch Sensation – das Auto des Kennedy-Mörders Lee Oswalt zu sehen ist, sind dagegen eher mit Vorsicht zu genießen. Man setzt sich besser zum Lunch in ein kühles Restaurant und genießt Fischspezialitäten oder Leckereien der spanischen Küche.

Am frühen Nachmittag geht es dann weiter nach Anastasia Island, wo der große **Anastasia State Park** zum Baden, Surfen und Spazieren lädt. Ein breiter Strand, Sanddünen, Marschlagunen, herumstolzierende Reiher – der perfekte Ort für eine Pause am Wasser. Der Golfstrom übrigens mit seiner starken Strömung braucht keinen Schwimmer zu schrecken – solange er sich nicht einige Kilometer vom Land entfernt.

Hübsch restauriert: das Oldest House

Nach einer ausgiebigen Badepause kann man sich weiter auf Anastasia Island umsehen. Die schon 1893 gegründete **St. Augustine Alligator Farm Zoological Park** liegt gleich gegenüber dem Eingang des State Park. In zahlreichen Gehegen gibt es dort Krokodile, Alligatoren, Schlangen und andere Reptilien aus allen Teilen der Welt zu bestaunen. Sogar ein Paar der seltenen und vom Aussterben bedrohten chinesischen Krokodile liegt träge in seinem schattigen Gefängnis. Das Team des Parks besitzt Exemplare aller Krokodilarten der Welt und hat schon bei mehreren seltenen Arten Zuchterfolge erreicht.

Besonders eindrucksvoll ist der Spaziergang über den Teich der amerikanischen Alligatoren. Dieser Teil der Anlage wurde im Naturzustand belassen, und nur ein schmaler Holzsteig führt über das brackige Sumpfwasser. Darunter treiben die Panzerechsen wie grünbemooste Baumstämme. In den Bäumen über dem ungesunden Swimmingpool haben sich Seiden- und Schneereiher häuslich niedergelassen – ihre Nester sind dank der wachsamen Alligatoren vor jedem Räuber sicher.

Bei mehreren Vorführungen täglich werden die Tiere vorgestellt. Auf Ringkämpfe von Menschen mit Alligatoren, die in einigen anderen Vergnügungsparks sehr beliebt sind, wird in St. Augustine jedoch verzichtet, weil es die gepanzerten Tiere psychisch zu sehr stresst. Gefährlich sind derartige Vorführungen ohnehin nicht allzu sehr, da die Alligator-Trainer die Tricks kennen. Die *gators* haben zwar eine enorme Kraft, um ihre Kinnladen zu schließen, aber es sind in ihrer Anatomie nur schwache Muskeln vorhanden, um das Maul zu öffnen. Ein Mensch kann die zähnestarrenden Kiefer mühelos mit einer Hand zuhalten.

Am Spätnachmittag geht es dann weiter nach Süden. Anastasia Island und die

St. Augustine Alligator Farm: Nachwuchs bei den Panzerechsen

anschließende Küstenzone, die eigentlich nichts anderes als eine lange Sandbank zwischen dem Atlantik und dem parallel zur Küste fließenden Matanzas River ist, war bis vor wenigen Jahren nahezu unberührt. Doch in der letzten Zeit hat der Ferienhauskult auch hier seine Opfer gefordert. Immer neue Sommerwohnsitze werden an die langen Sandstrände gepflanzt – zumeist stehen sie auf Stelzen. Das ist für Neubauten wegen der Überflutungsgefahr bei Hurrikanen in ganz Florida gesetzliche Auflage.

St. Augustine übrigens haben Hurrikane schon mehrmals schwer zerzaust. Sogar in die Geschichte hat einer von ihnen entscheidend eingegriffen: Wären 1565 die Schiffe der übermächtigen französischen Flotte nicht durch einen Hurrikan zerstreut worden, hätten die Spanier wohl nie und nimmer gegen sie gesiegt. Florida könnte heute ein *département français* sein.

Die SR A1A verläuft immer in Sichtweite des Atlantischen Ozeans weiter nach Süden. Wenn noch Zeit bleibt – Daytona ist nicht weit –, lohnt sich ein stimmungsvoller Stopp zum Ausklang des Tages in den **Washington Oaks State Gardens**, wo moosbehangene Eichen vor der Kulisse einer Lagune Südstaatenflair schaffen. Auch der zugehörige Strand des Parks ist interessant, denn bei Ebbe tauchen bizarr verformte Coquina-Felsen aus dem Meer auf. Und bei Flut und Wellengang spritzt aus manchen der ausgewaschenen Löcher im Fels das Wasser wie aus einem Geysir.

3. Tag **Daytona Beach**
Heiße Parties, schnelle Flitzer

Daytona Beach ist zwar auch ein Badeort, aber für Millionen Motorrad- und Autofans in aller Welt steht der Name der

Stadt als Synonym für Geschwindigkeitsrekorde und spektakuläre Autorennen. Und das kam so: Henry Flagler war um 1900 mit seinem Tross von reichen Winterurlaubern von St. Augustine nach Ormond Beach, einem nördlichen Vorort des heutigen Daytona Beach, weitergezogen. Einer seiner Hotelgäste entdeckte, dass die Reifen seines Fahrrades kaum Spuren auf dem harten Sand hinterließen.

Schon 1902 wurde das erste Wettrennen organisiert: Ransom Olds und Alexander Winton bretterten mit sensationellen 92 Stundenkilometern über den Sand. Das Zeitalter der Autorennen hatte begonnen. In den folgenden Jahren kletterten die Rekorde steil nach oben, die Rennmaschinen wurden immer größer und perfekter, die Fahrer immer waghalsiger. Bereits 1906 wurde die 200-Stundenkilometer-Grenze durchbrochen.

Der Erste Weltkrieg verursachte »nur« einen etwas längeren Boxenstopp, dann ging es auf den neuen Rennstrecken weiter südlich bei Daytona Beach und Ponce Inlet weiter. Lancia und Mercedes schickten ihre Rennwagen aus Europa. Der Brite Sir Henry Segrave fuhr 1927 mit seinem »Golden Arrow« erstmals schneller als 200 Meilen pro Stunde. Und Sir Malcolm Campbell schaffte 1935 unglaubliche

Spaß auf Rädern (ca. 1910)

Autos wie Sand am Meer: Daytona Beach heute ▷

445 Stundenkilometer! Der letzte Sandrekord der Renn-Ära – bis heute unerreicht. Man hatte mittlerweile festgestellt, dass der Sand für derartige Rasereien nicht geeignet war, der ganze Rennzirkus zog weiter nach Utah, um dort auf dem Boden ausgetrockneter Salzseen zu neuen Rekorden zu flitzen.

Fahren darf man auf dem Sand von Daytona Beach immer noch, doch die Jahre des Geschwindigkeitsrausches sind vorüber. Zehn oder gar nur fünf Meilen pro Stunde heißt heute die Devise. Aber es gehört einfach dazu, mal am Strand von Daytona gefahren zu sein. Also zahlt man seine Gebühr, reiht sich in die Blechlawine ein, und schiebt sich im Schrittempo zwischen Sonnenanbetern und parkenden Autos hindurch. Keine Angst, der feuchte Sand an der breiten Flutlinie ist so fest, dass im abgesteckten Gebiet keine Gefahr besteht. Vor den niederen Dünen endet plötzlich der Teer; nach ein paar Metern weichem, fließendem Sand fährt man mit kribbelndem Gefühl im Magen auf dem brettharten Strand weiter – ganz dicht und ungeschützt entlang den Wellen. Man sucht sich ein freies Fleckchen, parkt den Wagen und schwimmt praktisch von der Autotüre aus los.

Als Europäer steht man dem Treiben wohl eher zwiespältig gegenüber: Ein herrlicher langer Strand wird von Tausenden benzinstinkenden, lärmenden Autos besetzt. Eine Frage der Gewöhnung? Nancy, die hier aufgewachsen ist, erzählt, dass sie bei ihrer ersten Reise an die Westküste Floridas höchst erstaunt war, dass man dort nicht mit dem Auto zum Baden gehen durfte. Parken und zu Fuß zum Strand? Unvorstellbar…

Beim **Daytona Beach Pier** im Zentrum der Stadt kann man den Wagen abstellen und einen Bummel unternehmen. Von Souvenirs überquellende Läden, Spiel-

Heißer Ofen: Schaustück bei der Daytona Bike Week

hallen voll ratternder Automaten und quirliges Treiben lassen um den breiten **Boardwalk** Jahrmarktatmosphäre aufkommen. Dabei ist es im Sommer noch beschaulich im Vergleich zur Hochsaison im März und April. Dann treffen sich hier nämlich die Studenten zu ihrer traditionellen *Spring Break*, wo der übers Jahr aufgestaute Lerndruck in einer wochenlangen Giga-Super-Party mit Freiluftkonzerten und Freibierausschank abgelassen wird. Anfang März kommt es noch toller – wenn gut 500 000 Motorradfans aus ganz Nordamerika zur *Daytona Bike Week* anreisen. Vor lauter chromblitzenden Harleys, Kawasakis und Honda-Goldwings sieht man dann den Strand nicht mehr.

Weit ruhiger ist es am Südende der Stadt, wo im Vorort Ponce Inlet noch ein Stückchen ursprüngliche Küste erhalten blieb: im **Lighthouse Point State Park**. Auf kleinen Lehrpfaden wird die Dünenvegetation gezeigt, und nebenan kann der historische Leuchtturm von 1887 besichtigt werden. Auf dem breiten Sandstrand an der Südspitze der Halbinsel lag in den 1930er Jahren übrigens die Rennstrecke der Rekordraser, deren Spuren längst von den Wellen des Atlantiks verschluckt wurden.

Was heute noch an Reliquien aus den großen Rennfahrertagen zu sehen ist, wird landeinwärts im Museum von **Daytona USA** aufbewahrt. Das Ausstellungszentrum unmittelbar neben dem **Daytona International Speedway** darf man sich auch als Automuffel nicht entgehen lassen: Sogar der Rennwagen von Campbell, der legendäre Bluebird V, ist hier zu sehen. Computerspiele verdeutlichen die Rennabläufe, und Boxenstopps werden hautnah demonstriert. Auch wenn gerade kein Rennen stattfindet, lohnt sich ein Blick auf die vier Kilometer lange Rennbahn nebenan, denn oft testen Autofirmen neue Wagen und Motoren auf dem Speedway. Autofans können zudem eine Tour hinter die Kulissen des Speedway unternehmen oder im **Speed Park** gegenüber in GoCarts und Dragsters selbst Gas geben und in drei Sekunden von Null auf 100 kommen.

Zurück in die Stadt: Die **Beach Street**, die alte Hauptstraße von Daytona entlang dem Halifax River, wurde mit einer Palmenallee verschönert, und man hat die alten Geschäftshäuser prächtig renoviert. Genau richtig für einen Bummel; und ein nettes Café oder Restaurant zur Lunchpause findet sich hier auch.

Die Rückfahrt nach Orlando am Nachmittag wäre auf der Autobahn in einer knappen Stunde zu schaffen. Doch es lohnt sich, einen Schlenker zu den artesischen Quellen im Hinterland einzuplanen. Über die SR 40 ist man schnell wieder in den Kiefernwäldern des Landesinneren und in **DeLeon Springs**. Die große Naturquelle war schon vor Jahrhunderten den Indianern bekannt, und angeblich schaute um 1500 auch Eroberer Ponce de León vorbei – wie immer auf der Suche nach seinem Jungbrunnen. Wenn Badespaß zur Lebensverlängerung beiträgt, dann lag er hier gar nicht falsch. Die gefasste Quelle ist heute ein beliebtes Erholungsziel der Floridianer.

Wer sich nach dieser leiblichen noch etwas spirituelle Labung gönnen möchte, kann auf der Weiterfahrt zur I-4 noch einen Stopp in **Cassadaga** einlegen. Das Örtchen wurde bereits um 1875 als Winterresidenz von Spiritualisten gegründet und hat sich seitdem zum Hauptquartier des Übersinnlichen entwickelt. Dutzende von Wahrsagern, Medien, Handlesern und New-Age-Propheten bieten ihre Dienste an – sei es zu einer kurzen Sitzung, um mal wieder mit Oma im Jenseits zu reden, oder zu einem mehrtägigen Seminar zur Selbstfindung. Wer weiß, vielleicht klappt es ja.

Die Ostküste – Route: Orlando – Cape Canaveral – Palm Beach – Fort Lauderdale/Miami (455/500 km; 284/313 mi)

1. Tag – Route: Orlando – Cape Canaveral/Cocoa Beach (125 km/78 mi)

km/mi	**Zeit**	**Route**
0	Vormittag	Von **Orlando** Fahrt über den Beeline Expwy. (SR 528; gebührenpflichtig) nach Osten und über SR 407 und SR 405 bis
80/50		**Cape Canaveral**. Besucherzentrum des **Kennedy Space Center** und Tour durch das Raumfahrtgelände.
	Nachmittag	Bummel in **Cocoa Village** an der SR 520 und Baden in
125/78		**Cocoa Beach**. Bei wenig Besucherandrang im Spaceport bleibt Zeit für einen Abstecher ins **Merritt Island National Wildlife Refuge** und zum Baden an der **Canaveral National Seashore** (ca. 50 km/30 mi einfach).

2. Tag – Route: Cape Canaveral – Palm Beach (240 km/150 mi)

km/mi	**Zeit**	**Route**
0	Vormittag	Morgens ein Stündchen Baden und Sonnen am Meer, danach Fahrt über Melbourne südwärts auf der I-95 bis West Palm Beach (Exit 53), dort auf dem Palm Beach Lakes Blvd. nach Osten bis
240/150		**Palm Beach**. Mittagspause in der Stadt.
	Nachmittag	Besichtigung des **Flagler Museum** und des **Breakers Hotel**, danach Bummel an der **Worth Street.**

3. Tag – Route: Palm Beach – Boca Raton – Fort Lauderdale/Miami (90/135 km; 56/84 mi)

km/mi	**Zeit**	**Route**
0	Vormittag	Fahrt von **Palm Beach** auf der A1A bis Boynton Beach, dann auf dem Boynton Beach Blvd. (SR 804) landeinwärts und auf der US 441 nach Süden zur Lee Rd., an der das
35/22		**Loxahatchee National Wildlife Refuge** liegt. Besuch im **Visitor Center** und Spaziergang auf den **Nature Trails**. Danach Fahrt über US 441 und Palmetto Park Road zurück zur Küste in
64/40		**Boca Raton**. Besuch des **Gumbo Limbo Nature Center** an der A1A, dann Bummel und Mittagspause in **Mizner Park**.

3. Tag – Route: Palm Beach – Boca Raton – Fort Lauderdale/ Miami (90/135 km; 56/84 mi)

km/mi	Zeit	Route
	Nachmittag	Besichtigung des **Boca Raton Museum of Art**, danach Weiterfahrt auf der SR A1A nach Süden. Badepause in **Lauderdale-by-the-Sea** oder in der **Hugh Taylor Birch State Recreation Area**. Dann weiter nach
90/56		**Fort Lauderdale**. Bummel und Abendessen am Las Olas Blvd. oder Weiterfahrt über die I-95 nach
135/84		**Miami**.

Abkürzung/Extratouren: Die Strecke Orlando–Miami ist mühelos auch in **zwei Tagen** zu schaffen. Dann fährt man nach dem Besuch des Kennedy Space Center gleich weiter zur Übernachtung nach Palm Beach, besucht am nächsten Morgen das Flagler Museum und lässt Loxahatchee National Wildlife Refuge sowie die längeren Badestopps aus.

Ganz Eilige können die Strecke sogar an **einem Tag** zurücklegen – dann allerdings nur mit einem Kurzbesuch von Cape Canaveral und mit einem kurzen Bummel in Palm Beach.

Ob man im Südteil der Route Fort Lauderdale oder Miami als Übernachtungsort wählt, spielt kaum eine Rolle – bei Abflug bzw. Ankunft am Flughafen von Miami ist man von Fort Lauderdale fast ebenso schnell da wie von Miami Beach.

Für einige **Extratage am Strand** eignen sich an der Ostküste besonders das quirlige Fort Lauderdale oder das elegante Palm Beach (für Resorthotels vgl. auch Kapitel VI, Sport und Strand, S. 266 ff.). Wer ein besonders ruhiges Strandrevier möchte, sollte die Region nördlich von Palm Beach ins Auge fassen – zum Beispiel **Vero Beach**, ein hübsches Städtchen zwischen Indian River und Atlantik mit gepflegten Restaurants und guten Hotels, herrlichem Strand und viel Natur ringsum. Informationen: **Vero Beach/Indian River County Tourist Council**, 1216 21st St., Vero Beach, FL 32960, ✆ (772) 567-3491, Fax 778-3181,www.indianriverchamber.com, Vertretung in Deutschland ✆ (061 31) 993 30.

Wer sich für Indianer interessiert, sollte von Fort Lauderdale aus unbedingt auf der I-75 – sinnigerweise »Alligator Alley« benannt – einen Abstecher nach Westen unternehmen in die **Big Cypress Seminole Indian Reservation.** Das **Ah-Tah-Thi-Ki Museum** (Snake Rd., tägl. 9–17 Uhr, Eintritt 6 $) schildert hier das Leben der Seminolen vor 200 Jahren, ihre Geschichte und heutige Kultur.

Die Ostküste – Informationen

Cape-Canaveral-Region

Florida's Space Coast Tourism
430 Brevard Ave., Suite 150
Cocoa Village, FL 32922
✆ (321) 433-4470, 1-877-572-3224
www.space-coast.com
Infobüro im Kennedy Space Center. Hier auch Auskunft zur Beobachtung von Meeresschildkröten.

The Inn at Cocoa Beach
4300 Ocean Beach Blvd.

Cocoa Beach, FL 32931
✆ (321) 799-3460, Fax 784-8632
www.theinnatcocoabeach.com
Ein Bed & Breakfast, aber von der feinen Sorte: mit elegant möblierten Zimmern direkt am Sandstrand und zum Teil sogar mit Whirlpool im Zimmer. $$$–$$$$

Best Western Space Shuttle Inn
3455 Cheney Hwy., Titusville, FL 32780
✆ (321) 269-9100, Fax 383-4674
www.bestwestern.com/spaceshuttleinn
Gut geführtes, sehr sauberes Kettenmotel nahe der I-95. Nicht am Meer, aber nur einige Minuten Fahrt von Cape Canaveral. Pool, Restaurant. $–$$

Riverside Inn
1829 Riverside Dr., Titusville, FL 32780
✆ (321) 267-7900, Fax 267-7080
www.nbbd.com/riversideinnksc/
Freundliches Motel direkt am Ufer des Indian River; wenn eine Shuttle startet, können Sie den Feuerstrahl direkt von der Terrasse aus beobachten. $–$$

KOA Campground
4513 W. Main St. (SR 46)
Mims/Titusville, FL 32754
✆ (321) 269-7361, www.koa.com
Schattiger, ruhiger Privatplatz etwas im Binnenland gelegen nördlich von Titusville.

Kennedy Space Center
NASA Pkwy., SR 405
✆ (321) 449-4400, Ticket-Res. (321) 449-4444

Zu Besuch beim Mann im Mond

www.KennedySpaceCenter.com
Tägl. 9 Uhr bis Sonnenuntergang; Eintritt 38 $, Kinder (3–11 Jahre) 28 $ inkl. Bustour, Imax, Flugsimulatoren und und Astronaut Hall of Fame
Zweistündige Bustour **Kennedy Space Center Tour** durch das Gelände mit Besuch des International Space Station Center, der LC 39 Observation Gantry und des Apollo/Saturn V Center ist bereits im Eintritt inklusive. Technikfans können für je ca. 22 $ noch zwei weitere Touren zusätzlich buchen: die **Nasa Up Close Tour** mit Besuch der Shuttle-Abschussrampe und die **Cape Canaveral: Then and Now Tour** durch die Cape Canaveral Air Force Station (möglichst vorab reservieren).

Man sollte gleich bei Ankunft die Tickets für die Bustour abholen; je nach Abfahrtszeit kann man dann vor oder nach der Fahrt die Ausstellungen im Spaceport besuchen. Besonders sehenswert: die **IMAX-Filme** über die Raumfahrt. Zudem findet täglich eine Show bzw. ein Lunch mit Astronauten statt (23 $), die Zeiten findet man auf der Website. Informationen über den nächsten Shuttle-Start oder den einer Transportrakete für Satelliten unter **www.nasa.gov** oder direkt beim Kennedy Space Center.

Zur Einfahrt in das Gelände gibt es Launch Viewing Tickets des Space Center, die telefonisch oder im Internet reserviert werden müssen (40–60 $ inkl. Eintritt ins Kennedy Space Center, ✆ 321-321-4400).

Starts sind aber auch gut von Titusville und Cocoa Beach aus zu verfolgen, so dass man nicht unbedingt im Center selbst sein muss (die Starts können leider auch ohne Vorankündigung verschoben werden).

US Astronaut Hall of Fame
SR 405, westl. des Space Center
Tägl. 9–19 Uhr, Eintritt 17 $, Kinder 13 $
Ein Museum mit Schaustücken über die Astronauten der 1960er Jahre. Im angeschlossenen Space Camp können Kinder für einen oder mehrere Tage eine »Raumfahrerausbildung« machen.

Kennedy Space Center
Die beiden Restaurants des Besucherkomplexes bieten solide, wenn auch nicht besonders einfallsreiche Küche: Im High-Tech-Look präsentiert sich die Selbstbedienungscafeteria **Orbit** (Sandwiches, Pasta, Hühnchen). Nebenan liegt **Mila's Roadhouse**, das wie ein Fifties-Diner gestylt ist und amerikanische Coffeeshop-Kost serviert.

Ron Jon Surf Shop
4151 N. Atlantic Ave., Cocoa Beach
Bikinis, Bermudashorts, Surfbretter – kurz alles, was man für den Strand braucht. Und das in einem verrückten lilafarbenen Fantasiebau.

Café Margaux
220 Brevard Ave., Cocoa Village
✆ (321) 639-8343
Feines Bistro im Innenhof eines altes Gebäudes; einfallsreiche neu-amerikanische Cuisine; gute Salate. $$

Mango Tree
118 N. Atlantic Ave., Cocoa Beach
✆ (321) 799-0513
Nicht besonders schön gelegen an der A1A, doch drinnen mit sehr hübscher Gartenatmosphäre und guter Küche. $$

Atlantic Ocean Grille
Cocoa Beach Pier, Cocoa Beach
✆ (321) 783-7549
Solide Fischkost, dazu ein schöner Blick übers Meer und den Strand. $$

Dixie Crossroads
1475 Garden St., Titusville
✆ (321) 268-5000
Fisch und Steaks in einem großen Holzbau mit Terrasse zum Hafen. $$

Palm Beach

Palm Beach County Visitors Bureau
1555 Palm Beach Lakes Blvd., Suite 800
West Palm Beach, FL 33401
✆ (561) 233-3000, Fax 471-3990
www.palmbeachfl.com

Ritz-Carlton Palm Beach
100 S. Ocean Blvd., Manalapan, FL 33462
✆ (561) 533-6000, Fax 588-4202
www.ritzcarlton.com
Eine elegante Luxusherberge direkt am Strand etwas südlich des Ortes. Restaurants, Pool und Tennisplätze, Golfplatz nahebei. Im Sommer relativ preiswert. $$$–$$$$

The Chesterfield
363 Cocoanut Row, Palm Beach, FL 33480
✆ (561) 659-5800, Fax 659-6707
www.chesterfieldpb.com
Für eine Nacht in Palm Beach genau richtig: ein elegantes kleines Hotel, gut gelegen im Ortszentrum. Im Stil »very british«. $$–$$$$

Campingplätze sind an den Stränden der Gold Coast rar – in Palm Beach gibt es gar keine. Man fährt entweder weiter bis in die Region um Fort Lauderdale oder übernachtet schon etwas weiter nördlich, etwa in Juno Beach (Juno Beach RV Park, 900 Juno Ocean Walk, ✆ 561-622-7500).

The Breakers
1 S. County Rd., Palm Beach
Grandhotel von 1925 mit üppig ornamentierter Lobby und schönen Gartenanlagen. (Vgl. auch Kapitel VI, Sport, S. 228.)

Whitehall/Flagler Museum
1 Whitehall Way, Palm Beach
Di–Sa 10–17, So 12–17 Uhr; Eintritt 15 $
Großteils originalgetreu eingerichteter Palast des Stadtgründers Henry Flagler. Führungen.

Norton Museum of Art
1451 S. Olive Ave., West Palm Beach
Di–Sa 10–17, So 13–17 Uhr, Eintritt 8 $
Werke von Malern wie Gauguin und Cézanne, dazu eine große asiatische Sammlung; oft gute Sonderausstellungen.

Palm Beach Trail Shop
223 Sunrise Ave., Palm Beach, ✆ 659-4583
Fahrrad- und Skate-Vermietung.

Bice
313 1/2 Worth Ave., Palm Beach
✆ (561) 835-1600
Ein Szenetreff der Schönen und Reichen. Die norditalienische Küche ist hervorragend. $$$

Green's Pharmacy
151 N. County Rd., Palm Beach
✆ (561) 832-4443
Eine Tradition in Palm Beach: Im alten Drugstore beginnt der Tag richtig bei Eiern mit Speck, tagsüber gibt's berühmte Milkshakes und Burger. $

Charley's Crab
456 S. Ocean Blvd., Palm Beach
✆ (561) 659-1500
Nautisches Ambiente, hervorragender Fisch – was will man mehr? $$–$$$

Respectable Street Café
518 Clematis St., West Palm Beach
✆ (561) 832-9999, www.respectablestreet.com
Szenelokal mit Live-Musik; fürs Nightlife findet man rings um die Clematis St. noch einige andere gute Bars und Musikclubs.

Delray Beach/Boca Raton

Boca Raton Chamber of Commerce
1800 N. Dixie Hwy., Boca Raton, FL 33432
✆ (561) 395-4433, Fax 392-3780
www.bocaratonchamber.com

Loxahatchee National Wildlife Refuge
US 441/SR 804
Tägl. 9–16 Uhr, Eintritt 5 $ pro Fahrzeug
Tierschutzgebiet mit Lehrpfaden, gut zur Vogelbeobachtung. Diashow im Visitor Center.

The Morikami
4000 Morikami Park Rd., Delray Beach
Di–So 10–17 Uhr, Eintritt 10 $
Mal etwas ganz anderes: ein Museum über japanische Kunst und Kultur, umrahmt von einer 80 ha großen, herrlichen Gartenanlage.

Gumbo Limbo Nature Center
An der A1A, nördlich der Palmetto Park Rd.
Mo–Sa 9–16, So 12–16 Uhr, Eintritt 3 $
Lehrreiches Ausstellungszentrum, das die Ökologie der Dünenlandschaft erläutert.

Mizner Park
400 N. Federal Hwy.
Großes, palmenumrahmtes Open-air-Einkaufszentrum mit mehreren Straßencafés und Restaurants wie etwa Max's Grille.

Boca Raton Museum of Art
501 Plaza Real, Minzner Park
✆ (561) 392-2500
www.bocaratonmuseum.org
Di–Fr 10–17, Mi bis 21, Sa/So 12–17 Uhr
Eintritt $ 8/4
Sehenswerte Werke u.a. von Picasso, Matisse, Degas, Modigliano und Klee.

Fort Lauderdale

Greater Fort Lauderdale Visitors Bureau
100 East Broward Boulevard, Suite 200
Fort Lauderdale, FL 33301
✆ (954) 765-4466, Fax 765-4467
www.sunny.org

Marriott's Harbor Beach Resort
3030 Holiday Dr.
Fort Lauderdale, FL 33316
✆ (954) 525-4000, Fax 766-6152
www.marriottharborbeach.com
Luxuriöses Strandhotel am ruhigen Südende der Stadt, schöner Blick aus den oberen Stockwerken. Pool, Tennis. Im Sommer $$$, im Winter $$$$.

A Little Inn
4546 El Mar Dr.
Lauderdale-by-the-Sea, FL 33308
✆ (954) 772-2450, Fax 938-9354
www.alittleinn.com

Hübsches Bed & Breakfast-Haus direkt am Strand etwas nördlich der Stadt. $$–$$$

The Westin Diplomat Resort & Spa
3555 S. Ocean Dr.
Hollywood, FL 33019
✆ (954) 602-6000 und 1-888-627-9057
www.diplomatresort.com
Luxushotel ganz am Südende von Fort Lauderdale in einem spektakulären postmodernen Turm direkt am Strand; Pools, großer Wellness-Bereich, Golf usw. $$$$

Tropic Seas
4616 El Mar Dr.
Lauderdale-by-the-Sea, FL 33308
✆ (954) 772-2555, Fax 771-5711
www.tropicseasresort.com
Einfaches, nettes Strandmotel mit nur 16 Zimmern, Pool. $$

Yacht Haven RV Park & Marina
2323 State Rd. 84
Fort Lauderdale, FL 33312
✆ (954) 583-2322 und (800) 581-2322
www.yachthavenpark.com
Gepflegter Privatplatz im Hinterland mit Pool, umrahmt von Kanälen.

Museum of Art Fort Lauderdale (MoAFL)
1 E. Las Olas Blvd., www.moafl.org
Tägl. außer Di 11–19 Uhr
Eintritt 10/7 $, www.moafl.org
Der postmoderne Bau in der Downtown birgt eine sehr gute Sammlung moderner Kunst. Interessant sind die Werke der CoBrA-Bewegung.

Museum of Discovery
401 S.W. 2nd St.
Tägl. 10–17, So 12–18 Uhr, Eintritt 15/12 $
Witzige technische Experimente zum Selbermachen, eindrucksvolle Filme im angeschlossenen IMAX-Kino.

International Swimming Hall of Fame
1 Hall of Fame Dr., Fort Lauderdale
Tägl. 9–17 Uhr
Eintritt 8/4 $
Die Ruhmeshalle des Schwimmsports – mit vielen Fotos von vergangenen Größen wie Johnny Weismuller oder Mark Spitz.

Sawgrass Mills
12801 W. Sunrise Blvd., Fort Lauderdale
Die größte Outlet Mall der Welt! Mehr als 400 Markenläden mit Fabrikverkauf – da bleibt keine Kreditkarte ohne Abzug.

Mark's Las Olas
1032 E. Las Olas Blvd., ✆ (954) 463-1000
Schickes Szenelokal mit hervorragender neuamerikanischer Küche und ultracoolem Design. $$–$$$

Lulu's Bait Shack
17 S. Atlantic Blvd. Ste. 212
✆ (954) 463-7425
New Orleans lässt grüßen – mit scharf gewürztem Fisch und Party-Stimmung. $$

Casablanca Café
A1A & 3049 Alhambra St., ✆ (954) 764-3500
Eine alte Villa am Meer mit viel Flair. Gekocht wird kunterbunt durch die Welt, aber recht gut. $$

Mango's
904 E. Las Olas Blvd., Fort Lauderdale
✆ (954) 523-5001
Kneipe, Restaurant und Straßencafé mit junger Szene, Live-Musik und viel Action. $–$$

Nachtleben
Das Nightlife konzentriert sich am Las Olas Blvd. sowie am Strand in Kneipen wie dem **Elbo Room** (241 S. Lauderdale Beach Blvd.) und im Entertainment-Komplex **Beach Place** (17 S. Lauderdale Beach Blvd.). In der Innenstadt rockt die Szene in großen Tanzclubs wie der **Voodoo Lounge** (111 S.W. 2nd Ave.) oder in den zahlreichen Clubs des Shopping- und Entertainment-Komplexes **Las Olas Riverfront** (300 S.W. First Ave.).

Unterkünfte, Restaurants und Attraktionen in Miami finden Sie auf S. 33 ff.

Die Ostküste

Goldene Strände am Atlantik

Nur eine knappe Stunde dauert die Fahrt von Orlando bis zum Cape Canaveral, das als einziger größerer Vorsprung an der sonst sehr geraden Küste weit in den Atlantik hinausragt. Von hier nach Süden reichen die goldgelben breiten Sandstrände in ununterbrochener Folge bis hinab nach Miami. Ein Paradies der Urlauber und Winterflüchtlinge, die in den bunten Strandstädtchen das lockere Leben in der Sonne genießen wollen.

Resortanlagen mit Ferienapartments, Hotels und Restaurants, Tennis- und Golfplätze gibt es reichlich, denn die Re-

Säulen der Technik: Raketengarten im John F. Kennedy Space Center

gion ist seit fast hundert Jahren ein Feriziel der Amerikaner – und entsprechend gut erschlossen. Vor allem im Südteil zwischen Palm Beach und Fort Lauderdale ist die »Gold Coast«, wie sie hier oft genannt wird, dicht bebaut, die Orte gehen praktisch nahtlos ineinander über.

Fast an der gesamten Küste sind langgestreckte, schmale Düneninseln dem Festland vorgelagert, und dort draußen liegen die herrlichen Strände. Die Lagunen und Kanäle, die die Eilande abtrennen, sind ein Mekka für Wassersportler – und für vielerlei Tiere wie Pelikane, Reiher, Alligatoren und die seltenen Manatees.

Sogar an den teilweise dicht bebauten Stränden ist die ursprüngliche Natur noch eindrucksvoll zu erleben: Jeden Sommer kommen Dutzende von großen Meeresschildkröten an Land, um im Sand ihre Eier abzulegen – die Gelege werden von den Naturschützer sorgsam behütet.

Die größte Attraktion der Region ist natürlich der Weltraumbahnhof von Cape Canaveral, aber auch sonst findet sich viel Sehenswertes: gute Kunstmuseen etwa und Naturschutzgebiete mit vorbildlich angelegten Lehrpfaden zur Beobachtung von Wasservögeln und Alligatoren. Bei einem Badeaufenthalt in einem Strandort kann man dafür gut einige Tages- und Halbtagesausflüge einplanen.

1. Tag **Zum Mann im Mond**
Cape Canaveral

Als am 4. Oktober 1957 der erste sowjetische Sputnik erfolgreich seine Erdumlaufbahn erreichte, war Amerika brüskiert. Wie konnten die »Russen« ihnen, der führenden Technik-Nation, im Weltraum den Rang streitig machen?

Bereits kurz nach dem Zweiten Weltkrieg hatten die Amerikaner begonnen sich mit Raketen zu beschäftigen. Einige Deutsche, die ihre Erfahrung Hitlers ehrgeizigen Raketenprojekten verdankten, halfen dabei kräftig mit: Wernher von Braun, Direktor des Zentrums für Fernlenkwaffen, und Kurt Debus, der später Direktor des Kennedy-Raumfahrtzentrums wurde.

1947 entdeckte die US-Army ein ideales Testgelände: Die unbesiedelte Insel **Merritt Island** am Cape Canaveral Floridas. Das Gebiet konnte gut abgesperrt werden, und falls bei Abschüssen etwas schief ging, würden die Raketenteile nur ins Meer fallen. Außerdem lagen die Abschussrampen nahe dem südlichsten Punkt des amerikanischen Territoriums – so konnte bei Raketenstarts auch noch die beschleunigende Erddrehung ausgenützt werden.

Zu Anfang der 1950er Jahre war **Cape Canaveral** ein kleiner Armee- und Forschungsposten, wo man gemächlich versuchte, die ersten Interkontinentalraketen zu entwickeln. Doch dann kam die »rote« Konkurrenz und schockte die sich auserwählt fühlende Nation. Wenig später reiste der erste Mensch ins All – wieder kein Amerikaner! Präsident Kennedy rief zur Generalmobilmachung für den Weltraum auf – der erste Mensch auf dem Mond sollte ein Amerikaner sein. Geld spielte keine Rolle.

Cape Canaveral wurde zum Raumfahrthafen ausgebaut. 26 000 Menschen arbeiteten damals hier: Wissenschaftler und Techniker, Wachmänner und Cafeteriaköche. Und Hunderttausende von Amerikanern kamen, um die Raketenstarts zu verfolgen und den Triumph ihrer Nation zu erleben.

Exakt 100 Jahre zuvor hatte bereits Jules Verne in seinem Roman »Von der Erde zum Mond« Florida als Startplatz für seine Mondfahrer ausgewählt. Sein Raketenstart (mit einer riesigen Kanone) liest sich wie eine Parodie auf die moderne Weltraumfahrt – mit verblüffenden technischen Feinheiten:

»Da schlug es 22 Uhr. Es war der Augenblick, in dem der Einstieg begann. Das Hinabfahren, Einsitzen und Verschließen der Luke, das Entfernen der Krane über der Mündung erforderte seine Zeit. Barbicane verglich seinen Chronometer noch einmal mit der Uhr des Ingenieurs Murchison. Sie stimmten auf die Zehntelsekunde überein. Da Murchison zünden würde, konnten die Insassen des Geschosses auf ihrer eigenen Uhr genau verfolgen, wann der Moment des Abschusses da war.

... Eine furchtbare Stille hing über der nächtlichen Szene. Fast ohne zu atmen hing jeder mit seinem Blick an der Kuppe des Stones Hill. Alle zehn Sekunden gab Murchison die noch verbleibende Zeit durch. Die letzten 40 Sekunden zählte er laut mit. Die Menge ließ sich anstecken und vollendete mit ihm:
35 - 36 - 37 - 38 - 39 - 40 - Feuer!

Der Druck der Taste kam, die Stromverbindung war da und schleuderte den Funken in die Tiefen des Geschützes. Eine entsetzliche, übermenschliche Explosion geschah. Aus den Eingeweiden der Erde schoss eine Feuergarbe, wie aus dem Schlund eines Kraters, der Boden hob sich, warf alles, was in dieser Nacht auf den Beinen war, um und verhinderte, dass auch nur einer hatte sehen können, wie das Geschoss von flammensprühendem Dunst umgeben siegreich die Luft durchschnitt.«

Ein Jahrhundert nachdem Jules Verne seine Science-Fiction-Helden auf den Erdtrabanten geschossen hatte, erfüllte sich für die Amerikaner dieser Traum: Am 21. Juli 1969 setzte Neil Armstrong als erster Mensch seinen Fuß auf den Mond. 80 Milliarden Dollar kostete Amerika dieser »kleine Schritt eines Menschen«, aber die Sputnik-Blamage war jetzt aus der Welt. Und die Expeditionen brachten sogar »Souvenirs« von unserem Trabanten zurück, insgesamt 385 Kilo Mondgestein – zum Durchschnittspreis von gut 200 Millionen Dollar das Kilogramm.

Nach dem überschwenglich gefeierten Triumph zeigte sich allerdings, dass Geld auch in den USA eine Rolle spielt. Washingtons einschneidende Budgetkürzungen stutzten den hochfliegenden Plänen der NASA die Flügel. Die großen Mondraketen wurden eingemottet, man konzentrierte sich nun auf wissenschaftliche

Raumfahrtdaten

1942
Die ersten Raketen (V2) werden in Peenemünde an der Ostsee entwickelt. Nach dem Zweiten Weltkrieg gehen deutsche Wissenschaftler in die UdSSR oder in die USA.

1947
Ausbau von Cape Canaveral zum Raketentestgelände.

4. 10. 1957
Die UdSSR startet den ersten Sputnik.

1. 10. 1958
Gründung der *National Aeronautics and Space Administration* (NASA).

12. 4. 1961
Jurij Gagarin ist der erste Mensch im All.

20. 2. 1962
Der Astronaut John Glenn umkreist als erster Amerikaner die Erde.

21. 7. 1969
Erste Mondlandung: Zwei Amerikaner, Neil Armstrong und Edwin Aldrin, betreten den Erdtrabanten. Danach folgen noch fünf weitere Mondlandungen.

14. 5. 1973
»Skylab I«, die erste Raumstation der NASA, wird erfolgreich in die Umlaufbahn geschossen und fällt nach 34 981 Erdumrundungen 1979 über der Küste Westaustraliens wieder auf die Erde.

20. 7. 1976
Die unbemannte US-Sonde »Viking« landet auf dem Mars. Sonden zur Venus und den äußeren Planeten unseres Sonnensystems folgen.

12. 4. 1981
Erster Flug der Raumfähre »Columbia«; zwei Jahre später reist der erste bundesdeutsche Astronaut, Ulf Merbold, an Bord der »Columbia« in den Weltraum.

28. 1. 1986
Die Raumfähre »Challenger« explodiert 70 Sekunden nach dem Start, sieben Astronauten kommen ums Leben. Alle bemannten Flüge werden für zweieinhalb Jahre ausgesetzt.

Ab 1988
Die Raumfähren fliegen wieder, etwa sechs- bis achtmal pro Jahr. 1990 wird das Raum-Teleskop »Hubble« ins All gebracht. Danach beginnt man, gemeinsam mit den Russen eine große internationale Raumstation zu bauen.

2003
Der Absturz einer Raumfähre über Texas stellt das Nasa-Programm erneut in Frage. Bis 2010 sollen die Shuttles in den Ruhestand gehen. Danach sind neue Raumgleiter zur Versorgung der ISS und sogar eine Mission zum Mars geplant.

2008
Die Shuttles brechen zu ihren letzten Flügen auf – ein neues Raumfahrtprogramm soll die Raumstation ab 2012 versorgen.

Pferdestärken ohne Ende…

Projekte und begann mit der Entwicklung der Raumfähren, die eine preiswertere Alternative zu den »Wegwerfraketen« werden sollten.

Mit zwei Jahren Verspätung startete 1981 der erste Spaceshuttle von der Rampe am Cape Canaveral. Erneut wurden Pläne geschmiedet und eine glänzende Weltraumzukunft prophezeit. Doch schon wenige Jahre später mussten die USA feststellen, dass die Raumfahrt ein riskantes Unternehmen blieb: 1986 und erneut 2003 kam es zu tragischen Unfällen bei Shuttleflügen, bei denen jeweils die gesamte Crew ums Leben kam. Herbe Rückschläge für die Nasa, die durch mangelnde Kontrollen immer wieder in die Kritik geriet.

Darüber ist man mittlerweile hinaus, die Shuttles fliegen wieder und man verwirklicht kühne Projekte: eine internationale Raumstation, die – nach Ende des kalten Krieges kein Problem – gemeinsam von Amerikanern und Russen bewohnt wird, und als nächstes soll sogar ein erster Raumfahrer zum Mars geschickt werden. Doch das alles kostet Geld, und um die Steuerzahler bei Laune zu halten, wird im Besucherzentrum des **Kennedy Space Center** kräftig die Werbetrommel gerührt. Hier wird dick aufgetragen und sehr patriotisch der Erfolg Amerikas im Weltraum gefeiert: ein Hoch auf die Technologie.

Gleich am Eingang stehen auf dem Freigelände um das **Visitor Center** einige ausgemusterte Trägerraketen, Raumkapseln und sogar ein Shuttle in Originalgröße. Am **Astronaut's Memorial** nebenan sind auf einer schwarzen Granitwand die 16 Namen der im Zusammenhang mit der Raumfahrt ums Leben gekommenen Astronauten eingraviert.

Je nach Besucherandrang und Wartezeit kann man vor der Bustour zuerst die Ausstellungen des Centers besuchen, in denen sogar einige Brocken des teuren Mondgesteins aufbewahrt werden. Lohnend sind auf jeden Fall Imax-Filme wie »Space Station« oder »Walking on the Moon«. Und im neuesten Anbau des Kennedy Space Center kann man nebenan bei der »Shuttle Launch Experience« einen recht lebensnah simulierten Raketenstart hautnah miterleben.

Danach steigt man in die Busse zur Tour durch das weitläufige Abschussgelände. Bis auf ein paar Fahrzeuge wirkt das Sperrgebiet zumeist öd und ausgestorben – was die zahlreichen Weißkopfseeadler und Alligatoren hier sicherlich freut. Während der langen Fahrtstrecken hört man allerlei Interessantes. Zum Beispiel, dass die Abschussrampe der Shuttles aus 52 000 Kubikmeter Stahlbeton besteht und die riesigen Raupenfahrzeuge, mit denen die fertigen Raketen zu den Rampen gebracht werden, pro Stunde nur 1,6 Kilometer schnell sind.

Das Programm der Führungen wird je nach den gerade vorgehenden Arbeiten leicht variiert. Da werden dann Raumfähren herumgeschoben und für Starts vorbereitet, Sicherheitstest durchgeführt oder Astronauten zu Simulationsübungen gebracht. Auf jeden Fall bekommt man das riesige VAB, das **Vehicle Assembly Building**, zu sehen, in dem die Raketen montiert werden, bevor sie auf den Raupenfahrzeugen zu den Rampen nahe der Küste gefahren werden. Nach dem Rauminhalt ist der 160 Meter hohe Bau einer der größten der Welt – das Empire State Building hätte darin fast viermal Platz.

Höhepunkt der Tour aber ist der Besuch des **Apollo/Saturn V Center**, das 1996 für fast 40 Millionen Dollar gebaut wurde. In mehreren aufwendigen Multimedia-Shows wird hier die erste Mondfahrt nachgestellt. Man erlebt den Takeoff im Abschussraum, landet mit den Astronauten auf der Oberfläche des Mondes und erfährt alle Details über die Saturn-V-Trägerrakete, die größte je gebaute Rakete.

Holzbau über dem Atlantik: Cocoa Beach Pier

Trotz all der Technik ist Cape Canaveral jedoch auch eine verblüffende Naturlandschaft geblieben – zu erleben außerhalb der Sperrzone, ein Stückchen nördlich von Titusville. Als in den 1950er Jahren die ersten Raketen vom Kap abhoben, fürchteten die Tierschützer um die ursprüngliche Fauna dieses Küstenstreifens: Millionen Wasservögel, Alligatoren und Gürteltiere lebten hier, seltene Meeresschildkröten benutzten die Strände, um ihre Eier abzulegen.

Doch die Befürchtungen haben sich nicht bestätigt, paradoxerweise trat sogar das Gegenteil ein: Die fast 600 000 Hektar große Sicherheitszone um die Startrampen wurde zum einzigen großen Tierschutzgebiet der Ostküste, zum **Merritt Island National Wildlife Refuge.** Die Raketenstarts stören die Tiere kaum – auf jeden Fall weniger als Apartmentblocks, Minigolfplätze und Wassersportler mit Jet-Skis.

Wenn nach der Tour durch das Space Center noch Zeit bleibt, lohnt sich eine Rundfahrt durch das Schutzgebiet. In den Mangrovensümpfen am **Black Point Wildlife Drive** sind vor allem in den Wintermonaten Schwärme von Zugvögeln zu beobachten; Seekühe halten sich oft im **Haulover Canal** auf. Und wer zur Abkühlung noch in die Wellen springen möchte, findet am **Playalinda Beach** am Ende der SR 402 herrlich einsame Strände.

Bleibt weniger Zeit, dann kann man zumindest noch in **Cocoa Beach**, dem langgezogenen Strandort südlich des Kaps, in den Atlantik tauchen. So oder so empfiehlt sich für den Spätnachmittag oder Abend ein Bummel in **Cocoa Village** etwas landeinwärts. Um die Brevard Avenue wurden hier in den letzten Jahren viele alte Häuser aus der Zeit kurz nach der Jahrhundertwende restauriert. Heute bergen sie Nippesläden und Restaurants, doch wenn es dunkel wird, fühlt man sich zwischen den Backsteinfassaden fast ein bißchen zurückversetzt ins alte Florida.

2. Tag **Palm Beach**
Von Reichen und Schönen

Dass Morgenstund' Gold verspricht, ist an der Atlantikküste nicht so abwegig. Während sich die Westküste Floridas am Abend mit ihren spektakulären Sonnenuntergängen von der schönsten Seite zeigt, sollte man hier im Osten den Morgen genießen. Dann funkelt der Sand tatsächlich golden, die Luft ist frisch und der Wellengang noch ruhig. Die beste Zeit für einen Strandspaziergang und ein wachmachendes Bad im blauen Meer.

Danach geht's los Richtung Süden. Die I-95 verläuft durch grüne Plantagenlandschaften im Hinterland, abseits der Strände, die noch relativ wenig erschlossen sind. Naturfreunde haben in diesem Küstenabschnitt die besten Chancen, die großen Meeresschildkröten zu beobachten, die im Sommer nachts zur Eiablage an die Strände kommen. In Städtchen wie **Vero Beach** und **Jupiter** werden dann regelmäßig *turtle watches* veranstaltet, bei denen man mit einem kundigen Naturschützer auf Pirsch geht.

Erst nach einigen Fahrstunden strebt die I-95 wieder der Küste zu, und man taucht in die ausufernden Vororte von **West Palm Beach** ein. Hier beginnt die eigentliche »Gold Coast«, die ihren Glitzer allerdings erst so richtig am Meer entfaltet – in **Palm Beach**, seit Anfang des 20. Jahrhunderts der Spielplatz und Seniorensitz von Amerikas oberen Zehntausend. Bis heute ist das Reich der Reichen eine exklusive Oase mit prachtvollen Villen, manikürten Hecken und stillen Alleen geblieben.

Wie könnte es anders sein – auch hier hatte natürlich Bahnbauer und Alles-Gründer Henry Flagler seine Finger mit im Spiel. Er baute zwar Ende des 19. Jahrhunderts seine East Coast Railroad gleich durch bis Miami, aber ein Plätzchen am Weg hatte es ihm besonders angetan: Palm Beach, wo sich am Strand Tausende von Kokospalmen im Wind wiegten. Ein Zufall hatte es so bestimmt: Im Jahr 1879 war ein Schiff mit einer Ladung Kokosnüsse vor der Küste gesunken – die angespülte Saat ging auf und schuf die rechte Kulisse für einen tropischen Ferienort.

Damit sich seine Freunde aus New York oder Chicago von der langen Fahrt in ihren privaten Eisenbahnwaggons erholen konnten, ließ Flagler zwei luxuriöse Hotels (und für sich selbst eine pompöse Residenz) bauen. Seither floriert das nur über Brücken zu erreichende Inselstädtchen als Winterspielplatz von Amerikas Geldadel. Die Kennedys urlauben hier seit Jahrzehnten ebenso wie Donald Trump und viele andere Industriemagnaten, Stars und Politiker.

Der alte Glanz der Stadt blieb erhalten: Das grandiose **Breakers Hotel** ist nach wie vor die Nobelabsteige für jene Multimillionäre, die sich noch nicht entschließen konnten hierher zu ziehen. Ein Self-made-Millionär zählt in dieser Stadt wenig, die meisten Bewohner waren schon reich, ehe sie geboren wurden. Schwere Rolls-Royce gleiten durch die stillen Straßen, die Chauffeure sind immer bedacht darauf, keinen Golfer (Golfwägelchen haben immer Vorfahrt) oder gebrechlichen Senior in seinem mit goldenen Speichen besetzten Rollstuhl zu erschrecken.

An der sündhaft teuren **Worth Avenue** reihen sich Juweliere, Villen-Makler und die Ableger der renommiertesten Modeschöpfer. In manchen Restaurants hier braucht man zwar keine Reservierung, durch die Tür kommt aber auch nur, wer

Man gönnt sich ja sonst nichts: Luxusvilla in Palm Beach

dem »Maître de« persönlich bekannt ist. Die ganze Stadt gleicht einem exklusiven Club. Im Sommer allerdings ist der Exklusivurlaub hier durchaus erschwinglich, denn die Reichen und Schönen schweben zumeist erst im Spätherbst ein, um Weihnachten in der Wärme und bei den Society-Parties zu verbringen. Im Frühjahr kehrt dann wieder Ruhe ein.

Zu Fuß oder – noch besser – per Miet-Fahrrad lässt sich das Nobelstädtchen am besten erkunden. Man kommt vorüber an den pompösen Villen am Meer und an den netten Shops um Sunset und Sunrise Avenues, geht zum Tee ins legendäre **Breakers Hotel**, das, nachdem Henry Flaglers ursprünglich hölzernes Hotel 1925 abgebrannt war, von seinen Erben noch opulenter in Stein wiederaufgebaut wurde.

Danach bummelt man an der Worth Avenue und in den angrenzenden hübschen Innenhöfen wie der **Via Mizner**, die bereits in den 1920er Jahren vom Architekten Addison Mizner im damals sehr beliebten mediterranen Stil angelegt wurde. Einen schönen Blick zurück ins feine Leben der Society zur Gründungszeit von Palm Beach bietet noch ein Besuch in **Whitehall**, der ehemaligen Residenz von Henry Flagler.

Zweieinhalb Millionen Dollar kostete der Palast im Jahr 1902, zu dieser Zeit eine unvorstellbare Summe. Doch für seine neuangetraute, 35 Jahre junge (dritte) Frau Mary Lily war dem damals bereits 72-jährigen Flagler nichts zu teuer. Das Mobiliar ließ er aus Frankreich und Italien kommen, dafür zahlte er nochmal eineinhalb Millionen Dollar. Die Gäste feierten den Prunkbau damals als das Taj Mahal Amerikas. Für Palm Beach ist es heute ein würdiges Denkmal seines berühmtesten Bürgers.

3. Tag **Kunst und Kanäle**
Boca Raton und Fort Lauderdale

Das kurze Stück zwischen Palm Beach und Miami wäre auf der Autobahn schnell zurückgelegt, doch einige Attraktionen lassen sich in den zahlreichen Strandorten durchaus entdecken. Je nachdem also, wieviel Zeit man heute am Strand verbringen will, kann man sie sich alle oder nur einige davon ansehen.

Besonders während der Wintersaison, wenn die Zugvögel hier sind, lohnt sich ein Besuch der Sümpfe im Hinterland. Durch endlose Vororte geht es dazu über Boynton Beach westwärts. Es überrascht, wie urplötzlich die Besiedlung endet. Linker Hand an der US 441 ziehen sich Farmen und Häuser hin, und rechts erstreckt sich nur noch dichtes, grünes Buschwerk: das **Loxahatchee National Wildlife Refuge**, ein fast 600 Quadratkilometer großes Schutzgebiet in den nördlichen Everglades.

Auf zwei Lehrpfaden kann man nahe dem Visitor Center das vielfältige Ökosystem des Feuchtgebietes kennenlernen. Der durch ein geheimnisvoll düsteres Wäldchen führende **Cypress Swamp Trail** widmet sich vor allem der Flora: Zypressen, graubärtige Flechten und andere Luftwurzler sind die wichtigsten Arten. Manchmal ist auch ein Alligator oder eine Wasserschlange im seichten, trüben Wasser zu sehen. Ein Stück weiter, in der unendlichen, offenen und völlig flachen Landschaft der Everglades, kann man die Avifauna erleben. Ibisse, Seidenreiher, Störche und eine Vielzahl anderer Wasservögel stolzieren und flattern in den Seggen um den **Marsh Trail**. Ein kleiner Aussichtsturm erleichtert die Beobachtung für die Vogelfreunde.

Zurück in die Zivilisation: Durch die Vororte von Delray Beach führt die Route weiter südwärts nach **Boca Raton**, einem schicken Erholungsstädtchen, das aber auch als Standort von High-Tech-Firmen bekannt ist. Elektronikgiganten wie IBM und Siemens haben hier große Niederlassungen. Keine Fabriken, sondern vor allem Entwicklungs- und Marketingzentren – die Manager arbeiten gerne hier im sonnigen Florida. Zudem bietet die Stadt mit sauberen Stränden und vielen Kulturveranstaltungen auch gute Lebensqualität.

Doch auch die Natur kommt nicht zu kurz, die Stadtväter haben im **Red Reef Park** mit dem **Gumbo Limbo Nature Center** ein zwar kleines, aber faszinierendes Naturkundemuseum geschaffen. In Aquarien und Becken kann man Korallen, Seeigel und Schildkröten aus der Nähe kennenlernen, ein Lehrpfad führt durch die ursprüngliche Mangrovenvegetation der Dünenlandschaft.

Wie Palm Beach profitiert auch Boca Raton von den mediterran inspirierten Bauten Addison Mizners. Der Architekt errichtete hier um 1925 das erste große Hotel – das heutige **Boca Raton Resort** am Camino Real – und eine Reihe anderer Komplexe. Sogar heute noch wird sein Baustil nachgeahmt, um das Flair der Stadt zu erhalten. Schönstes Beispiel dafür ist **Mizner Park**, ein 1980 erbautes Shopping-Center in Pink und Weiß, in dem es sich nett bummeln lässt. Am Nordende der Einkaufsstraße liegt das sehenswerte **Boca Raton Museum of Art**, das 2001 dieses neue Domizil bezogen hat.

Wie auch die anderen Städte der Gold Coast ist Boca Raton ein beliebtes Ziel für Pensionäre, aber auch internationale Firmen wie Siemens haben sich hier angesiedelt. Das schlagende Argument für Boca Raton: Hier ist das Klima am mildesten an der ganzen Ostküste, denn der warme Golfstrom verläuft hier am nächsten zur Küste und sorgt im Winter dafür, dass kein Frost aufkommt. Kaum zehn Kilometer vom Land entfernt fließt der karibische Strom gen Norden. Ideal für Hochseeang-

Das Venedig Amerikas: Fort Lauderdale

ler, denn mit ihm ziehen Marlins, Schwertfische und andere Sportfische.

Immer entlang der Küste geht es dann auf der A1A weiter südwärts, vorbei an langen Stränden und einer endlosen Kette von Strandorten. Wen der Drang zum Wasser heute noch nicht übermannt hat, wird jetzt belohnt: Die Strände von **Lauderdale-by-the-Sea** und in der **Hugh Taylor Birch State Recreation Area** sind besonders schön.

Fort Lauderdale ist die wohl bekannteste Ferienstadt der Gold Coast. Die Bezeichnung »Venedig Amerikas« scheint gar nicht so abwegig, denn die Wasserstraßen und Kanäle summieren sich im Stadtgebiet auf gut 400 Kilometer. Was die 42 000 Yacht-Besitzer hier freut. So führt schon die Fahrt am **Las Olas Boulevard** in die Innenstadt an Kanälen und Villen entlang, vor denen ganz standesgemäß jeweils ein schmuckes Schiffchen parkt. Etwas weiter wird der Boulevard dann zur Flaniermeile: Boutiquen, Bars und schicke Restaurants locken bis in den späten Abend die Szenegänger an – für ihr Nachtleben ist die Stadt ohnehin berühmt.

Mit 1,4 Millionen Einwohnern im Großraum ist Fort Lauderdale aber mehr als nur ein Strandort; ein großer Fracht- und Kreuzfahrthafen, Zitrus- und Serviceindustrien machen es auch zu einem bedeutenden Wirtschaftszentrum. Daher konnte sich die Stadt auch ein Facelifting für 100 Millionen Dollar leisten: Die in die Jahre gekommene Strandzone wurde ebenso komplett neu gestaltet wie die Uferpromenade des **Riverwalk** Downtown.

Eine Stadt, in der es sich gut aushalten lässt – für eine Nacht oder mehrere. Und so mancher Europäer ist schon hier hängengeblieben mit einem Zweitwohnsitz in der Sonne. Die Makler in Fort Lauderdale können ein Lied davon singen.

Der Panhandle – Route: St. Petersburg (Orlando) – Cedar Key – Panama City Beach – Pensacola – Tallahassee (1 174 km/734 mi)

1. Tag – Route: St. Petersburg (Orlando) – Homosassa Springs – Cedar Key (208 km/130 mi)

km/mi	Zeit	Route
0	Vormittag	Fahrt von **St. Petersburg** über die US 19 nach Norden, dann auf der Nebenstraße 582 bis
59/ 37		**Tarpon Springs**. Bummel im Ort und Weiterfahrt auf der US 19.
104/ 65	Nachmittag	Besichtigung von **Homosassa Springs** oder **Crystal River** oder eine Kanu-/Bootstour auf dem Withlacoochee River bei **Yankeetown**. Am späten Nachmittag über US 19 und SR 24 nach
208/130		**Cedar Key**. Abends Bummel am Pier.

Alternativ ab Orlando: Je nach Routenplanung kann man die Fahrt in den Panhandle ebensogut auch von Orlando aus starten: Dann führt die Reise zunächst über Florida's Turnpike nach Norden, dann über die SR 44 und SR 490 nach Westen bis Homosassa Springs, wo sie an die beschriebene Route anschließt.
Strecke Orlando – Homosassa Springs: ca. 160 km/100 mi.

2. Tag – Route: Cedar Key – Wakulla Springs – Apalachicola (368 km/230 mi)

km/mi	Zeit	Route
0	Vormittag	Abfahrt von **Cedar Key** über SR 24 und US 19/98 nordwärts. Abstecher auf der SR 320 zum
74/ 46		**Manatee Springs State Park** (kurzer Spaziergang auf dem Boardwalk zum Suwannee River). Dann Weiterfahrt nach Norden und auf der US 98 und SR 267 bis
264/165		**Wakulla Springs State Park** (Lunch im Park oder in St. Marks).
	Nachmittag	Bootstour und/oder Baden in den Naturquellen von Wakulla. Auf US 319 und US 98 über **Carrabelle** nach
368/230		**Apalachicola**.

3. Tag – Route: Apalachicola – Panama City Beach (115 km/72 mi)

km/mi	Zeit	Route
0	Vormittag	Zu den Stränden auf **St. George Island** oder auf der **St. Joseph Peninsula**. Danach Fahrt von **Apalachicola** auf der US 98 nach Westen (nach Port St. Joe Zeitgrenze zur *Central Time* – 1 Stunde Zeitgewinn). Durch Panama City geht es weiter bis
115/72	Nachmittag	**Panama City Beach** und zum **St. Andrew's Park**. Picknick, Baden und eventuell ein Bootsausflug nach **Shell Island.**

4. Tag – Route: Panama City Beach – Fort Walton Beach – Pensacola (160 km/100 mi)

km/mi	Zeit	Route
0 40/25	Vormittag	Fahrt von **Panama City Beach** auf der US 98 West bis **Eden State Park**, Bummel durch die Gartenanlage. Weiter nach Westen über **Seaside** und **Grayton Beach** (evtl. Badepause am Dünenstrand der Grayton Beach State Recreation Area).

Sunset am Panama City Beach

4. Tag – Route: Panama City Beach – Fort Walton Beach – Pensacola (160 km/100 mi)

90/ 56		**Fort Walton Beach**, Besuch im **Indian Temple Mound Museum**.
	Nachmittag	Weiterfahrt auf der US 98 und über Santa Rosa Island (SR 399) nach
160/100		**Pensacola**, Bummel in der Altstadt und Besuch des **Historic Pensacola Village** und im **National Museum of Naval Aviation**.

5. Tag – Route: Pensacola – Tallahassee (323 km/202 mi)

km/mi	Zeit	Route
0	Vormittag	Fahrt von **Pensacola** auf der I-10 nach Osten.
125/ 78		**DeFuniak Springs**, Fahrt um den See im Ortszentrum und kurze Pause.
213/133		**Marianna**, für Höhlenfans Besuch der **Florida Caverns**. Auf der Weiterfahrt überquert die I-10 am Apalachicola River die Zeitgrenze zur *Eastern Time* (1 Stunde Zeitverlust).
323/202	Nachmittag	**Tallahassee**. Blick vom **Florida State Capitol** und Besuch der Geschichtsausstellungen im **Old Capitol**. Falls Zeit bleibt, kann man die **Pebble Hill Plantation** im nahen Georgia besuchen.

Abkürzungen/Extratouren: Bei weniger Urlaubszeit kann man im Westteil des Panhandle die Reise um ein bis zwei Tage abkürzen und entweder von Panama City, Seaside oder Fort Walton Beach aus nach Norden und über die I-10 nach Tallahassee fahren.

Falls noch mehr Zeit bleibt, können Sie von Pensacola aus die langen Strände und historischen Militärforts der **Gulf Islands National Seashore** erkunden (✆ 850-934-2600, www.nps.gov/guis/). Für Naturfreunde empfiehlt sich in den großen Waldgebieten nördlich von Pensacola eine Kanutour auf dem **Blackwater River** (mehrere Kanuvermieter in Milton nahe dem Blackwater River State Park).

Tarpon Springs Sponge Docks
Dodecanese Blvd., Tarpon Springs
www.spongedocks.net
Die hölzernen Piers am Nordrand des Ortes bergen heute Restaurants und viele Souvenirläden, in denen die berühmten Schwämme verkauft werden. Ein Aquarium zeigt die Unterwasserwelt eines Korallenriffs; manchmal auch Vorführungen über die Geschichte des Schwammtauchens.

Am Dock nebenan legt das Aussichtsboot der St. Nicholas Line zur kurzen Rundfahrt durch den Hafen ab (8 $).

Hellas Restaurant
85 Dodecanese Blvd.
Tarpon Springs, ✆ (727) 934-8400
Weiße Tische, blaue Stühle, griechische Küche – eines der größeren unter den vielen hellenischen Lokalen entlang der Docks. Guter Fisch und eigene Bäckerei. $–$$

Ringsum in der Altstadt von Tarpon Springs gibt es noch viele weitere kleine Kaschemmen wie etwa in der **Athens Street**; nett und individuell.

Homosassa Springs Wildlife State Park
4150 US 19, Homosassa, FL 23336
✆ (352) 628-5343, www.homosassasprings.org
Tägl. 9–17.30 Uhr, Eintritt 9 $
Große Naturquelle mit Tierpark, Spazierwegen und einem Unterwasser-Observatorium zum Beobachten der Fische und Manatees.

Crystal River

Crystal River Visitors Bureau
28 N.W. Hwy. 19, Crystal River, FL 34428
✆ (352) 628-9305, Fax 628-0703
www.visitcitrus.com

Plantation Inn
9301 W. Fort Island Trail
Crystal River, FL 34423
✆ (352) 795-4211, Fax 795-1156
www.plantationinn.com
Gepflegte Ferienanlage mit Häusern im Plantagenstil an einem Seitenarm des Crystal River. Gut für einige Aktivtage: Golfplatz, Bootsvermietung und eigene Tauchbasis. $$–$$$

Encore Crystal Isle RV Resort
11419 W. Fort Island Trail
Crystal River, FL 34423
✆ (352) 795-3774, Fax 795-4897
www.rvonthego.com
Großer Privatcampingplatz an einem Seitenkanal des Crystal River.

Crystal River Archaeological State Park
3400 N. Museum Point, Crystal River
Tägl. 8 Uhr bis Sonnenuntergang, Visitor Center 9–17 Uhr, Eintritt 2 $ pro Fahrzeug
Im Museum wird die Frühgeschichte Floridas erläutert, im Freigelände sind Erd- und Muschelhügel einer prähistorischen indianischen Siedlung zu sehen.

Cracker's Grill
502 N. W. 6th St., ✆ (352) 795-3999

Geheimnisvoll düster: Sumpfzypressenwald

Gutes Fischrestaurant mit schöner Terrasse am Fluss. $–$$

Charlie's Fishhouse
224 US 19 N.W., Crystal River
✆ (352) 795-3949
Trotz des amerikanischen Namens ein japanisches Lokal. Gekocht wird am Tisch – mit viel Show. $–$$

Tauchen/Schnorcheln
Vor allem im Winter (Nov.–März) ist der Crystal River ein sehr beliebtes Ziel für Wasserratten. Dann überwintern hier zahlreiche Manatees, die man hautnah beobachten kann. Mehrere Dive-Shops und Schnorchelveranstalter im Ort, z.B. **Bird's Underwater**, ✆ (352) 563-2763 oder **American Pro Dive**, ✆ (352) 563-0041.

Cedar Key

Island Hotel
Main St., Cedar Key, FL 32625
✆ (352) 543-5111, Fax 543-6949
www.islandhotel-cedarkey.com
Hübsch restauriertes altes B & B-Hotel von 1859 mit viel nostalgischem Charme; nicht alle Zimmer mit eigenem Bad. Gutes Restaurant. $$

Cedar Cove Beach Club
Cedar Key, FL 32625
✆ (352) 543-5332, Fax 543-6269
www.cedarcove-florida.com
Ein modernes, kleines Hotel neben dem Yachthafen, eigener Strand. Restaurant »Island Room« mit Blick übers Meer. $$

Captains Table
Am Hafenpier, Cedar Key
✆ (352) 543-5441
Solides Fischrestaurant mit großem Deck auf dem hölzernen Pier. Schön zum Sonnenuntergang. $–$$

Manatee Springs State Park
Nähe Hwy. 320 und Cedar Key
✆ (352) 483-6072, tägl. 8 Uhr bis Sonnenuntergang, Eintritt $ 4 pro Auto
Naturreservat um eine klare Quelle am Suwannee River. Lehrpfade durch die Zypressensümpfe, schöner Campingplatz, Kanus.

Suwannee River Tours
Manatee Springs, ✆ (352) 949-0379
www.suwanneerivertours.com
Ein echtes Wildnis-Erlebnis: halb-, ganz- und mehrtägige Kanufahrten auf dem Suwannee River – auch geführte Touren.

Wakulla Springs/St. Marks

Wakulla Springs State Park
SR 267, ✆ (850) 926-0700
Tägl. ab 8 Uhr, Eintritt 4 $ pro Fahrzeug
Naturpark um eine große artesische Quelle, Bademöglichkeit, Fahrten mit Glasbodenbooten zur Tierbeobachtung (Vögel, Alligatoren).

Wakulla Springs Lodge
SR 267, ✆ (850) 926-0700
www.floridastateparks.org/wakullasprings
Restaurierte historische Lodge im State Park – mit etwas morbidem Charme und allnächtlichem Froschkonzert. Restaurant mit Spezialitäten der Südstaaten. $$

San Marcos de Apalache State Historic Site
SR 363, St. Marks
Do–Mo 9–17 Uhr, Eintritt 1 $
Am Zusammenfluss von Wakulla und St. Marks River liegen die Reste eines spanischen Forts von 1679.

Riverside Café
69 Riverside Dr., St. Marks
✆ (850) 925-5668
Freiluftlokal am Hafen mit Live-Musik. $–$$

Apalachicola

Coombs House Inn B&B
80 6th St., Apalachicola, FL 32320

✆ (850) 653-9199, Fax 653-2785
www.coombshouseinn.com
Nostalgie in der viktorianischen Villa eines Holzbarons der Jahrhundertwende. $$

The Gibson Inn
Apalachicola, FL 32329
✆ (850) 653-2191, Fax 653-3521
www.gibsoninn.com
Liebevoll restauriertes Gasthaus aus der Zeit der Jahrhundertwende; herrliche Holzveranda, alte Bar und gutes Restaurant mit Cajun-Küche. $–$$

St. George Island State Park
Gulf Beach Dr., am Ostende von St. George Island
✆ (850) 927-2111, Eintritt 5 $ pro Fahrzeug
Schöner staatlicher Campingplatz in einem Wäldchen gegenüber dem Strand; große Dünenlandschaft zum Baden.

John Gorrie State Museum
6th St. & Ave. D, Apalachicola
Do–Mo 9–17 Uhr, Eintritt 1 $
Dr. Gorrie erfand einst die Klimaanlage – das kleine Museum dokumentiert das damalige Leben in Nordflorida.

Boss Oyster Bar
23 Water St., Apalachicola
✆ (850) 653-9364
Hier wie beim etwas feineren Nachbarn »Caroline's« gibt's frische Austern bis zum Abwinken – roh, gebraten, überbacken und auf 40 weitere Arten. $

Blue Parrot Oceanfront Café
68 Gorrie St., St. George Island
✆ (850) 653-8902
Krabben, Austern und Fisch täglich frisch auf einem großen Deck am Wasser. $

Panama City Beach

Panama City Beach Visitors Bureau
12015 Front Beach Rd., P.O. Box 9473
Panama City Beach, FL 32417
✆ (850) 233-5070, Fax 233-5072
www.thebeachloversbeach.com

Marriott's Bay Point Resort
4200 Marriott Dr.
Panama City Beach, FL 32408
✆ (850) 236-6000, Fax 236-6158
www.marriottbaypoint.com
Großes, luxuriöses Feriendorf an der Bucht von Panama City mit fünf Swimmingpools, Tennis-Center und zwei Golfplätzen. Windsurfen, Schnorcheln; Ausflüge mit dem Schaufelraddampfer zu den einsamen Stränden von Shell Island. $$–$$$

Driftwood Lodge
15811 Front Beach Rd.
Panama City Beach, FL 32413
✆ (850) 234-6601, www.driftwoodpcb.com
Freundliches Strandmotel am etwas ruhigeren Westende der Stadt, sehr persönlich geführt. Günstige Wochenraten. $$

Campers Inn
8800 Thomas Dr.
Panama City Beach, FL 32407
✆ (850) 234-5731, www.campersinn.net
Großer, gutausgestatteter Privatplatz im Herzen von Panama City Beach; 300 m zum Strand; Vergnügungsparks und Restaurants nahebei.

St. Andrew's State Park
Am Ostende des Thomas Dr.
✆ (850) 234-5140
Weitläufiger, ruhiger Staatspark mit herrlichen weißen Stränden im Osten der Halbinsel von Panama City Beach; kleiner Laden, Naturpfade, Picknickplätze, Bootsausflüge nach Shell Island, einer idyllischen, nicht erschlossenen Insel vor der Bucht von Panama City mit kilometerlangen einsamen Stränden, ideal für Muschelsammler.

Shell Island Cruises
5701 W. Hwy. 98, ✆ (850) 785-4878
www.shellislandcruises.com
Touren zu einer einsamen Insel mit

schneeweißem Strand; auch Schwimmen mit Delphinen.

Museum of Man in the Sea
17314 Panama City Beach Pkwy.
Tägl. 10–16 Uhr, Eintritt 5 $
Tauchermuseum mit alten Druckanzügen und Ausstellungen zur Unterwasserexploration.

Eden State Park
An der US 98
Point Washington, FL 32454
Tägl. 8 Uhr bis Sonnenuntergang, Führungen Do–Mo stündl. 10–15 Uhr
Eintritt 3 $ pro Auto, Führung 3 $
Schöne Gartenanlage um ein klassizistisches Herrenhaus von 1898; herrliche, mit Spanischem Moos behangene Eichen.

Captain Anderson's
5551 N. Lagoon Dr., Panama City Beach
✆ (850) 234-2225
Sehr beliebtes Fischrestaurant an der Bay, auch Dinnerkreuzfahrten. $$

Spinnaker
8795 S. Thomas Dr., Panama City Beach
✆ (850) 234-7882
Beliebtes Partyhaus am Strand mit jungem Publikum; Bars, Restaurant, abends Live-Popmusik; Volleyballturniere am Strand und endlose Möglichkeiten, die neueste Bikinimode zu begutachten.

Sharky's
15201 Front Beach Rd.
✆ (850) 235-2420, www.sharkysbeach.com
Großer quirliger Strandclub am Westende der Stadt.

Fort Walton Beach

Emerald Coast Visitors Bureau
1540 Hwy. 98 East, P.O. Box 609
Fort Walton Beach, FL 32549
✆ (850) 651-7131, Fax 651-7149
www.destin-fwb.com

Sandestin Golf & Tennis Resort
9300 US 98 West, Destin, FL 32541
✆ (850) 267-8150, Fax 267-8222
www.sandestin.com
Weitläufiges Ferienresort mit mehreren Golfplätzen und großer Tennisanlage. Dazu ein herrlicher weißer Sandstrand. $$–$$$

Indian Temple Mound Museum
139 Miracle Strip Pkwy. (US 98)
Mo–Sa 9–16.30, So 12.30–16.30 Uhr
Kleines Museum mit Ausstellungen über die prähistorischen Indianerkulturen Nordfloridas. Gleich daneben liegt ein Tempelhügel der Mississippi-Kultur aus dem 14. Jh. samt rekonstruiertem Tempel.

Air Force Armament Museum
Hwy. 85, nördl. von Fort Walton Beach
Tägl. 9–16.30 Uhr, Eintritt frei
Für Waffenfreunde: Flugzeuggeschütze, Flugzeuge, Raketen und anderes historisches Kriegsmaterial der US Air Force.

Hog's Breath Saloon
541 Hwy. 98, ✆ (850) 837-5991
Gut besuchte Partykneipe im Nightlife-Viertel Shanty Town, häufig Live-Musik mit guten Bands. $

Pensacola

Pensacola Visitors Center
1401 E. Gregory St., Pensacola, FL 32501
www.visitpensacola.com
✆ (850) 434-1234, Fax 432-8211

New World Inn
600 S. Palafox St., Pensacola, FL 32501
✆ (850) 432-4111, Fax 432-6836
www.newworldlanding.com
Feines kleines Hotel in der Innenstadt, jedes Zimmer ist nach einer anderen Periode der Stadtgeschichte möbliert. Sehr gutes Restaurant. $$

Best Western Pensacola Beach
16 Via de Luna

Pensacola Beach, FL 32561
✆ (850) 934-3300, Fax 934-9780
www.bestwestern.com
Großes Ferienmotel im Strandtrubel von Santa Rosa Island. $$

Fort Pickens Campground
Santa Rosa Island
Großer staatlicher Campingplatz in der Gulf Islands National Seashore; Lehrpfade, Strand. Keine Reservierung möglich.

Historic Pensacola Village
205 E. Zaragoza St.
Pensacola, FL 32501
www.historicpensacola.org
Mo–Sa 10–16 Uhr, Eintritt 6 $, Kinder 2.50 $
Historisches Museum mit mehreren Altstadthäusern aus der Zeit von 1780 bis 1870. Auch das Florida State Museum im alten Rathaus gehört zum Village.

National Museum of Naval Aviation
US Naval Air Station, Pensacola, FL 32508
✆ (850) 452-3604
www.naval-air.org
Tägl. 9–17 Uhr, Eintritt frei
Großes Flugzeugmuseum zur Geschichte der Marineflieger. Viele Raritäten aus den Frühtagen der Fliegerei bis hin zu einem Mond-Fahrzeug; IMAX-Kino, Café und Museumsshop.

Fort Pickens
Fort Pickens Rd., Santa Rosa Island
Straße nach Hurrikanschäden bis 2009 geschlossen.
Große Militärfestung von 1834, die nach dem Bürgerkrieg als Gefängnis diente berühmtester Häftling war der Apachenhäuptling Geronimo.

Jerry's Cajun Cafe
6205 N. 9th Ave. Pensacola
✆ (850) 484-6962
So nahe an New Orleans müssen Sie mal Cajun Küche probieren – hier ist sie recht authentisch und nach Wunsch auch nicht zu scharf. $$

Reiche Beute aus dem Golf von Mexiko

Florida Caverns State Park
5 km nördl. von Marianna an der SR 167
Führungen 9–16 Uhr
Eintritt 4 $ pro Auto, Führungen 8 $
720 ha großes Parkgelände mit Naturpfaden, Kanutrail und *sinkholes*. Die große Attraktion aber sind die Kalksteinhöhlen mit vielen Stalagmiten und Stalaktiten.

Tallahassee

Tallahassee Visitor Information Center
106 East Jefferson St.
Tallahassee, FL 32302
✆ (850) 606-2305, Fax 606-2301
www.VisitTallahassee.com

Governor's Inn
209 S. Adams St., Tallahassee, FL 32301
✆ (850) 681-6855, Fax 222-3105
www.thegovinn.com
Elegantes historisches Hotel in bester Lage im Stadtzentrum. \$\$\$–\$\$\$\$

Park Plaza Tallahassee
415 N. Monroe St.
Tallahassee, FL 32301
✆ (850) 224-6000, Fax 222-0335
www.parkplaza.com/tallahasseefl
Angenehmes First-class-Hotel am Rand der Innenstadt, gut für eine Nacht auf der Durchreise. \$\$\$

La Quinta Inn North
2905 N. Monroe St.
Tallahassee, FL 32301
✆ (850) 385-7172, Fax 422-2463
www.lq.com
Einfaches, freundliches Kettenmotel nahe der Autobahn am Nordrand der Stadt; ringsum liegen zahlreiche weitere günstige Motels. \$

Tallahassee RV Park
6504 W. Mahan Dr.
Tallahassee, FL 32308
✆ (850) 878-7641
www.tallahasseervpark.com
Baumbestandener Privatcampingplatz am Stadtrand nahe der Autobahn.

Florida State Capitol Complex
Monroe St. & Apalachee Pkwy.
Großer Regierungskomplex mit Senat und Parlament des Staates; zum Gelände gehören außerdem ein modernes Science Museum und ein Kunstmuseum. Der klassizistische Bau des alten Capitol ist heute historisches Museum, das alte Archivgebäude beherbergt das **Museum of Florida History** (beide Museen Mo–Fr 9–16.30, Sa ab 10, So ab 12 Uhr; Eintritt frei).

Im neuen Capitol, einem recht hässlichen Turmbau, bietet sich von der Aussichtsterrasse im 22. Stock ein weiter Blick über die Stadt (werktags 8–17 Uhr, Eintritt frei).

Mission San Luis de Apalachee
2020 W. Mission Rd.
Tallahassee, FL 32304
Di–So 10–16 Uhr
Eintritt frei
Ein Freiluftmuseum zur spanischen Geschichte der Region, an Wochenenden häufig mit kostümierten »Kolonisatoren« bevölkert.

Tallahassee Museum of History and Natural Sciences
3945 Museum Dr. (rund 10 km südwestl. der Stadt)
Tägl. 9–17, So ab 12.30 Uhr
Eintritt 9 \$, Kinder 6 \$
Großer Museumskomplex mit naturkundlichen Ausstellungen über Nordflorida, dazu ein Naturlehrpfad im Freigelände, eine restaurierte alte Farm und andere historische Gebäude.

Alfred B. McClay State Gardens
3540 Thomasville Rd.
Tägl. 9–17 Uhr
Eintritt 4 \$
Prächtige Gartenanlage um das alte Herrenhaus eines New Yorker Bankiers. Im Frühjahr Azaleenblüte.

Pebble Hill Plantation
US 319, Thomasville, GA 31799
✆ (229) 226-2344
www.pebblehill.com
Di–Sa 10–17, So 13–17 Uhr
Eintritt 5 \$, Führung 10 \$, Kinder 4 \$
Große Plantage von 1827 mit herrlichen Gartenanlagen, Ställen und Wohnhäusern; das als Museum eingerichtete Herrenhaus wurde nach einem Brand in den 1930er Jahren wiedererrichtet.

Andrew's Capital Grill
228 S. Adams St., Tallahassee
✆ (850) 222-3444
Beliebtes In-Lokal mit verfeinerter ameri-

kanischer Küche; Jazzbar. Zum Lunch kommen oft die Politiker aus dem Capitol nebenan. $$

Kool Beanz Cafe
921 Thomasville Rd., Tallahassee
✆ (850) 224-2466
Witziges Szenelokal, jeden Abend gut gefüllt mit jungen Leuten. $$

Nino
6497 Apalachee Pkwy. Tallahassee
✆ (850) 878-8141
Gepflegtes italienisches Lokal, zwar abseits am Stadtrand, aber die Reise wert. $$

Chez Pierre
1215 Thomasville Rd., 32303 Tallahassee
✆ (850) 222-0936
Ausgezeichnetes französisches Bistro mit großer Fischauswahl. Gut zum Lunch. $$

The Moon
1105 E. Lafayette St. Tallahassee
✆ (850) 878-6900
Großer Rockclub mit guten Bands, freitags ist Country-Abend.

Flair des Old South: Pebble Hill Plantation

Der Panhandle

Eine andere Welt

Der weite Nordwesten Floridas liegt Welten von den glitzernden Badeorten und den trubeligen Hochburgen des organisierten Vergnügens im Süden des Staates. Mit wenigen Ausnahmen bestimmen stille Wälder und lange, einsame Dünenstrände hier das Landschaftsbild. Große Attraktionen sucht man vergebens, doch dafür gibt es viel Südstaatenflair mit moosbehangenen Eichen und verschlafenen alten Fischerorten. Dunkle, romantisch überwucherte Dschungelflüsse

Homosassa Springs: das warme Wasser lockt die Fische an

laden zu Kanutouren ein; in den kleinen Häfen kann man oft direkt am Pier frische Austern von den Fischern kaufen. Nicht zu vergessen die fabelhaften, schneeweißen Strände, die von den warmen Wellen des Golfs von Mexiko sanft umspült werden.

Trotz dieser Reize ist die Region bis heute nur wenig bekannt. Wer weiß schon, dass die Hauptstadt des Sonnenstaates hier oben in den Wäldern liegt? Oder dass hier Floridas größte artesische Quelle aus dem kalkigen Untergrund sprudelt? Es gibt also auch einiges zu

Manatee in Homosassa Springs

sehen – aber nicht viel. Nordflorida ist ein Ziel für Naturliebhaber und Strandläufer, die ganz in Ruhe die Seele baumeln lassen wollen. Selbst im Hochsommer, wenn in Badeorten wie Panama City Beach Rummel herrscht, bleibt reichlich Platz an den Stränden.

Hinsichtlich der Lebensart – sogar der Urlauber – gehört dieses bis heute sehr dünn besiedelte Gebiet zum Alten Süden: Einige restaurierte Plantagenhäuser und die Küche der ländlichen Lokale sind deutliche Indizien dafür. In den kleinen Hafennestern scheinen die Uhren noch in einem ganz anderen Takt zu ticken. Man lässt sich Zeit für einen Plausch im Laden, für ein kaltes Bier auf der Veranda am Meer – eine Reise durch Nordflorida ist Urlaub von der Uhrzeit.

Die Organisation der Tour ist unkompliziert: Kleine Motels und gemütliche Bed & Breakfast-Inns finden sich reichlich, nur im Juli und August sind die Strandorte manchmal ausgebucht. Die besten Reisemonate sind daher Mai, Juni, September und Oktober. Der Name *Panhandle*, »Pfannenstiel«, hat sich für Nordwestflorida eingebürgert, weil die politische Grenze eine Art Stiel bildet, mit dem die große Halbinsel Florida am Festland hängt.

1. Tag Tsatsiki, Manatees und Dschungelflüsse

Pinellas County, der Regierungsbezirk auf der großen Halbinsel von St. Petersburg, zählt zu den am dichtesten besiedelten Regionen Floridas. Schier endlos ziehen sich Resorthotels und Apartmentklötze die Strände hin, im Inneren der Halbinsel dehnen sich die Wohnbezirke aus. Kein Grundstück, kein Sandhügel ist vom Ansturm der Bauarbeiter verschont geblieben. Gibt es denn überhaupt noch natürliche Landschaften an der Westküste?

Ja, schon der heutige Tag wird zeigen, dass die Region nördlich der Tampa Bay vom Bebauungsvirus bisher wenig befallen ist und noch unbegradigte Flüsse und idyllische Zypressenwälder birgt, die viel von der Atmosphäre des ursprünglichen Florida vermitteln.

Reiche Ernte: ein Schwammboot in Tarpon Springs

Doch zunächst geht es in dichtem Verkehr schnurgerade nach Norden. Vorüber an ungezählten Autohändlern, Supermärkten, Malls und an langen Reihen kleiner Altersruhesitze. Dazwischen zeigen ab und zu Schilder die Einfahrten in *mobile home parks*, die »Dauer-Campingplätze« der rollenden Häuser, an. Pinellas County hält in Florida den einsamen Rekord dieser Art von mobilem Wohnvergnügen. Von der knappen Million Einwohner des Bezirks lebt fast jeder zehnte in einem *mobile home*.

Am blauen Wasser der Bucht von **Tarpon Springs**, etwas weiter nördlich an der US 19, erlebt man verblüfft ein völlig anderes Ambiente – ein originales griechisches Dorf. Weißgekalkte Häuschen und bunte Läden säumen die Straßen, Knoblauchduft strömt aus den Lokalen, Sirtaki-Klänge kommen aus den Seitengassen. Unten am Wasser werden Boote entladen, und gleich daneben drängen sich Touristen wie auf Kreta.

Die Verbindung von Tarpon Springs zur Ägäis ist mittlerweile fast 100 Jahre alt. Der Grieche John Corcoris entdeckte Anfang dieses Jahrhunderts hier an der Golfküste ausgedehnte Vorkommen von Naturschwämmen. Zusammen mit dem Händler John Cheyney gelang es ihm, die bis dahin von den Fischern in Key West dominierte Branche zu übernehmen.

Er holte Taucher aus Griechenland und geschickte Verarbeiter der Schwämme. Bald war Tarpon Springs die »Schwammhauptstadt« der Welt, und mehrere tausend Griechen beuteten die reichen Vorkommen aus. Der Ort blühte, bis Anfang der 1940er Jahre ein Virus fast 90 Prozent der Schwämme vor der Küste tötete und wenig später Plastik-Ersatz auf den Markt kam.

Doch die Griechen und ihr Dorf sind geblieben. Nur sind an den **Springs**

Sponge Docks am Hafen heute Boutiquen und Souvenirläden eingezogen, und die Nachfahren der Taucher verhökern Badeschwämme. Kleine Ausstellungen hier und da erinnern noch an die harten Tage von früher. Manchmal läuft auch heute noch nebenan am Kai ein Boot, über und über mit Schwämmen beladen, ein. Sie sind wieder nachgewachsen, aber der jungen Generation ist das Schwammtauchen zu gefährlich und der Lohn dafür zu gering. Eine Taverne oder einen Souvenirladen zu führen ist da einträglicher.

So regiert am **Dodecanese Boulevard** denn auch der Kommerz: Dicht an dicht stehen die Postkartenständer und Gyrosbuden. Trotzdem hat sich das griechische Flair erhalten. In den Seitenstraßen kann man kleine griechisch-orthodoxe Kirchen mit wunderschönen Ikonostasen entdecken. Und in den Bäckereien duften Baklava und Mandelkuchen.

Wassili, der Besitzer einer *bakery*, erzählt, dass er mindestens einmal im Jahr die Verwandtschaft in Griechenland besucht. Mit seinen Stammkunden, die hemdsärmelig zum Plausch erscheinen, spricht er nur griechisch. Und für die Touristen serviert er erst wässrigen amerikanischen Kaffee, holt aber dann, wenn man griechische Feinschmecker-Kenntnisse zeigt, aus der Küche den starken, gekochten Mokka und beginnt voller Heimweh von den Inseln der Ägäis zu schwärmen.

Nach dem Hellas-Abstecher geht es weiter nordwärts, und schon bald tritt die Zivilisation in den Hintergrund. Die Straße verläuft einige Meilen von der Küste entfernt durch immer kleiner werdende Orte. Kiefernwälder bestimmen das Bild, unterbrochen von kleinen Farmen. Hier beginnt Nordflorida mit seinen weiten, dünnbesiedelten Waldregionen. Zwar wurde das Gebiet bereits um 1830 von Pionieren entdeckt, als sich noch niemand in das sumpfige Indianerland im Süden des Staates wagte, aber die wirkliche Erschließung ging im 20. Jahrhundert nur sehr zögernd voran. Der Mangel an Sandstränden und das im Winter bereits kühlere Wetter haben das Land den Farmern und Naturfreunden gelassen.

Ein paar Attraktionen entdeckt man dennoch am Highway-Rand – große artesische Quellen vor allem. Einige werden clever vermarktet, wie etwa **Weeki Wachee Springs**, in denen sich Wassernixen zur Show tummeln. Andere sind noch weitgehend naturbelassen wie **Homosassa Springs**, wo im klaren Wasser große Fischschwärme ihre Kreise ziehen.

Ruhig und grün sind die Dschungelwege in diesen Parks und weit entfernt von der synthetischen Atmosphäre der großen Vergnügungsparks bei Orlando. Vom Unterwasserobservatorium aus kann man die Seekühe des Parks beobachten – zumeist verletzte Tiere, die hier unter der Pflege der Ranger wieder aufgepäppelt werden. Schläfrig und gemütlich tapsen sie durchs Wasser und mampfen Salatköpfe, offenbar ihr Leibgericht.

Die Quellen, von denen es in Nordflorida Tausende gibt, verdanken ihre Existenz dem sogenannten Florida Aquifer, dem porösen, wasserhaltigen Kalkfels, der den Untergrund der gesamten Florida-Halbinsel bildet. Undurchlässige Lehmschichten trennen das im Tiefenfels unter Druck stehende Wasser von der Oberfläche. Nur dort, wo diese Schichten dünner sind, kommt es nach oben. Dann sprudelt das klare Süßwasser in artesischen Quellen aus dem Boden. Allein 27 große Quellen mit einem Wasserausstoß von mehr als drei Kubikmeter pro Sekunde liegen im nördlichen Florida. Bei Homosassa Springs sind es sogar bis zu 7,2 Kubikmeter pro Sekunde – gewaltige 26 Millionen Liter pro Stunde!

Einige Kilometer nördlich von Homosassa entspringt im üppigen Grün – wiederum aus artesischen Quellen – der langsam fließende **Crystal River**, der durch seine Wassermenge fast wie ein von Inseln und Kanälen durchwirkter See anmutet. Der gleichnamige Ort ist ein zwischen hohen Zypressen und wildwucherndem Unterholz am Ufer verstreutes Nest mit nur 4000 Einwohnern. In diese kaum besiedelten Wälder hat die Energiekommission von Florida 1977 ein Atomkraftwerk gesetzt. Die Bewohner mussten sich wohl oder übel damit abfinden – und den fast ausgerotteten Manatees scheint es sogar zu gefallen, denn sie lieben das warme Abwasser.

Seekühe sind in Florida streng geschützt. Träge driften die unförmigen, nicht besonders intelligenten und völlig harmlosen Kolosse durch die Gewässer entlang der Küste und fressen wie ihre (allerdings nur sehr entfernt verwandten) Namensvettern an Land den ganzen Tag lang Gras. An die 50 Kilogramm Seegräser und Wasserhyazinthen verdrücken die bis zu einer Tonne schweren »sanften Riesen« täglich. Damit nützen sie sogar dem Menschen, weil sie die Kanäle und Wasserläufe vor dem Zuwachsen bewahren. Aber sie schaden sich dabei selbst, denn der Bootsverkehr ist ihr ärgster Feind. Eine Berührung mit den Antriebsschrauben der schnellen Maschinen führt zu bösen, oft tödlichen Verletzungen.

In den meisten Flüssen und Buchten sind sie daher bereits ausgerottet. 70 bis 90 Seekühe sterben alljährlich durch vom Menschen verursachte Unfälle. Weil die Weibchen dieser Meeressäugetiere nur alle drei bis vier Jahre ein Junges gebären, ist der Erhalt der Art extrem gefährdet.

Weniger als 3000 Seekühe gibt es heute in Florida, ein Viertel davon lebt im Gebiet des Crystal River. Bereits 1983 wurde der nur elf Kilometer lange Fluss zum Manatee-Schutzgebiet erklärt; für Boote gilt ein striktes Geschwindigkeitslimit. Die in Florida sonst so beliebten Speed-Boote sind hier nicht erlaubt. Dafür ist der Crystal River zum Geheimtip für Taucher geworden, die im klaren Flusswasser den gemächlich umherpaddelnden, freundlichen Riesen Gesellschaft leisten.

Seekühe haben keine natürlichen Feinde und deshalb auch keine Angst vor dem Menschen. Manchmal spielen sie sogar mit den Tauchern, und wenn sich zwei Manatees begegnen, kann es sein, dass sie sich mit den Flossen »umarmen« und sogar ihre dicken, bärtigen Lippen zum »Willkommenskuss« aufeinanderdrücken. Schließlich sehen sie sich nicht häufig, denn den Sommer verbringen sie weitverstreut entlang der Küste, in kleinen Flüssen und Buchten. Im Winter, wenn die Meerestemperatur unter 22 Grad abfällt, suchen sie wärmeres Wasser auf, z.B. die ganzjährig warmen Naturquellen an der Westküste – oder eben die wohlig warmen Abwasser der Kraftwerke.

Dass die Naturquellen schon seit Jahrtausenden auch für die Menschen attraktiv waren, zeigt der **Crystal River Archaeological State Park** am Nordrand des Ortes. Bereits vor 1500 Jahren siedelte hier ein indianisches Fischervolk und errichtete über zehn Meter hohe Tempelhügel.

Eine ganz andere, moderne Ruine überquert die US 19 etwas weiter nördlich: den tiefen Einschnitt des *Florida Barge Canal*, ein Denkmal der sinnlosen Bauwut in Florida und eines späten Siegs der Naturschützer. Bereits die Spanier wollten einen Wasserweg quer

Romantik am Withlacoochee River: Yankee Town Lodge

durch Nordflorida bauen, im Zweiten Weltkrieg wurde die Idee von den Militärs wieder aufgegriffen. Erst in den 60er Jahren begann jedoch der »Jahrhundertbau«, der den St. Johns River bei Jacksonville mit der Westküste verbinden sollte.

Die ersten Staudämme und Kanalabschnitte waren bereits fertiggestellt, als die kühnen Rechner und Planer plötzlich feststellten, dass wohl nie genügend Lastschiffe die Wasserstraße befahren würden, um sie profitabel zu machen. Wissenschaftliche Gutachten beschworen einen ökologischen Alptraum herauf, der Bau würde ganze Flüsse zerstören und womöglich die Wasserversorgung ganz Zentralfloridas gefährden. 1971 gab Präsident Nixon den massiven Protesten der Naturschützer nach und stoppte den Bau. Nach langen Debatten beschloss der Staat Florida dann 1991, den gesamten Verlauf der Kanalschneise in ein Naturschutz- und Erholungsgebiet zu verwandeln.

Nixon, der ehemalige US-Präsident und Watergate-Missetäter, rettete so auch den Withlacoochee River und unser nächstes Ziel, **Yankeetown**. In dem nostalgischen Miniort, wo unter großen Eichen und Zypressen die alten Häuser am Riverside Drive vor sich hin träumen, scheint die Zeit stehengeblieben zu sein – eine perfekte Südstaatenidylle, geeignet als Filmkulisse. Das fand auch »King« Elvis Presley, der hier 1961 den Schnulzenfilm »Follow that Dream« drehte. Und seither hat sich in Yankeetown kaum etwas geändert.

Außerdem lohnt es sich, bis zum Ende der Straße ans Meer zu fahren, wo Palmeninseln über dem glitzernden Wasser aufsteigen. Die Uferlinie selbst ist stark versumpft, große Schilfflächen bedecken das Brackwasser, dazwischen wieder Hammocks, winzige Hügel festen Landes.

Der Fluss selbst schlingt sich in weiten Mäandern zum Meer hin, immer begleitet von großen Zypressen – also ein ideales Fleckchen für eine Bootsfahrt oder Paddeltour im Dschungel. Aus dem dunklen Wasser tauchen manchmal die unförmigen Rücken der Manatees auf; Reiher sitzen auf Ästen, die über das Wasser hängen, und spähen nach einem Fisch.

Wenn man am Abend so am Wasser sitzt und auf den Withlacoochee River schaut, dann rückt das moderne Florida mit seinem lauten Nightlife immer weiter weg. Draußen am Fluss beginnt das abendliche Konzert der Vögel und Ochsenfrösche, an der Decke schwirren die Ventilatoren ...

Nicht ganz so überwuchert, aber ebenso verträumt und nostalgisch ist der nächste Ort an der Küste: **Cedar Key**. Während des Bürgerkriegs war das Städtchen mit seinen großen Holzpiers einer der wichtigsten Häfen Floridas, später wurde von hier das Holz des Hinterlandes in alle Welt verschifft. Sogar der deutsche Fabrikant Faber bezog damals das Holz für seine Bleistifte aus Florida. Doch das ist längst vorbei, heute macht das 700-Einwohner-Nest einen verschlafenen Eindruck. Fischer sind hier zu Hause, ein paar Künstler haben sich angesiedelt, einige kleine Hotels und Restaurants kümmern sich um die Naturfreunde und Nostalgiereisenden, die es hierher zieht. Und die größte Attraktion beim abendlichen

Warten auf den großen Fang: im Hafen von Cedar Key

Bummel auf dem Pier ist die Crash-Landung eines Pelikans.

2. Tag **Ins Land der Austernfischer**
Apalachicola

Bei Cedar Key beginnt endgültig das einsame Waldland Nordfloridas. Offizielle Grenze ist der **Suwannee River**, der im etwas rührseligen amerikanischen Volkslied »Down upon the Swanee River« verewigt wurde. Weit nördlich im Okefenokee Swamp entspringt er, mäandert träge von Georgia bis zum Golf von Mexiko und zieht dabei die Trennlinie zum Panhandle. Der klingende Name des Flusses beschwört Bilder der Südstaaten herauf, kündet von sattgrün überwucherten Ufern und dunklen Zypressenwäldern.

Genau dem Klischee entsprechend, zeigt sich der Suwannee River dann auch beim ersten Stopp im idyllischen **Manatee Springs State Park**. Hier wurde alles naturbelassen, die Ranger haben nur einige Brettersteige angelegt, damit man nicht völlig im Sumpf am Ufersaum versinkt.

Vor oder nach einem erfrischenden Bad in den klaren Quellen kann man den Pfad zum Fluss hinabspazieren. Überall raschelt es im Unterholz – vielleicht Waschbären oder Schildkröten. Auf den mächtigen Zypressen am Ufer des hier schon gut 100 Meter breiten Flusses sitzen Geier und Reiher und halten Ausschau nach einem zweiten Frühstück.

Zurück auf der US 19 geht es weiter nordwärts über den Fluss, umgeben von Wäldern: 80 Prozent Nordfloridas sind dichtbewaldet, vorwiegend mit schnellwachsenden Kiefern, die der Forstindustrie den größten Profit versprechen. Nur noch in großen Abständen tauchen

Anhinga (Schlangenhals-Kormoran)

kleine Orte auf, jeweils zusammengesetzt aus Tankstellen, ein paar winzigen Läden und Billig-Motels. Auch Restaurants sind dünn gesät, da ist es besser, mit dem Lunch bis **St. Marks**, einem urigen kleinen Fischernest nahe der US 98, zu warten, wo man im »Riverside Café« nett am Hafen sitzen kann.

Nahe dem heutigen St. Marks an der Apalache Bay ließ der Konquistador Pánfilo de Narvaéz, der bei seiner Expedition 1528 von Süden her über Land gekommen war, neue Schiffe bauen. Später kam dann noch Hernando de Soto vorbei, und schließlich legten die Spanier 1679 ein Fort an, dessen Überreste heute in der **San Marcos de Apalache State Historic Site** zu besichtigen sind.

Das Highlight der Region aber liegt etwas weiter im Landesinneren: das Naturschutzgebiet von **Wakulla Springs**, der größten artesischen Quelle Floridas.

Rund zwei Milliarden Liter Wasser strömen täglich aus dem unterirdischen Höhlensystem, das nach neuen Erkenntnissen der Forscher bis zum gut 30 Kilometer entfernten Lake Jackson reicht. 56 Meter tief ist die Quelle, aber von den Glasbodenbooten aus erscheint der Grund im meist kristallklaren Wasser zum Greifen nahe.

Die Bootstouren führen noch ein Stück durch das Schutzgebiet stromabwärts auf dem Wakulla River. Zwischen den malerisch mit Moos behangenen, uralten Zypressen kann man oft Alligatoren, Sichler und Reiher beobachten. Auch einen Blick in die herrliche alte Lodge an der Quelle dürfen Sie nicht versäumen: Im Foyer liegt – ausgestopft – der 200 Jahre alte Monster-Alligator Old Joe, der früher das Maskottchen des Parks war und in den 1960er Jahren von Wilderern gemeuchelt wurde.

Viktorianische Pracht: Coombs House Inn

Die Route führt auf der US 98 wieder näher ans Meer. Hier und dort kommen bereits die ersten Strände in Sicht – noch sind es aber nicht die schneeweißen Dünenstrände, die den Panhandle so berühmt machen. In diesem Abschnitt säumt eine lange Kette vorgelagerter Inseln das Festland, und nur dort draußen häuft das Meer den Sand an. In längeren Abständen folgen ein paar kleine, verschlafene Fischerhäfen. Dazwischen immer wieder Ferienhäuser – auf Stelzen gebaut wegen der Überflutungen bei Hurrikanen – und sonst nur riesige Wälder. Die Bäume entlang dem Highway sind häufig von dichten Ranken überwuchert. Einige davon sind heimische Gewächse, aber der ehrgeizigste Wucherer ist *kudzu*, ein Import aus Asien.

Ursprünglich wurde die Ranke als Zierpflanze zur Begrünung der Gärten importiert, entkam aber in die Wildnis und droht nun die ganzen Südstaaten der USA zu überwachsen. Zuwenig Frost gebe es hier, um das Kraut in Schach zu halten, sagen die Floridianer und witzeln sogar: »Bleib bloß nirgendwo im Wald stehen, sonst überwuchert dich das Kudzu.« Vieles spricht dafür, dass ihnen das Lachen bald vergehen könnte.

Carrabelle ist eines der typischen Fischerdörfer. Im Hafen tuckern die Krabben- und Austernboote vom Fang herein, daneben warten schon die Arbeiter der kleinen Fischfabriken auf die Ladung. Im Ortszentrum rechter Hand steht eine Telefonzelle, die früher in Carrabelle das »Polizeihauptquartier« darstellte. Mittlerweile haben die Gesetzeshüter zwar ein kleines Büro im Rathaus bekommen, aber die Zelle ist zum Wahrzeichen des Dorfes geworden. So parkt – schon aus Nostalgie – auch heute noch oft ein Streifenwagen daneben und wartet auf den Einsatz. Doch in

Austern satt: In Apalachicola werden die Austern sackweise abtransportiert

den meisten Fällen bleibt es beim Parken und Warten.
Die westlich von Carrabelle beginnende **Apalachicola Bay** ist berühmt für ihre exzellenten Austern. Wie von alters her staken die Fischer in kleinen Booten in den flachen Sund hinaus und ernten die Muscheln mit der Hand. Rings um die Bootsstege türmen sich die Säcke voller Austern und um die Häuser meterhohe Berge von Schalen. Sogar die Parkplätze im Ort sind mit Schalen geschottert – Knirschen begleitet jeden Schritt.

Rund 80 Prozent der Austernernte Floridas kommen aus **Apalachicola**, zwei Millionen Pfund sind es alljährlich. In einer der kleinen *Raw Bars* kann man die Meeresfrüchte kosten, oder man holt sich in einem Hafenbetrieb einen ganzen Sack voll und macht Picknick mit Austern satt.

Es gibt jedoch noch eine weitere Leistung, deren sich Apalachicola rühmen kann: Mitte des 19. Jahrhunderts entwickelte hier Dr. John Gorrie die erste Maschine zur Luftkühlung – den Vorläufer der Klimaanlage –, um seinen Malariapatienten die Sommerhitze erträglicher zu machen. Medizinisch und technisch interessierte Besucher können im kleinen **John Gorrie State Museum** die Apparate bewundern, die die Geschichte Floridas veränderten, weil sie die Besiedlung des Südens erst ermöglichten.

3. Tag — Sand so weiß wie Schnee
Panama City Beach

Nach der langen Anfahrt durch den Wald tut ein Tag mit Baden und Sonnen gut. Zu einem ersten Strandabstecher locken gleich bei Apalachicola die vorgelagerten Inseln. Die größte darunter, **St. George Island**, erreicht man über einen langen Damm vom Festland aus. Jetzt am Morgen bringen im dunklen Wasser der Apalachicola Bay die Austernfischer mit ihren kleinen Boote die Ernte ein.

Draußen auf der sehr schmalen, aber fast 45 Kilometer langen Insel ist man dann plötzlich in einer anderen Welt mit weiße Dünen und langen Reihen von pastellfarbenen Ferienhäusern auf Stelzen entlang den Stränden. Und das Wasser ist nicht mehr dunkel, sondern schimmert in leuchtendem Türkisgrün. Ganz am Ostende des Eilands liegt der knapp 1200 Hektar große **St. George Island State Park**. Hurrikan »Dennis« hat im Sommer 2005 den Sand hier kräftig durcheinander gewirbelt, aber mittlerweile sind die meisten Schäden aufgeräumt.

Zu Mittag vielleicht noch ein paar Austern in einer der kleinen Kneipen auf der Insel, und dann geht es wieder weiter nach Westen. Vorbei an **Port St. Joe**, einem Industriehafen mit qualmender Papiermühle, und weiter durch das Sperrgebiet der Tyndall Air Force Base. Auch in **Panama City** lohnt es sich noch nicht anzuhalten, wohl aber im vorgelagerten **Panama City Beach**, dem größten und beliebtesten Ferienort des Panhandle.

Lange Reihen von Motels, Apartmentanlagen und T-Shirt-Läden ziehen sich die Hauptstraße Front Beach Road entlang – vieles blitzblank und neu, denn Hurrikan »Opal« hat im Herbst 1995 den Ort kräftig zerzaust und viele der früheren Bauten weggeweht.

Pastelltöne wie von Edward Hopper: Ferienhäuser auf St. George Island

Beliebtes Ziel der Südstaatler zur Sommerfrische: Panama City Beach

»Redneck Riviera« wird dieser Küstenstreifen oft tituliert, weil dies das angestammte Erholungsgebiet der ländlichen Südstaatler ist. Als Rednecks wurden früher die Farmer und Arbeiter bezeichnet, die durch ständige Beschäftigung im Freien einen sonnverbrannten Hals bekamen. Heute werden scherzhaft alle Kleinstadt-Südstaatler derart kategorisiert, auch wenn sie längst nicht mehr so konservativ sind wie die eigentlichen Rednecks. Für die patriotische Südstaatenflagge auf dem Auto und das sehnsüchtige Seufzen an der Bar über die »good ol' days« vor dem Bürgerkrieg reicht es aber allemal – auch wenn man diese Zeit nie erlebt hat.

Im Hochsommer gehören die Strände hier den Rednecks. Aber es sind auch viele Studenten darunter, denn neben Daytona Beach gilt Panama City als beliebtestes Partyziel während der Semesterferien. Da dröhnen die Kids dann mit aufgemotzten Autos die Miracle Mile entlang, und in den Partyclubs am Strand geht es bei Bikini-Contests und Rockbands hoch her. Der kitschige Trubel an der *Miracle Mile* ist wohl ein notwendiges Übel, die eigentliche Attraktion in Panama City Beach aber sind die Strände und Dünen – aus womöglich noch weißerem Sand als auf St. George Island.

Der pulverfeine Quarzsand wurde nach den Eiszeiten aus dem Norden von gewaltigen Urflüssen aus den Appalachen in den Golf geschwemmt und von den Meeresströmungen dann hier angehäuft. Kein Wunder, dass die Sonnenbrillenstände lukrative Geschäfte machen – die im Sand reflektierende Sonne kann angeblich sogar zu »Schneeblindheit« führen.

Eden State Gardens westlich von Panama City ▷

Die ruhigsten Strandabschnitte warten ganz am Ostrand der Stadt im **St. Andrew's State Park**, wo sich die Dünen über 20 Meter hoch auftürmen. Ein lohnender Ausflug führt hinaus nach **Shell Island**, einer fast unberührten Insel, an deren herrlichen Stränden man den Nachmittag verbummeln kann. Im flachen Wasser gibt es hübsche Muscheln zu finden, der feuchte Sand ist ideal zum Burgenbauen, und vielleicht lassen sich auch einige zutrauliche Delphine blicken.

Am späteren Nachmittag locken dann die Vergnügungsparks und Strandbars im Ortszentrum. Panama City Beach hat an der Miracle Mile eine schrille Sammlung von Fun-Parks, Minigolfplätzen, Berg-und-Tal-Bahnen und Jahrmarktbuden aufgebaut – so kitschig, dass es schon wieder originell ist. An der Bar oder bei einer Runde Minigolf ergibt sich meist eine Gelegenheit, die urlaubenden Südstaatler kennen zu lernen.

4. Tag Südstaatenflair und Strandvergnügen

Nach dem Rummel in Panama City Beach ist es wieder an der Zeit, ruhigere Oasen zu suchen, die es zum Glück hier im Panhandle reichlich gibt. Nur ein paar Kilometer im Hinterland der Küste wartet zum Beispiel eine kleine Enklave mit der Atmosphäre des Old South: die **Eden State Gardens**, eine Parkanlage am Ufer der Choctawhatchee Bay.

Das Ende des 19. Jahrhunderts von einem Holzbaron erbaute, säulenumstandene Herrenhaus ist umgeben von majestätischen Eichen, die unter der

Macht fit und braun: Beach Volleyball

Einsame Dünenlandschaften: Grayton Beach

Last des grauen Spanischen Mooses zu ächzen scheinen. Im März zur Azaleenblüte zeigen sich die Gärten von ihrer schönsten Seite, aber ein Bummel im schattigen Park lohnt sich zu jeder Jahreszeit.

Nur wenige Kilometer südlich dieser beschaulichen Anlage protzt am Strand von Seaside wieder in krassem Kontrast das moderne Florida: der ungewöhnliche Ferienkomplex von **Seaside Village**. Weiße Fensterstöcke und verspielte Erker an den pastellbunten Häusern täuschen ein – hier völlig unpassendes – Dorf aus New England vor. Der Immobilienmakler Robert Davis ließ das Städtchen in den 1980er Jahren anlegen und hat damit seither schon zahlreiche Architekturpreise gewonnen.

Weiter nach Westen: Kurz hinter Seaside lädt der noch völlig unberührte Dünenstrand von **Grayton Beach** zu einer erfrischenden Badepause ein – auch ein schönes Plätzchen für ein Mittagspicknick. Danach wird es wieder etwas rummeliger: Santa Rosa, Destin, **Fort Walton Beach** sind beliebte Ferienorte.

Prämiertes Dorf in Pastell: Seaside

Einen interessanten Abstecher in die Geschichte erlaubt das **Temple Mound Museum** von Fort Walton Beach. Töpfereiarbeiten, Muschelschmuck und ein gut 20 Meter hoher Tempelhügel erläutern die zehntausendjährige indianische Geschichte Nordfloridas. Besonders eine der Keramikfiguren zeigt deutlich mesoamerikanische Einflüsse, so dass die Spekulationen der Wissenschaftler über eine Verbindung der Mississippi-Kultur mit den Völkern in Mexiko berechtigt scheinen.

Vorüber an der riesigen Eglin Air Force Base, einem der größten Luftwaffenstützpunkte Amerikas, führt die US 98 weiter westwärts. Knapp eine Stunde braucht man auf der Schnellstraße bis Pensacola, doch wer noch weiter entlang den Stränden trödeln möchte, kann die Strecke auch parallel zum Festland auf **Santa Rosa Island** zurücklegen. Wobei zumindest für die nächsten Jahre diese Fahrt auch als Lehrpfad für Wirbelsturmschäden gelten könnte. Dies war nämlich der Küstenstrich, der 2004 und 2005 von drei Hurrikanen in Folge völlig verwüstet wurde – die Strände, die kleinen Orte, die Stadt Pensacola – einfach alles.

Pensacola, die westlichste Stadt Floridas, war dank des großen geschützten Hafens im 19. Jahrhundert eine der wichtigsten Städte im Lande. So wichtig, dass es um 1820 fast die Hauptstadt Floridas geworden wäre. Doch das klappte nicht, und auch die Ehre, Floridas älteste Stadt zu sein, musste Pensacola an St. Augustine abtreten.

Dabei hatte Tristan de Luna hier an der Bucht bereits 1559 eine Siedlung ins Leben gerufen, sechs Jahre vor der Gründung von St. Augustine. Doch ein

Geschichtsträchtig: das alte Rathaus von Pensacola

Alt und neu: die beiden State Capitols in Tallahassee

Hurrikan bereitete ihr ein jähes Ende, und erst 1698 kamen die Spanier erneut zurück.

In den folgenden Jahrhunderten spielte Pensacola vor allem militärisch ein wichtige Rolle. Die Spanier und später die Amerikaner bauten an Fort Pickens und Fort Barrancas, den beiden großen Befestigungsanlagen am Eingang zur Pensacola Bay. Engländer, Franzosen und später auch die Truppen der Nordstaaten kämpften um diese strategisch wichtigen Forts.

Heute haben sie ausgedient und wurden zu Museen umfunktioniert. Doch das Militär ist in Pensacola nach wie vor unübersehbar präsent: mit kurzgeschorenen Marines auf Landgang in der Innenstadt und mit einem großen Marinestützpunkt, auf dem die amerikanische Navy im eindrucksvollen **National Museum of Naval Aviation** stolz die Geschichte ihrer Flieger präsentiert.

Eine Rundfahrt und einen Bummel verdienen auch die historischen Viertel in der Altstadt von Pensacola, die wie ein Museum der Architekturgeschichte anmutet.

Der **Palafox District** ist das alte Geschäftszentrum der Stadt, der **North Hill District** um die Springs Street entstand zwischen 1870 und 1930. Und der **Seville District** am Hafen war die Keimzelle der Stadt, in der einige Häuser sogar auf die Zeit vor 1800 zurückgehen.

Ein Dutzend der alten Bauten wurde mit mehreren Museen zum **Historic Pensacola Village** zusammengefasst, das einen anschaulichen Überblick über die Stadtgeschichte und die Baustile der Südstaaten während der letzten 200 Jahre gibt.

5. Tag Tallahassee, die unbekannte Hauptstadt

Autobahnfahren ist heute angesagt. Zuerst noch mit Blick aufs Wasser beim Überqueren eines Seitenarms der Pensacola Bay, aber danach kommen nur noch Wälder und Felder auf der Rückfahrt nach Osten. Endloses Grün bis zum Horizont. Eine angenehme Pause zum Beinevertreten kann man in **DeFuniak Springs** einlegen.

Das gut einhundert Jahre alte Städtchen wurde von Mitgliedern der Chautauqua-Bewegung aus dem Staat New York gegründet, einer religiösen Vereinigung, die durch Kulturveranstaltungen und Seminare die Menschen zu einem besseren Leben erziehen wollte. Zwar ging die Bewegung in den 1930er Jahren unter, doch ihre Versammlungshalle und die stilvollen Häuser am fast kreisrunden Lake DeFuniak blieben erhalten. Am Seeufer kann man unter alten Bäumen schön spazierengehen und die Villen begutachten.

Marianna, eine alte Farmerstadt nahe der Grenze zu Alabama, hält die letzte Sehenswürdigkeit auf unserer Route bereit, die **Florida Caverns**. In die dicken Kalksteinschichten hat das Wasser zahlreiche Höhlen eingefressen. Im Süden des Staates liegen sie unterhalb des Grundwasserspiegels. Nur im hügeligen Norden konnte eine Höhle mit Stalagmiten, Kalzitsäulen und anderen seltsamen Formationen entstehen.

Dass der weiche Kalkstein dem Wasser gegenüber eine schwache Seite hat, zeigt sich auch am kleinen Fluss im Park, der immer wieder unter der Erdoberfläche verschwindet, bevor er ein Stück stromabwärts wieder auftaucht. Auf den Lehrpfaden des Parks kann man außerdem eine reichhaltige Tierwelt kennenlernen: Alligatoren, seltene Schildkröten, viele Vogelarten und sogar Biber leben in den Bächen.

Dann endlich **Tallahassee**. Sogar bei vielen Amerikanern stößt man bei der Frage nach der Hauptstadt Floridas auf zögerndes Überlegen: irgend etwas mit einem unaussprechlichen Namen. In der Sprache der Creek-Indianer bedeutet *Tallahassee* »alte Felder«, denn ein anderer Stamm hatte bereits in diesem Tal gesiedelt.

Auch die ersten Weißen kamen früh: Hernando de Soto machte auf seiner langen und verhängnisvollen Expedition hier im Herbst 1539 halt, verbrachte den Winter und versklavte die Indianer. Erst 1987 wurden bei einer archäologischen Ausgrabung im Stadtgebiet die Reste von De Sotos Camp entdeckt. Nun können sich die Tallahasseeans zu Recht brüsten, es schon immer besser gewußt zu haben: nämlich dass das erste Weihnachten der USA in Tallahassee gefeiert wurde.

Weniger stolz sind sie allerdings darauf, dass der nur an Schätzen interessierte De Soto ihre Region auf schnellstem Weg wieder verließ. Erst hundert Jahre später kamen die Spanier und gründeten eine Mission, um die Apalachee-Indianer mit Kreuz und Schwert zu zivilisieren. Die alte Missionssiedlung wurde in den letzten Jahren von Archäologen freigelegt und ist heute als Freiluftmuseum **Mission San Luis de Apalachee** zugänglich.

Das moderne Tallahassee allerdings wäre wohl nie gegründet worden, wenn sich die Politiker des jungen US-Territoriums Florida auf eine der beiden bestehenden Siedlungen, St. Augustine oder Pensacola, als Hauptstadt hätten einigen können. Nein, sie reisten hin und her, bis sie schließlich 1823 einen Kompromiß in der Mitte aushandelten und in der Hügellandschaft am Südende des Lake

Die Geschichte lebt: am Wochenende in der Tallahassee Mission San Luis de Apalachee

Jackson die Hauptstadt Tallahassee ins Leben riefen.

Auch wenn sich Bevölkerung und Wirtschaft des Staates seither zum größten Teil in den Süden abgesetzt haben, die Regierungsbeamten sind hiergeblieben. Doch den Sprung zur Großstadt hat Tallahassee – glücklicherweise – nie geschafft. Der einzige Hochbau ist das **State Capitol**, ein kantiger Klotz, der so gar nicht in die Kleinstadtatmosphäre passen will. Viel schöner ist nebenan das alte Kapitol: mit Kuppel, alten Bäumen und klassizistischen Säulen. Ebenfalls zum Regierungskomplex gehört das **Florida State Archive**, in dessen Untergeschoss das staatliche Geschichtsmuseum untergebracht ist.

Noch mehr vom Flair der alten Stadt vermittelt eine Fahrt auf einer der *Canopy Roads*, der alten Landstraßen Tallahassees, die wie Tunnel von bemoosten Eichen überwölbt sind. Besonders typisch sind Centreville, Old Bainbridge und die nach Norden führende Thomasville Road, auf der man zu einem Abstecher in die echten Südstaaten fahren kann.

Knapp 20 Kilometer sind es bis zur Grenze zu Georgia, dem seit Jimmy Carter und der Olympiade 1996 bekannt gewordenen Staat der Erdnussfarmer. Kurz hinter der Grenze liegt die restaurierte **Pebble Hill Plantation**. 1827 wurde das Herrenhaus von einem erfolgreichen Pflanzer angelegt und 20 Jahre später schon durch einen Neubau ersetzt. Ein Rundgang durch das prächtige Haus, die Gartenanlagen und die Stallungen lässt den Alten Süden wieder aufleben – Scarlett O'Hara würde gut in diese Umgebung passen.

VI Eine Woche Sport und Strand

Während, vor oder nach der Rundfahrt sollte man sich unbedingt einige Tage am Strand gönnen, um jede Reisehektik im warmen Wasser und feinen Sand zu vergessen. Wer Ruhe sucht, kann sich auf die verschwiegenen Inseln an der Westküste zurückziehen. Mehr Unterhaltung und Action findet man an der dichter besiedelten Ostküste, bei Miami oder Fort Lauderdale zum Beispiel, oder während des Sommers in Panama City Beach.

Auch für einen Aktiv-Urlaub bietet Florida die besten Voraussetzungen – und das bei fast immer idealem Wetter. Nur Skifahrer werden Schwierigkeiten haben, ihrem Sport zu frönen, aber sogar für die gibt es Möglichkeiten: beim Jet-Skiing oder Wasserskifahren. Mit mehr als 1500 Kilometer Sandstränden, zahllosen Seen und angenehmen Wassertemperaturen bietet der Staat ideale Bedingungen zum Schwimmen, Windsurfen, Segeln, Schnorcheln und Tauchen. In allen Ferienorten und in vielen Resorthotels findet man Vermietstellen (*Surf Shop, Dive Shop* etc.), die meist auch Kurse für Anfänger und Fortgeschrittene veranstalten. Kurzfristige Anmeldung ist fast immer möglich.

An der Ostküste und im Labyrinth der Kanäle um den Intracoastal Waterway ist vor allem **Motorbootfahren** beliebt, zum Segeln eignen sich die Buchten und Inselregionen der Westküste besser. Und wer es gemächlicher möchte, kann auf dem St. John's River im Nordosten sowie im Gebiet der Florida Bay **Urlaub auf einem Hausboot** machen. Die

Nach dem Rollschuhfahren nun das Inlineskating

...einfach ausspannen und treiben lassen

besten Reviere zum **Tauchen** liegen auf den Keys sowie bei Crystal River an der Westküste, wo man mit den seltenen Seekühen auf Tuchfühlung gehen kann.

Kanufahren ist besonders in den Everglades (auch mehrtägige Campingtouren) und auf den Waldflüssen Nordfloridas wie etwa dem Blackwater River beliebt. In Everglades City und in vielen kleinen Orten Nordfloridas sind Kanus zu mieten. **Sportangeln** wird im ganzen Staat von Bewohnern und Besuchern mit großer Begeisterung ausgeübt, wie die vielen Angelturniere beweisen. Man kann einfach vom nächsten Pier oder vom Ufer aus seine Leine ins Meer werfen und versuchen, das Abendessen selbst zu fangen – eine Lizenz benötigt man für Salzwasser nicht. Aufregender und ergiebiger ist es aber, mit dem (Charter-)Boot hinauszufahren und auf die Jagd nach Segelfisch, Tarpon oder Marlin zu gehen.

Zu Land stehen **Tennis** und **Golf** ganz oben in der Gunst der Urlaubssportler. Alle größeren Hotels und Ferienanlagen haben eigene Tennisplätze und sind – außer auf den Keys – meist auch einem Golfclub angeschlossen. Daneben gibt es aber auch zahlreiche, oft sehr preiswerte öffentliche Plätze. Allein auf die Golfer warten im Sonnenstaat gut 1000 Plätze, viele davon angelegt von Golfgurus wie Jack Nicklaus. Besondere Golfermekkas sind die Regionen um Amelia Island, Palm Beach und Boca Raton an der Ostküste sowie Naples, Fort Myers und Sarasota an der Westküste.

Für all diese Sportarten gibt das Fremdenverkehrsamt von Florida eigene Broschüren heraus, in denen die Bestimmungen, die besten Regionen, die besten Schulen, die besten Zeiten angegeben sind. Wer per Kanu, zu Fuß oder per Fahrrad die Natur des Staates erleben will, kann zum Beispiel die informative Broschüre »Florida Trails« anfordern, in der alle Naturparks und ihre Pfade aufgelistet sind.

Wer es sportlich lieber beim Zusehen belässt, wird ebenfalls genügend Gelegenheiten finden. Professionelle Mannschaften für **Basketball** und amerikanischen **Football** besitzen nur die Großstädte Miami, Orlando und Tampa, aber man kann die besten US-Teams in den kleinen Stadien Floridas beim Frühjahrstraining erleben. In allen größeren Orten gibt es Arenen für **Pferde- und Windhundrennen**. Beliebt ist auch das baskische Ballspiel **Jai Alai**, eine Zuschauersportart, bei der ausgiebig gewettet wird.

Darüber hinaus richten viele Städte Bootsrennen, Segelregatten und Angelwettbewerbe aus, immer verbunden mit großen Parties und Siegesfeiern. Tennisfans können bei zahlreichen Schaukämpfen und ATP-Turnieren weltbekannte Spieler erleben; Daytona ist für seine Autorennen berühmt, und in Zentralflorida finden das ganze Jahr über Rodeos statt. Welche Veranstaltungen in den nächsten Tagen geplant sind, erfährt man vor Ort in den Tageszeitungen oder beim örtlichen Visitors Bureau (siehe auch Hinweise im Serviceteil unter Reisedaten).

Auch ein Badeurlaub lässt sich gut mit Sport kombinieren, denn viele Ferienhotels sind auf eine oder mehrere Sportarten spezialisiert. Die meisten der in den Tagesinformationen angegebenen Hotels und Strandmotels eignen sich auch für längere Aufenthalte, oft kommen dann preiswertere Wochentarife zur Anwendung. Wer schon vorab buchen möchte oder speziell an Wassersport, Tennis oder Golf interessiert ist, erhält im Folgenden einige Vorschläge zu den schönsten Resorts in Florida, die zumeist auch über Reisebüros und Reservierungszentralen von Europa aus zu buchen sind.

Ostküste:

Little Palm Island
Fährstation bei MM 28.5
Little Torch Key, FL 33042
✆ (305) 872-2524, Fax 872-4843
www.littlepalmisland.com
Robinson-Urlaub mit Luxus: ein exklusives Resort mit nur 30 Zimmern in palmengedeckten Hütten auf einer Privatinsel. Sehr gutes Restaurant und Privatstrand. $$$$

Turnberry Isle Resort Fairmont
19999 W. Country Club Dr., Aventura, FL 33180
✆ (305) 932-6200, Fax 933-6554
www.fairmont.com/turnberryisle/
Elegantes Sportresort auf gut 150 ha Parkgelände im ruhigen Norden Miamis: 2 Golfplätze, 24 Tennisanlagen, 4 Pools und ein großes Fitnesszentrum. $$$–$$$$

Sonesta Key Biscayne
350 Ocean Dr., Key Biscayne, FL 33149
✆ (305) 361-2021, Fax 361-3096
www.sonesta.com/keybiscayne/
Gepflegtes Strandhotel auf einer Insel vor Miami – nahe zur Stadt, aber mit sehr ruhigem Ambiente. Große Zimmer, mehrere Restaurants und Bars, breiter hoteleigener Strand, neun Tennisplätze und Spielberechtigung auf dem ausgezeichneten Golfplatz »The Links at Key Biscayne«. $$$–$$$$

The Breakers
1 S. County Rd., Palm Beach, FL 33480
✆ (561) 655-6611, Fax 659-8403
www.thebreakers.com
Legendäres Grandhotel direkt am Strand von Palm Beach. Fitnessclub, Tennis- und Golfplätze. Im Sommer $$$, im Winter $$$$

PGA National Resort
1000 Avenue of the Champions
Palm Beach Gardens, FL 33418
✆ (561) 627-2000, Fax 622-0261
www.pga-resorts.com
Nicht umsonst liegt hier das Hauptquartier der Profigolfer Amerikas – fünf 18-Loch-Plätze von Meistern wie Jack Nicklaus oder Tom Fazio. Ausgezeichnete Golfschule. $$$

Ponte Vedra Inn and Club
200 Ponte Vedra Blvd.
Ponte Vedra Beach, FL 32082
✆ (904) 285-1111, Fax 285-2111
www.pvresorts.com

Robinsonleben mit Komfort: North Captiva Island

Elegantes, historisches Strandhotel von 1927 mit zwei Golf- und 15 Tennisplätzen; mehrere Pools, Restaurants. $$$–$$$$

Westküste:

Saddlebrook Resort
5700 Saddlebrook Way, Wesley Chapel, FL 33543
✆ (813) 973-1111, Fax 973-4504
www.saddlebrook.com
Eines der berühmten Sportmekkas der Westcoast: 45 Tennisplätze, zwei 18-Loch-Golfplätze von Arnold Palmer. Sehr gute Golfschule. Im Sommer $$–$$$, im Winter $$$$

North Captiva Island Club
P.O. Box 1000, Pineland, FL 33945
✆ (239) 395-1001, Fax 472-5836
www.northcaptiva.com
Luxus in der Einsamkeit: Ferienhäuser und Apartments auf einer Insel vor Fort Myers. Herrlich zum Ausspannen fern aller Hektik. Pro Woche zwischen 800 und 3000 $ für 2–8 Personen.

Tween Waters Inn
15951 Captiva Rd., Captiva Island, FL 33924
✆ (239) 472-5161, Fax 472-0249
www.tween-waters.com
Älteres, aber schön renoviertes Strandhotel zwischen Meer und Lagune; großer Pool, gutes Restaurant. $$$

Sundial Beach Resort
1451 Middle Gulf Dr., Sanibel Island, FL 33957
✆ (239) 472-4151, Fax 472-8892
www.sundialresort.com
Weitläufiges Strandparadies mit großen Apartments (2–8 Personen) direkt am Golf von Mexiko mit sehr schönem Sandstrand; Tennisplätze, Pools, Restaurants und Bars. Im Sommer preiswert; Tages- und Wochentarife $$$–$$$$

Ritz Carlton Naples
280 Vanderbilt Beach Rd., Naples, FL 33963
✆ (239) 598-3300, Fax 598-6690
www.ritzcarlton.com
Luxuriöses Palasthotel direkt am weißen Strand nördlich des Ortes. Jedes Zimmer mit Blick aufs Meer. Fitnessstudio, Tenniscenter, Pool und nahegelegener Golfplatz. Im Sommer $$$, im Winter $$$$

Radisson Suite Beach Resort
600 S. Collier Blvd., Marco Island, FL 33937
✆ (941) 394-4100, Fax 394-0262
www.marcobeachresort.com
Großes Apartmenthotel am feinen Strand von Marco Island; viele Wassersportangebote; gut geeignet für Familien. $$–$$$$

Panhandle:

Anchor Vacation Properties
212 Franklin Blvd.
St. George Island, FL 32328
✆ 1-800-824-0416, Fax (850) 927-2735
www.florida-beach.com
Eine Agentur für Ferienhäuser und Ferienapartments auf St. George Island und rings um Apalachicola – gut für Familien und Kleingruppen von 4–10 Personen.

Für Camper:

Campingplätze am Strand findet man vorwiegend an der nördlichen Ostküste und im Panhandle. Die Florida Keys sind Sommer wie Winter ein ausgezeichnetes Feriengebiet, allerdings gibt es generell nicht viele Campingplätze.

Im Winter sollte man für einen mehrtägigen Aufenthalt unbedingt einige Wochen zuvor reservieren. Für längeren Aufenthalt eignen sich auch die in den Tagesbeschreibungen angegebenen Plätze, im Winter besonders in der Bahia Honda Key oder der Long Key State Recreation Area.

Fiesta Key KOA
MM 70
Long Key, FL 33001
✆ (305) 664-4922, www.fiestakeykoa.com
Großer Privatcampingplatz auf einer eigenen Insel; Restaurant, Bootsvermietung, gutes Angelrevier.

Big Pine Key Fishing Lodge
MM 33, P.O. Box 513
Big Pine Key, FL 33043
✆ (305) 872-2351
Privater Campingplatz nahe zum Strand; Pool und kleiner Laden, Charterfischen.

Sportangler auf den Keys

»Hanging out« am Strand von Naples

Kreuzfahrten:

Von Miami, Fort Lauderdale und ab Port Canaveral werden zahlreiche ein- und mehrtägige Kreuzfahrten zu den Bahamas und in die Karibik veranstaltet. Die eintägigen »Schnupperfahrten« allerdings sind ein typisch amerikanisches Vergnügen: mit Glücksspielkasinos und Swimmingpool an Bord, mit Show und Disco-Action am Abend. Sogar »Golfturniere« werden veranstaltet, bei denen – ohne einen Gedanken an den Umweltschutz – alte Golfbälle ins Meer geschossen werden.

Um wirklich etwas von den Bahamas oder anderen Inseln der Karibik zu sehen, empfiehlt sich daher eher eine mehrtägige Kreuzfahrt; dabei kann man wieder nach Florida zurückkehren oder bis nach Mexiko und über Panama an die Pazifikküste fahren. Alle Kreuzfahrten können bereits im Reisebüro in Europa gebucht werden, aber für Kurzentschlossene ist auch die Buchung vor Ort möglich.

Discovery Cruise Line
1850 Eller Dr., Fort Lauderdale, FL 33316
✆ (305) 597-0336, www.discoverycruise.com
Eintägige Mini-Kreuzfahrten von Fort Lauderdale und Miami nach Freeport, Bahamas, oder entlang der Küste Floridas.

Royal Caribbean Cruise Lines
1050 Caribbean Way, Miami, FL 33132
✆ 1-800-398-9819, in Deutschland (069) 92 00 71-0, Fax 92 00 71-92
www.royalcaribbean.com
Drei-, sieben- und zehntägige luxuriöse Kreuzfahrten ab Miami zu den Bahamas und den Inseln der Karibik weiter im Süden.

Carnival Cruise Line
3655 NW 87th Ave., Miami, FL 33178
✆ (305) 599-2600, Fax 406-4696
www.carnival.com
Drei- und viertägige Kreuzfahrten zu den Bahamas ab Miami.

VII Grenzgänger

Ernest Hemingway auf Key West

von Burkhard Riedel

»90 Meilen bis Kuba.« Diese Aufschrift, vor der sich zur Hochsaison täglich Hunderte fotografieren lassen, beweist es: Hier sind die USA zu Ende, hier ist ihr absolut südlichster Punkt. Dahinter türkis-milchiges bis marineblaues Wasser, heute auch noch Castro und Kommunisten – nicht nur geographisch eine Grenzlinie. Key West eben.

Ist es Zufall, dass sich hier jemand eine flüchtige Heimat schuf, der zeitlebens ein Grenzgänger war? Ernest Hemingway. Sein labiles Grenzgängertum bestätigt sich noch mehr, wenn man sein Leben genauer betrachtet und unterscheiden lernt zwischen seiner Selbstinszenierung und seinen Selbstzweifeln. Schließlich war es – auch, nicht ausschließlich – die Suche nach Erlösung von diesen zermürbenden Zweifeln, nach Antworten auf existenzielle Fragen, die ihn umtrieb – nach Paris, nach Italien in den Ersten Weltkrieg, nach Spanien in den Bürgerkrieg gegen den letztlich doch siegreichen Faschismus, nach Afrika, nach Kuba. Und dazwischen immer wieder nach Key West.

Key West 1928: dieses Tüpfelchen aus Korallensand, Kokospalmen, karibischer Schläfrigkeit. Key West, »mit schäbigen Matrosen-Bars, spanischen Restaurants... und alten, weißen Häusern von einer gewissen verkommenen Eleganz«, wie Anthony Burgess die Insel skizziert. Piraten und Schmuggler hatten sich hier früher schon ebenso wohl gefühlt wie rauflustige Freunde von Rum und Rumba. Hemingway auch.

Key West war nicht »das« Amerika und Hemingway war nicht »der« Amerikaner. Er suchte den Sinn des Lebens in Paris, die Bestätigung als Mann der Tat, als Mann überhaupt, an europäischen Kriegsfronten. Er suchte das Abenteuer in Afrika, den Beweis menschlicher Überlegenheit in Spanien. Überlegenheit nicht nur im Geist, sondern im Ganzen – in Mut, List, Ausdauer und Kraft: Stierkampf. Persönliche Freundschaften zu den Stars der spanischen Stierkampf-Arenen demonstrierte er gern vor Pressekameras.

Und wo blieb Amerika? Der Grenzgänger trug es in sich, vom äußersten Norden, wo er geboren wurde, zum äußersten Süden, nach Key West. Die Mitte ließ er aus. Das Amerika der hastigen Industrialisierung, wo aus wilden Prärien langweilige Monokulturen wurden, aus »männlichem« Pioniergeist satter, kulturloser Neureich-Protz und aus einer erkämpften, vorwärtsgetriebenen Grenze in die Wildnis nunmehr abgesteckte, undynamische Besitztümer entstanden waren – dieses Amerika faszinierte Hemingway nicht mehr.

Das Stück Amerika, das Hemingway in sich trug (und dessen Attribute er an und in sich inszenierte), war vergangen: »Ein Kontinent altert schnell, sobald wir kommen... Unsere Vorfahren sind nach Amerika gegangen, weil das damals das Land war, wo man hingehen sollte... Sollten die anderen ruhig nach Amerika kommen, die nicht wußten, dass sie zu spät kamen.« So Hemingway unter dem Eindruck von Afrika, wo er gesehen hatte, was Amerika verloren gegangen war.

Diese Seite seines Empfindens und Handelns hat Hemingway die Charakterisierung eines starrköpfigen Machos und Einzelgängers eingebracht. Er genoss dieses Image weidlich, indem er sich als trinkendes, misstrauisches Raubein stilisierte, dem es gleich war, ob er einem Verleger oder einem Zeitschriftenredakteur androhte, sie windelweich und zu Brei zu prügeln. Ein Mann der Faust, der auf seinen breiten, behaarten Brustkorb stolz war und die Hemdsärmel so weit hochkrempelte, dass seine stämmigen Arme unübersehbar waren: Geist und Kraft, ein ganzer Mann. Enge Vertraute wussten allerdings, wie sehr für ihn selbst seine Sehschwäche und vor allem gelegentliche Probleme mit seiner sexuellen Potenz dieser Stilisierung im Wege waren.

Key West: Auch in den Hafenkneipen prügelte man sich gern, sofern »Mann« noch bei Kräften war nach einem Sport, den Hemingway erst hier kennen lernte: das Hochseefischen. Wie die Stiere für Spanien standen, die Löwen und Antilopen für »Die grünen Hügel Afrikas« und für den »Schnee auf dem Kilimandscharo«, so standen die riesigen Marline und Haie für Key West. Das stundenlange Ziehen und Nachgeben, das Ringen um ein paar Meter Schnur, der mit Waage und Meterstab messbare Triumph oder die Schmach des leeren Hakens: das war Key West und, später, Kuba.

Angefangen hatte es bescheidener, mit Bibern und Hirschen, hoch oben im Norden Michigans, in Hemingways Kindheit. Wieder an einer Grenze, an der kanadischen. Drei Patronen bekam Ernest schon mit zehn Jahren täglich für sein erstes eigenes Gewehr von seinem Vater, dem Arzt Dr. Clarence E. Hemingway – für die gemeinsamen Erkundungen der Wildnis rund um den Walloon-See, wo die Hemingways ein Ferienhaus besaßen.

Es war (und ist noch heute) Indianerland dort oben. Ein nicht weit entferntes Lager vom Stamm der Ojibway wurde vom Doktor Hemingway ärztlich versorgt. Dieses duftende Dickicht, zwischen dessen birkenweißen und tannenharzigen Stämmen sich der See spiegelte, war 400 Kilometer entfernt von den gepflegten Villen-Vorgärten von Oak Park, einem Vorort Chicagos für bessere Leute. Hier waren die Hemingways zu Hause, stieg der Doktor in der Gunst der Nachbarn und in den Hierarchien von Klubs und Komi-

Im Garten des Hemingway House streunen angeblich noch immer die Nachfahren von »Papas« Katzen

tees nach oben – bis zu seinem Selbstmord im Dezember 1928. Der Mann, dessen Beruf es war, Leiden zu lindern und Leben zu verlängern, erschoss sich selbst. Schlaflosigkeit, Diabetes und Angina pectoris hatten den Arzt mürbe gemacht und seinen Glauben an einen Sinn im Weiterleben zerstört.

Bezeichnend für die Zerrissenheit Ernest Hemingways war, dass er spontan mit Scham reagierte. Ein Mann, so sein gelebtes Dogma, müsse Herr seiner Probleme und Nöte bleiben. Sein Vater, der aus Verzweiflung aufgab, verlor in den Augen des Sohnes ein Element seiner Männlichkeit. Wie vorläufig diese Bewertung war, bewies erst 1961 der Schuss aus der doppelläufigen Jagdflinte in die eigene Kehle, mit dem Ernest Hemingway seinem Leben ein Ende setzte.

Um diese Männlichkeit und um den Platz, den Zartes, Frauen, Empfindsames in ihr haben dürfen, kreiste eigentlich alles im Leben Hemingways. Richtig männlich wäre es nach seinem Verständnis gewesen, wenn er sich allein und gegen mannigfache Widerstände hätte emporboxen müssen. Das hätte so recht gepasst in das vergangene Stück Amerika, das er in sich trug.

Sein reales Leben verlief jedoch viel behüteter und privilegierter. Frauen mochten, liebten und förderten ihn von Kind auf – seine musisch orientierte Mutter, Lehrerinnen, seine ersten Freundinnen, ein Indianermädchen, das ihn sexuell »zum Mann« machte.

Der Einzelkämpfer – war er einer? Seinen journalistischen Job beim »Toronto Star« (jenseits der Grenze, in Kanada) bekam er 1920 durch die Vermittlung eines Familienfreundes. Eine Frau, seine erste Ehefrau Hadley, hielt ihn in den Anfangsjahren finanziell über Wasser. Wieder eine Frau, seine zweite Ehefrau Pauline, machte indirekt das Kapitel »Key West« in Hemingways Leben erst möglich. Ihr Onkel schenkte dem Paar das Haus dort. Viele andere Helfer und Förderer wären zu nennen, Sherwood Anderson in Amerika, Gertrude Stein in Paris, Freunde, deren Arbeits- und Wohnzimmer er teilen durfte. Er nahm ihren Rat, war bereit zu stimulierendem Austausch und löste sich allzu oft von ihnen im Streit und, rückblickend, mit überheblichem Spott. Burgess berichtet sogar von einer »Neigung, sich gegen die Menschen zu wenden, die ihm halfen«, von »Gehässigkeit, Bösartigkeit, Selbstsucht und Grausamkeit«.

»Männer ohne Frauen« nannte Hemingway einen Kurzgeschichten-Band. Männer sind seine Hauptpersonen; Freundschaften zwischen Männern sind beständig in seinen Werken. Je älter Hemingway wird, desto deutlicher schält es sich heraus, in »Inseln im Strom« wie schon im »Alten Mann und das Meer«: Frauen bringen Abwechslung ins Leben der männlichen Helden, belebende Intermezzi oder melancholische Rückblenden, aber nicht viel mehr.

»Inseln im Strom« erzählt wohl am meisten über ihn selbst. Kumpelhafte Männerfreundschaften sind ihm wichtiger als »Frauengeschichten«. Von letzteren zählen wiederum eigentlich nur die Resultate; die Söhne aus einer Ehe, die zerbrach. Die Vorfreude des Vaters auf einen Sommer mit seinen Söhnen und dieser Sommer selbst bestimmen das Buch. »Väter und Söhne« ist nicht nur der Titel einer Erzählung, es ist auch eine Variante des Themas »Männerfreundschaften«, das für Hemingway, der seine Söhne liebte, besonders viel bedeutete. Seine Enkelinnen Mariel und Margaux (die sich wie ihr Großvater selbst das Leben nahm) kamen später allerdings zu mehr Schlagzeilen- und Filmruhm.

»Der alte Mann und das Meer« verdichtet die Thematik noch mehr. Einen alten Fischer und einen Dorfjungen verbindet eine tiefe Freundschaft. Und auch das Sich-beweisen-

Wollen mit dem Fang seines Lebens, von dem zum Schluss nur ein haizerfressenes Skelett übrig bleibt, ist ein für Hemingway typisches Element von Männlichkeit.

Key West heute: Die Hochseefischer sind allgegenwärtig, ihre Fangrekorde auf den Tafeln der Bootsvermieter mit Kreide angeschrieben. Fotos überall. Männer mit Fischen, Männer mit Trophäen, Männer mit Pokalen, Männer auch, die Hemingway mehr oder minder ähnlich sehen – Teilnehmer von »Hemingway-Look-Alike«-Wettbewerben, bei denen alljährlich nach dem echtesten Double des Schriftstellers gesucht wird. Seine Stammkneipe »Sloppy Joe's« natürlich, die auch nur ein für Touristen aufgeputztes Double ist: Die erste Bar gleichen Namens heißt heute »Captain Tony's«. Nur Hemingways Haus ist noch ein Original und die bedeutendste Attraktion auf Key West. Viele von denen, die es heute durchstreifen, huldigen dem Macho-Mythos des Autors mehr als seinen Werken. Viele inszenieren sich selbst so wie schon der Meister. Der Kreis schließt sich.

Key West hat Hemingway gewinnbringend vereinnahmt. Das geht so weit, dass manche gar die Entstehung von »Der alte Mann und das Meer« nach Key West verpflanzen wollen. Immerhin gab es zwei Jahre nach dem Erscheinen dieses Bestsellers den Nobelpreis für den Amerikaner Hemingway. Wohl auch deshalb wird das Schaffen an diesem symbolkräftigen Meisterstück allzugern nach Amerika verlegt, tatsächlich aber fiel die Arbeit in Hemingways kubanische Phase, in »die am wenigsten bekannten Jahre seines Lebens, nicht nur weil es die persönlichsten waren«, so der spätere Nobelpreis-Kollege Gabriel García Márquez. Angesichts der anhaltenden politischen Spannungen zwischen den USA und Castros Kuba teilte sich Key West den Hemingway-Kuchen nur ungern mit den Rebellen auf der Zuckerinsel.

»90 Meilen bis Kuba«: Castros Revolution 1959 wurde vom damals schon schwerkranken Hemingway durchaus gutgeheißen. Nur 90 Meilen trennten plötzlich zwei Systeme. Schlimmer als in den letzten Jahren der korrupten und brutalen, von den USA geduldeten Batista-Herrschaft auf Kuba könne es ja nicht kommen, sagte Hemingway. Sichtlich gerührt ließ er sich bei seiner Ankunft in Havanna kurz nach der Revolution von den Fischern aus Cojimar und von den Kumpels aus Havannas berühmter »Floridita«-Bar feiern – Männern und Schauplätzen, denen er im »Alten Mann und das Meer« und in »Inseln im Strom« literarische Denkmäler setzte.

Insgesamt 22 Jahre war die Finca Vigia nahe Havanna »der einzige feste Wohnsitz, den Hemingway in seinem Leben hatte« (Márquez). Auch sie steht heute Touristen offen. Während der beiden letzten Jahre im revolutionären Kuba bezeugte Castro mehrfach Hemingway seine Hochachtung, er gewann sogar einen Pokal in dem von »Ernesto« selbst organisierten Hochsee-Preisfischen. Ein Mann, ein Grenzgänger mit vielen Gesichtern. Manche echt, manche Masken. Ein Amerikaner, dem Nordamerika zu kulturlos war. »Lassen wir sie lesen, was sie lieben. Es hat kaum Sinn, zu versuchen, einen leidenschaftlichen Coca-Cola-Trinker zum echten Champagner zu bekehren«, wetterte er aus Paris gegen seine kanadischen Leser im »Toronto Star«. Ein Amerikaner aber auch, der die feinen Pariser Salons mit seiner ungehobelten Wildwest-Manier provozierte. Sensibel und zärtlich in seinen schönsten Wortskizzen, grob und grell im verschwitzten Boxring und in verqualmten Kneipen.

Bei seinen Schulfreunden schon hatte er gleich mehrere Spitznamen: Hemmy, Stein, Hemingstein, Oinbones, Ernie und Nesto nannten sie ihn. Aus jedem dieser Namen hätte leicht ein Mann erwachsen können. Alle zusammen aber in einem einzigen Mann und in einem einzigen, kurzen Leben – das war wohl doch zuviel.

VIII Trommeln am Sonntagnachmittag

Afrokubanische Religion in Miami

Mit mildem Lächeln blickt das Gipsgesicht der Heiligen Jungfrau aus dem Schaufenster des kleinen Ladens an der Calle Ocho im kubanischen Stadtteil Little Havana. Links und rechts von ihr reihen sich auf dem Regalbrett Dutzende von Statuetten, die ihr wie aus dem Gesicht geschnitten sind – und dazu noch ganze Regimenter weiterer wohlbekannter Gestalten aus der katholischen Heiligengeschichte.

Ein Laden für Exil-Kubaner, ein Volk, das sich in der neuen Heimat seine spanisch-katholische Frömmigkeit bewahrt hat? Zum Teil mag das zutreffen, doch in der *Botanica* werden auch Gegenstände mit mysteriösem Verwendungszweck feilgeboten: Wie etwa sollte man sich die Funktion von verschiedenartigen Gefäßen, manche vasenähnlich, andere eher an Suppenschüsseln erinnernd, erklären. Noch verwirrender sind die perlen- oder muschelbestickten Rasseln, Zepter und Krummstäbe. Vor den Ständern mit prunkvollen, leuchtend farbigen Kleidungsstücken thronen auf den Verkaufstischen schwere Eisenkessel, aus denen Hirschgeweihe, armdicke Holzstöcke oder derbe Nägel von Eisenbahnschwellen ragen.

Auskunft über die Bedeutung dieses Sammelsuriums könnten wohl die Bücher geben, die ebenso in diesen »Fachgeschäften« erhältlich sind – jedoch ausschließlich in spanischer Sprache. Mit Katholizismus, das würde bei der Lektüre dieser Literatur schnell offenbar, hat das alles nur noch wenig zu tun. Des Rätsels Lösung liegt weit in der Vergangenheit, in einer Zeit lange vor der heutigen Generation der *Santeros*, wie sich die Anhänger der exilkubanischen Religion nennen. Ihre Zahl wird allein in Miami auf mindestens 50 000 geschätzt.

Die afrokubanische Religion *santeria* oder *regla ocha* entstand vermutlich im späten 18. und im 19. Jahrhundert. Damals bekriegten sich die Yoruba-Stämme im Südwesten Nigerias heftig untereinander und verkauften jeweils die Gefangenen an weiße Sklavenhändler, die diese dann nach Kuba und Brasilien verschleppten. Und diese Vorfahren der heutigen Exilkubaner brachten damals ihre ganze vielköpfige Götterfamilie, die *orichas*, mit in die Neue Welt. Unter dem Schutz der spanischen Sklavengesetzgebung gelang es den Afrikanern dort, ihre Gemeinschaft in an Landsmannschaften erinnernden Verbänden zu erhalten. Die sogenannten *cabildos de nación* waren die Keimzellen für eine afrokubanische Kultur. Die Kirche, deren Aufsicht sie unterstellt wurden, war für die Schwarzen kein Hindernis, ihre Tradition ungestört weiter zu praktizieren. Sie hängten ihren Gottheiten kurzerhand ein katholisches Tarnmäntelchen über.

Was nämlich die weißen Herren in Kuba und Brasilien für einen übertriebenen Kult der Heiligen hielten (daher der Name *santeria* vom spanischen Wort *santo* = Heiliger), war nichts anderes als eine den Umständen angepasste Version des heimatlichen Glaubens der Yoruba. Die *orichas* schlüpften sozusagen in die Gewänder der *santos*.

Heiligenfiguren in einem Santeria-Laden in Little Havana

So verbirgt sich noch heute hinter der katholischen Santa Barbara der Yoruba-Gott Changó, hinter San Lazaro Babalu Ayé, und in der Jungfrau von der Barmherzigkeit erblicken die Santeros in Wirklichkeit die afrokubanische Aphrodite Ochún. Seit dem späten 19. Jahrhundert wandten sich mehr und mehr weiße Kubaner dieser »neuen« Religion zu. Selbst einige prominente Mitglieder der vorrevolutionären Elite Kubas – Musiker, Schauspieler und sogar Politiker – sollen der Santeria angehört haben. Mit den Immigranten aus Kuba gelangte die Religion dann nach Florida und hat sich auch dort ausgebreitet.

Schon die Spanier kamen über Kuba in die neue Kolonie Tierra florida – und brachten schwarze Sklaven mit. Im 19. Jahrhundert waren es Zigarrendreher und andere Flüchtlinge der Bürgerkriege. Der eigentliche Exodus aus Kuba begann aber mit der Revolution Castros im Jahre 1959. Mittlerweile wird die Zahl der Exilkubaner in Miami auf weit über eine halbe Million geschätzt.

Und mit den Immigranten siedelten auch die afrikanischen Gottheiten ein zweites Mal mit ihren Gläubigen um. In Miami angekommen, wurden sie endgültig »gesellschaftsfähig«. War die Santeria auf Kuba noch vornehmlich auf die schwarzen Unterschichten beschränkt gewesen, hat sie sich in der neuen Heimat auf nahezu alle sozialen Gruppen ausgedehnt.

Der weiße exilkubanische Mittelstand gehört heute zu ihren überzeugtesten Anhängern und trägt dazu bei, dass sie derzeit eine neue Blüte erlebt. Nicht einmal einen Platz auf der untersten Stufe der gesellschaftlichen Hierarchie hatten die Sklaven, die einst als einzigen Besitz ihre Gottheiten mit aus Afrika gebracht hatten – heute kennt ihre Religion keine Standesdünkel mehr. Die kleine Blumenverkäuferin am Straßenrand und die Supermarktkassiererin gehören ebenso zur Gemeinschaft wie der Bankangestellte oder der wohlhabende Besitzer eines Handelsunternehmens.

Wie im antiken Griechenland bevölkern zahlreiche Götter den Olymp der Santeros. Jede Göttin, jeder Gott hat seinen Zuständigkeitsbereich (Blitz und Donner etwa) und wird durch bestimmte Gegenstände und Farben symbolisiert. Die Santos tragen recht menschliche Züge und zeigen sich durchaus lebensfroh. Nicht immer ist ihr Verhältnis untereinander von göttlicher Nachsicht geprägt, sie geraten in Streit, haben Liebschaften und produzieren Nachkommen. Offensichtlich sind sie auch keine Verächter leiblicher Genüsse. Wie sonst könnte man sich Opfergaben wie Zigarren, Popcorn oder Schnaps erklären? Derlei Präsente erblickt man verschiedentlich zu Füßen der oft lebensgroßen Statuen in den Gärten der Santeros.

Für die Gläubigen ist die Gegenwart der höheren Wesen immer spürbar. An Wochenenden erklingen in Stadtteilen wie Little Havana, West Miami oder Hialeah Trommelklänge und afrikanische Gesänge aus den Häusern der Santeros. Sie rufen die Götter, und genau wie auf Kuba und schon Jahrhunderte zuvor in Afrika steigen die Angesprochenen vom Himmel herab und gesellen sich zu ihren Kindern.

Santeros brauchen keine Kirchen zum »Gottesdienst«. Nach einer längeren Einweihungszeit leben die jeweiligen Schutz-Orichas sozusagen als übernatürliche Haushaltsmitglieder in den Wohnungen der Gläubigen. Damit sie dort gerne einkehren und sich wohl fühlen, wird ihnen bisweilen gar ein eigenes Zimmer reserviert. Auf kunstvoll arrangierten Altären bieten ihnen die Santeros Blumen, Speise- und Trankopfer dar.

Mindestens einmal im Jahr lädt der gläubige Santero Freunde und Bekannte ein, engagiert eine Gruppe von Trommlern und veranstaltet einen *tambor* (oft auch einfach *fiesta* genannt) für »seinen« persönlichen Heiligen. Nicht selten zeigt sich dieser derart angetan von dem Spektakel, das für ihn inszeniert wird, dass er in einen oder mehrere der Gläubigen »fährt«, die dann in Trance verfallen. Auf diese Weise mischen sich die alten afrikanischen Gottheiten im Miami des 21. Jahrhunderts unters Volk und verleben ein paar fröhliche Stunden fern vom Oricha-Olymp.

Fremden gegenüber zeigen sich die Santeros oft skeptisch und ablehnend. Die lange Geschichte der Verfolgung ihrer Religion, die Vorurteile der amerikanischen Öffentlichkeit und die Respektlosigkeit, mit der Spötter und Neugierige immer wieder in ihre Welt einzudringen versuchen, haben sie gelehrt, sich Anglos gegenüber zu distanzieren. *Botanicas* sind deshalb als Refugium und sozialer Treffpunkt den Gläubigen vorbehalten, die dort gerne auf einen Sprung vorbeischauen, um über die Götter und die Welt zu palavern. Wer nicht fließend Spanisch spricht und keine feste Kaufabsicht hat, sollte sich lieber auf die Auslagen dieser »Religionsläden« beschränken, als sich von den weißgekleideten Santeros an der Theke eine höfliche, aber unmissverständliche Abfuhr einzuhandeln.

Der Tarnmantel des Katholizismus, den die Santeros über ihre Götter gelegt haben, hat den afrokubanischen Göttern als Nebeneffekt auch Feste zu ihren Ehren beschert. Viele der traditionellen kubanischen Heiligentage werden auch von den Santeros begangen. Zum Beispiel am 4. Dezember, wenn die Katholiken Kerzenwachen für Santa Barbara halten, feiern die Santeros deren afrikanisches Gegenstück Changó.

Am deutlichsten wird das Nebeneinander von katholischem und afrokubanischem Brauchtum bei den prunkvollen Prozessionen für Kubas Nationalheilige, die Virgen de la Caridad del Cobre. Zu Tausenden finden sich die Menschen jährlich in Miamis Marine-Stadion ein, um der Jungfrau zu huldigen. Während ein katholischer Priester auf einer schwimmenden Bühne eine Messe zelebriert, wird eine Statue der Heiligen Jungfrau von ihrer Kapelle an der Brickell Avenue in einer Bootsprozession durch den Hafen zum Stadion geleitet.

Tosender Jubel begrüßt sie dort – patriotische und religiöse Begeisterung mischen sich zu einem eindrucksvollen und ergreifenden Bekenntnis zum gemeinsamen Kubanertum. Für eine kurze Zeitspanne sind kubanische Katholiken und Santeros in ihrer patriotischen Euphorie vereint, denn obwohl es die Kirche nicht gerne sieht, feiern die Anhänger der afrokubanischen Religion hier mit der Jungfrau Maria deren Santero-Gegenstück, die Schutzpatronin Ochún.

Während sich diese Szenen in der Öffentlichkeit abspielen, halten sich die Santeros, wenn es um ihre bedeutendsten Zeremonien geht, eher bedeckt. Die Geheimhaltung ist verständlich, denkt man an die Verfolgung, unter der die afrokubanischen Gläubigen in Kuba zu leiden hatten. Doch förderte dies auch das Entstehen wilder Gerüchte um vermeintliche Voodoo-Praktiken (die es unter den haitischen Einwanderern durchaus gibt). Nicht zuletzt aus einschlägigen Filmen bekannte orgiastische Zeremonien unterstützen diese völlig verzerrte Sicht der Santeria, die sie mit anderen Sekten in Zusammenhang bringt.

In Wahrheit sind die Santeros jedoch weder fanatische Sektierer noch blutrünstige Okkultisten. Sie wollen lediglich in Frieden ihrem Glauben nachgehen. Um diesem Ziel näherzukommen, wird in jüngster Zeit verstärkt Aufklärungsarbeit geleistet. Vortragsreihen vor Sozialarbeitern, Krankenhauspersonal und Angehörigen der Polizei sollen dazu beitragen, Vorurteile abzubauen. Santeros hielten im Miami Dade Community College Informationskurse ab; an der University of Miami wurden schon Konzerte mit Bata-Trommeln und afrikanischen Sakralgesängen aufgeführt, und auf dem Florida Folklife Festival sind Santeros häufig durch traditionelle Stickereien mit Perlen und Muscheln vertreten.

Einen großen Erfolg verzeichneten die Santeros 1987: Die Staatsregierung von Florida gewährte der Santeria die Anerkennung als offizielle Kirchenorganisation. Mittlerweile können sogar Kinder für die Riten der »Taufe« beim Eintritt in die Santeria einige Wochen lang von der Schule freigestellt werden. Welch ein weiter Weg dorthin von den armseligen Sklavenbaracken der kubanischen Zuckerrohrplantagen.

Als Tourist wird man mit der Santeria wohl nur am Rande in Berührung kommen. Dennoch ist sie heutzutage ein fester Bestandteil jener bunten Vielfalt karibischer Kultur, der Miami seinen eigentümlichen, »unamerikanischen« Charakter verdankt. Leider sind die Möglichkeiten, sich über die afrokubanischen Religionen zu informieren, noch sehr begrenzt. Spanischkenntnisse sind bei einschlägiger Literatur unerlässlich. Unproblematisch dagegen ist der Zugang zu kultischer Musik, zumindest soweit es den Erwerb betrifft. Fast jeder kubanische Plattenladen ist darin gut sortiert. Und sogar die Kassettenstände auf den Flohmärkten Miamis bieten eine Auswahl an *musica de los toques de santo.*

IX »Katrina« und »Ivan der Schreckliche«

Im Auge des Hurrikans

Seit Katrina im September 2005 über New Orleans hinwegfegte, weiß die Welt, wie viel Schaden solch ein Sturm anrichten kann – und jeder Besucher sieht nun wohl die Verkehrsschilder in Florida mit anderen Augen. Eine Art stilisiertes Ventilatorzeichen auf blauem Grund, darunter ein Richtungspfeil zeigen die schnellsten »Evacuation Routes«, die Fluchtrouten weg von einem Hurrikan: von Inseln zurück ans Festland, von den Küsten ins Landesinnere. (Im touristischen Alltag helfen die Zeichen übrigens, schnell zur nächsten Autobahn zu kommen.) Florida ist Hurrikan-Land. Es liegt am Nordrand der Tropen und genau in dem Pfad, den diese Wirbelstürme meist nehmen, ehe sie über dem Festland ihre Kraft verlieren. Jede Stadt, jede Region des Staates kann sich ausrechnen, innerhalb weniger Jahrzehnte zumindest einmal vom Hurrikan durchgeblasen zu werden. Daher trifft man auch an allen Küstenstraßen auf die charakteristischen Schilder, die zur nächsten Evakuierungsroute weisen. Und in Telefonbüchern und Hotelzimmern finden sich Regeln für den Umgang mit den überdimensionalen Windhosen.

Hurrikane entstehen als tropische Tiefdruckgebiete über den warmen Meeren, also in der Karibik oder im Golf von Mexiko. Wenn dort das Wasser am wärmsten ist (mind. 26 °C) und die Luftfeuchtigkeit am höchsten – etwa zwischen Juni und Oktober –, dann ist Hurrikan-Saison in Florida. Zu dem Unterdruckgebiet weit draußen auf dem Meer strömt Luft aus der Umgebung und beginnt sich als Wind um das Zentrum des Tiefs zu drehen. Übrigens nach den Gesetzen der Korioliskraft immer im Gegenuhrzeigersinn; auf der südlichen Erdhalbkugel drehen sich diese Stürme mit dem Uhrzeigersinn – ganz wie das Wasser im Ausfluss der Badewanne.

Ab Windgeschwindigkeiten von 120 Stundenkilometern gilt der Sturm als Hurrikan. Die zwischen 100 und 1 500 Kilometer großen Luftwirbel »leben« etwa acht bis zehn Tage und wandern von der Karibik nordwärts, wo sie dann außerhalb der Tropen ohne Energienachschub ihre Kraft verlieren. Solange der Zyklon über dem Wasser bleibt, nimmt er an Stärke weiter zu, über Land läuft er sich schnell tot. Doch dort, wo er das Land erreicht, ist seine Gewalt meist am stärksten und er bringt schwere Verwüstungen.

Im Schnitt entstehen im Golf von Mexiko und in der Karibik pro Jahr etwa fünf bis zehn Hurrikane. Manche »sterben« bereits weit draußen im Meer, andere fegen über die Inseln der Karibik oder nach Mexiko – und einige drehen nach Norden ab und überfallen Florida.

Glücklicherweise können die Meteorologen das Entstehen eines Sturms heute genau verfolgen und seinen voraussichtlichen Weg vorhersagen. Kommandozentrale der auf Hurrikane spezialisierten Wetterfrösche ist das National Hurricane Center in Miami. Per Radar beobachten die Meteorologen dort die Entstehung jedes Tiefdruckgebietes rund um die Uhr. Sie schicken sogar Beobachtungsflugzeuge bis ins Auge des jeweiligen Hur-

1992 schlug Hurrikan »Andrew« in Miami zu

rikans und versuchen mit modernster Technologie die Wanderrichtung zu bestimmen. Und sie benennen auch die Stürme – im Zeichen der Gleichberechtigung mit abwechselnd weiblichen und männlichen Vornamen in alphabetischer Reihenfolge.

Wenn dann tatsächlich ein Sturm auf Florida zuhält, werden bedrohte Ortschaften zwei bis drei Tage vor dem Landgang des Hurrikans gewarnt und evakuiert. Menschenleben sind daher heutzutage nur noch selten zu beklagen – ganz anders als früher. Der große Hurrikan von 1928 z. B. brachte den Lake Okeechobee in Südflorida zum Überlaufen und forderte mehr als 2 000 Tote.

Mittlerweile ist die Wetterkunde so weit entwickelt, dass das Hurricane Center wie bei »Andrew« 1992 oder auch bei »Katrina« 2005 bereits 48 Stunden vorab eine *Hurricane Warning* in Radio und Fernsehen verbreiten und 24 Stunden vorher alle Bewohner im voraussichtlichen Weg des Wirbelsturms evakuieren lassen kann. Was Menschenleben rettet, aber die immensen materiellen Schäden kaum mindert. Wenn es soweit ist, brechen gewaltige Regenmassen, Sturmwinde und Flutwellen über die Region im Pfad des Sturms herein. Welchen immensen Schaden »Katrina« 2005 in New Orleans anrichtete, wird wohl erst in einigen Jahren wirklich bekannt werden. Die vier großen Hurrikane vom Herbst 2004, die großteils noch in weniger besiedelten Regionen Nordfloridas wüteten, kosteten etwa 22 Milliarden Dollar. Und mit der Erwärmung der Meere steigt die Gefahr.

Als Tourist muss man bei einem Hurrikan um Leib und Leben nicht fürchten. Die Wahrscheinlichkeit, bei einem solchen tropischen Wirbelsturm zu Schaden zu kommen, entspricht einem Lottosechser. Es wird immer frühzeitig gewarnt, und nur etwa alle zehn bis 20 Jahre muss ein bestimmtes Gebiet mit einem Hurrikan rechnen. Falls es aber tatsächlich soweit sein sollte: Folgen Sie den blauen Schildern!

X SERVICE

Reiseplanung

Anreise/Einreise

Die wichtigsten internationalen Flughäfen Floridas sind Miami (Kürzel: MIA) und Orlando (ORL). In Fort Lauderdale, Fort Myers, Daytona und Tampa gibt es weitere Flughäfen für Liniendienste und Charterflüge, so dass man die Reise je nach Wunsch oder günstigstem Flugangebot auch dort beginnen kann.

Nonstop-Flüge aus Europa erreichen meist nach rund 10 Stunden Flugzeit (und 6 Stunden Zeitunterschied) am späten Nachmittag den internationalen Flughafen von Miami (ca. 10 km westlich der Stadt). Die **Lufthansa** fliegt ab Frankfurt ganzjährig nonstop nach Miami.

3–4 Stunden länger dauert die Anreise mit den Umsteigeverbindungen der amerikanischen Airlines, etwa mit **Delta Airlines** über Atlanta, mit US Airways über Philadelphia oder mit **Continental Airlines** über New York/Newark.

Aufgrund des Preiskampfes der Airlines auf den Routen über den Nordatlantik sind heute Linienflüge oft nicht mehr teurer – und manchmal sogar billiger – als die Charterflüge, die zum Beispiel von Düsseldorf und Frankfurt aus nach Florida angeboten werden. Über preiswerte Holiday- und andere Sondertarife sowie Charterflüge zu den verschiedenen Destinationen in Florida informieren die Reisebüros.

Im Untergeschoss des jeweiligen Ankunfts-Terminals warten die gut gekennzeichneten Shuttle-Busse der Autovermietfirmen, die Sie direkt zum jeweiligen Büro bringen.

Wer kein eigenes Fahrzeug gemietet hat, kann per Taxi oder mit einem Limousinen-Service zum – möglichst vorgebuchten – Hotel gelangen. Für Informationen zur Zimmersuche kann man sich an den **Traveller's Aid**-Stand oder das **Information Center** in der Ankunftshalle wenden.

Die Formalitäten zur **Einreise** in die USA sind nach den Terroranschlägen vom 11. Sept. 2001 verschärft worden. Deutsche, Österreicher und Schweizer benötigen für Urlaubs- und Geschäftsreisen bis zu 3 Monaten Dauer kein Visum, sondern nur einen **maschinenlesbaren Pass**, der mindestens bis zum Ende der geplanten Reise gültig sein muss. Für deutsche Staatsangehörige ist nur der rote Europapass zulässig. Ab Oktober 2007 neu ausgestellte Pässe müssen biometrische Daten enhalten; aktuelle Bestimmungen bei www.usembassy.de. Ab Januar 2009 soll eine neue Regel in Kraft treten: 3 Tage vor der Einreise in die USA müssen sich Reisende bei den US-Behörden durch das Ausfüllen eines Fragebogens per Internet anmelden. Wer länger bleiben will, muss sich beim zuständigen US-Konsulat ein Visum ausstellen lassen.

Bereits im Flugzeug müssen Einreise- und Zollerklärung korrekt ausgefüllt werden. Noch vor der Gepäckausgabe wartet am Boden der *immigration officer*, der Beamte der Einwanderungsbehörde, der einen **Fingerabdruck** ab- und ein **digitales Passfoto** aufnimmt. Am besten gibt man als Besuchsadresse die Anschrift des reservierten Hotels an, zeigt sein Rückflugticket vor und erklärt, dass man als Tourist einreist. Danach holt man seine Koffer (bei Aufgabe nicht verschließen!) und passiert die Zollkontrolle, die das zweite Formblatt in Empfang nimmt.

Achtung: Bei Umsteigeflügen findet die Pass- und Zollkontrolle bereits am ersten Flughafen in den USA statt, also etwa in Atlanta oder New York. Am *Connecting baggage*-Schalter unmittelbar nach dem Zollbereich gibt man dann das bis zum Zielort durchgecheckte Gepäck wieder ab für den Weiterflug.

Ärztliche Vorsorge

In den USA ist man immer Privatpatient – und die Arzt- bzw. Krankenhauskosten sind entsprechend extrem hoch. Man sollte also unbedingt vorsorgen und sich vorab bei der eigenen Krankenkasse über eine Kostenerstattung erkundigen. Falls nicht alles übernommen wird, unbedingt eine **Auslandskrankenversicherung** abschließen, die für Urlaubsreisen recht preiswert zu haben ist. Auch wenn Sie eine Versicherung haben, beim Arzt oder im Krankenhaus muss sofort bezahlt werden – meist sogar im Voraus! Da man meist nicht so viel Bares dabei hat, erweist sich eine Kreditkarte als sehr nützlich.

Apotheken, *pharmacy*, sind meist in *drugstores* zu finden, die auch Toilettenartikel und Kosmetika verkaufen. Ständig benötigte Medikamente sollte man schon von zu Hause mitbringen (Arztattest ausstellen lassen für den Fall, dass der Zoll Fragen stellt). Viele Medikamente, die in Europa rezeptfrei zu haben sind, können in den USA nur vom Arzt verschrieben werden.

Auskunft

Für Vorabinformationen wendet man sich an das **Florida Versandhaus** und an die in Deutschland vertretenen Verkehrsämter. Detaillierte Infos finden Sie auch im Internet unter: **www.visitflorida.travel/deutsch**

Florida Versandhaus
c/o PELA Touristikservice
Postfach 1227, 63798 Kleinostheim
Hotline ✆ (06 21) 561 54 42
Fax (060 27) 979 69 82, FloridaInfo@t-online.de

The Beaches of Fort Myers & Sanibel
Würzburger Str. 20, 63739 Aschaffenburg
✆ (060 21) 32 53 03, Fax (060 21) 32 53 02
Vera.H.Sommer@t-online.de

Florida Keys & Key West
Neumarkt 33, 50667 Köln
✆ (02 21) 233 64 51, Fax (02 21) 233 64 50
www.fla-keys.de, fla-keys@getitacross.de

Verkehrsamt Fort Lauderdale
Sonnenstr. 9, 80331 München
✆ (089) 23 66 21 63, Fax (089) 23 66 21 99
think@mangum.de

Greater Miami CVB
c/o PELA Touristikservice
Postfach 1227, 63798 Kleinostheim
Fax (060 27) 57 48
www.gmcvb.com, rp.Lang@t-online.de

Orlando Tourism Bureau
Angelbergstr. 7, 56076 Koblenz
✆ ✆ (02 61) 973 06 73, Fax (02 61) 973 06 74
www.orlandoinfo.com/de
rukhsana.timmis@t-online.de

Palm Beach County CVB
c/o CircleSolution Germany, Ltd.
Seeleitn 65, 82541 Münsing
✆ (081 77) 998 95 09, www.palmbeachfl.de

Visit St. Petersburg/Clearwater
Postfach 1806, 61288 Bad Homburg
✆ (061 72) 38 80 94 80, Fax (061 72) 38 80 94 81
www.FloridasBeach.com

Automiete

Ohne Räder ist man in Florida ziemlich hilflos. Für einen reinen Badeurlaub in Strandorten wie Miami Beach, Fort Myers Beach oder Fort Lauderdale ist zwar nicht unbedingt ein Fahrzeug nötig, doch schon bei etwas außerhalb gelegenen Sehenswürdigkeiten wird die Anreise mit öffentlichen Verkehrsmitteln schwierig. Eine Rundreise in Florida ist ohne Fahrzeug gänzlich undenkbar.

Da stellt sich zunächst die Frage: Auto- oder Campermiete? Mit dem PKW ist man bei der Fahrt und in den Städten beweglicher, mit dem Camper mehr draußen in der Natur und in den Naturparks – im schwülen Hochsommer aber auch mehr den Moskitos ausgesetzt. Eine Fahrt mit dem Camper ist nicht unbedingt preiswerter, da die guten Campingplätze nicht eben billig sind und Wettbewerb unter den zahllosen Motels die Preise niedrig hält.

So oder so sollte man das Fahrzeug bereits von zu Hause aus mieten und bezahlen. Die europäischen Reiseveranstalter können durch Großeinkauf viel günstigere Preise erzielen, als es dem einzelnen Touristen in den USA möglich ist: Fragen Sie nach den Wochenpauschalen, Freikilometern und eventuellen Rückführungsgebühren. Vielfach sind in den Paketpreisen der Veranstalter für den Mietwagen bereits alle Steuern und Versicherungen enthalten. Bei den meisten großen Vermietern kann man den Wagen ohne Aufpreis in einer anderen Stadt in Florida zurückgeben, als man ihn übernommen hat.

Für alle Auskünfte und die Buchung von Mietwagen wendet man sich ein gutes Reisebüro oder an einen auf die USA spezialisierten Reiseveranstalter. Dies kommt häufig sogar preisgünstiger, als direkt bei den internationalen Autovermietern zu buchen. Vertreten sind in Florida zum Beispiel Avis, Hertz, Alamo und Dollar-Rent-a Car. Camper mietet man ebenfalls über das Reisebüro.

Wer ohne Reservierung angereist ist, kann sich noch am Flughafen an die Schalter der Autovermieter wenden. Ein Vergleich der Preise und Bedingungen (Kilometergebühren, Wochenendpauschalen und eventuelle Sondertarife) lohnt sich.

Zur Anmietung des Fahrzeugs muss man nur den nationalen **Führerschein** vorlegen, der internationale Führerschein gilt in Nordamerika nicht. Eine **Kreditkarte** hilft sehr; dann braucht man nicht im voraus zu bezahlen und keine Kaution zu hinterlegen. Die angebotene Vollkaskoversicherung (abgekürzt CDW oder LDW) ist zwar nicht billig, kann sich aber bei Blechschäden auszahlen. Vorsicht bei verdeckten Zusatzkosten! Die Vermieter bieten allerlei Zusatzversicherungen an, die Sie vielleicht schon über andere Versicherungen (Reisekranken- und Unfallversicherung etc.) abgedeckt haben.

Bei der Übernahme des Wagens sollte man zunächst alles überprüfen (Reserverad, wie funktionieren die Automatikschaltung, die Klimaanlage oder das Verdeck beim Cabrio) und sich beim Wohnmobil alle Funktionen genau erklären lassen. Die Vermietfirmen haben auch handliche Stadtpläne, so dass man schon mal für die Fahrt in die Innenstadt und zum Hotel gewappnet ist.

Als Mitglied eines europäischen Automobilclubs kann man in den Büros des amerikanischen AAA-Club (American Automobile Association, Adressen im Telefonbuch der jeweiligen Stadt) Landkarten und anderes Material und sogar Pannenhilfe bekommen (Mitgliedsausweis nicht vergessen). Mit der Discount-Karte »Show Your Card And Save« vom ADAC gibt es Vergünstigungen bei Attraktionen und Hotels.

Noch ein Zusatztipp: Für Parkuhren und mautpflichtige Brücken sollte man immer einige

Dollar in Münzen (*quarters* und *dimes*) im Wagen haben.

Geld/Devisen

Die Reisekasse verteilt man am besten auf mehrere Zahlungsmittel: einen kleinen Betrag **US-Dollar-Bargeld**, die **EC-Karte**, **Reiseschecks** (Traveller's cheques von American Express oder anderen), die auf US-Dollar ausgestellt sind, und zumindest eine **Kreditkarte** (Visa oder Eurocard) für größere Ausgaben und Notfälle.

Das Einlösen von Reiseschecks ist ganz unproblematisch: Man zahlt im Restaurant, an der Tankstelle oder im Hotel damit und bekommt den Restbetrag in bar zurück.

Europäische Währungen werden nur an Flughäfen, in Hotels und den Hauptgeschäftsstellen der Banken umgetauscht – meist zu schlechtem Wechselkurs. Mit der EC-Karte kann man praktisch überall an den Bankautomaten Geld abheben, und das zu einem fairen Tauschkurs der heimischen Bank.

Der US-Dollar ist in 100 Cents unterteilt. Es gibt **Münzen** zu 1 ¢ *(penny)*, 5 ¢ *(nickel)*, 10 ¢ *(dime)*, 25 ¢ *(quarter)*, 50 ¢ *(half dollar)* und 1 Dollar. Die beiden letztgenannten Münzen trifft man allerdings recht selten im Umlauf.

Vorsicht: Die **Dollar-Geldscheine** *(notes)*, die es im Wert von 1, 2, 5, 10, 20, 50 und 100 Dollar gibt, sind alle gleich groß und stets grün. Nur der Aufdruck der Zahl und des Staatsmannes ist unterschiedlich. Ausnahme: Die neuerdings pfirsichfarbene 20-Dollar-Note. Größere Geldscheine und Reiseschecks wie z. B. 100 $ werden in kleinen Läden und an Tankstellen (vor allem nachts) ungern gesehen und sogar manchmal nicht akzeptiert. Lieber im Hotel wechseln und von zu Hause bereits Reiseschecks in 20-$ und 50-$-Stückelung mitbringen.

In den USA ist es üblich, Preise anzugeben, in denen die Umsatzsteuer nicht enthalten ist. Das bedeutet, dass der Endpreis immer um einige Prozent höher liegt. In Florida bedeutet das: **Auf alle ausgezeichneten Preise kommen noch einmal 6 %!** Zudem dürfen Städte und Bezirke eigene Zusatzsteuern erheben.

Gepäck/Kleidung

Lockere, legere **Freizeitkleidung** ist in Florida schon nach der Ideologie des Staates als Ferienparadies überall »salonfähig«. Nur wer mal in Gourmet-Restaurants und Nightclubs schick ausgehen will, braucht feinere Garderobe. Mit Shorts, Jeans, bunten T-Shirts, Freizeithemden und Turnschuhen passt man exakt in die amerikanische Umwelt. Je luftiger, desto besser. Kopfbedeckung und Sonnenbrille sind ebenfalls unerlässlich. Ein Paar billige Badesandalen für den Sand erhält man vor Ort in jedem Drugstore. Das Meer ist im Sommer allemal gut angewärmt (23–27 °C) und im Winter findet man in Hotels, Motels und auf Campingplätzen von Zentral- und Nordflorida oft geheizte Swimmingpools.

In den Wintermonaten sollte man Pullover und Windjacke einpacken – aber auch in den Sommermonaten leisten sie beste Dienste in den oft per Klimaanlage tiefgekühlten Restaurants und Läden. Die generelle Regel lautet: Nicht zuviel Kleidung mitnehmen. In vielen Strandhotels und auf Campingplätzen sowie in allen Orten gibt es Waschsalons *(laundromats)* mit Waschmaschinen und Trocknern, wo man zwischendurch mal die Badesachen oder einige T-Shirts waschen kann. Fast alle Hotels bieten auch relativ preisgünstigen *laundry service* an.

Als nützlich erweist sich ein **Adapter** für die amerikanischen Steckdosen, falls man mit eigenem Rasierapparat oder Fön anreist (die auf 110 Volt umstellbar sein müssen). Diesen Zwischenstecker besorgt man am besten schon zu Hause. Auch **Filme** und **Videokassetten** bringt man lieber schon von Europa mit, da die Preise in USA höher liegen und die Filmentwicklung meist nicht mit eingeschlossen ist.(Vorsicht! Filme nicht in den Koffer packen.)

Das Leben aus dem Kofferraum eines Mietwagens kann während der Rundfahrt bei entsprechender Planung ganz problemlos verlaufen. Badesachen und Handtuch sind immer griffbereit; eine Reisetasche enthält Waschsachen und Kleidung für einige Tage. Sie nimmt man am Abend jeweils mit ins Motel oder Hotel – zusammen mit der Fotoausrüstung und den Wertsachen natürlich. Der Koffer, in dem sich die restliche Kleidung und die Souvenirs stapeln, bleibt im Auto. Nur alle drei oder vier Tage ist dann »Koffertag« und die Schlepperei morgens und abends hält sich in Grenzen.

Reisezeit

Florida kann zu jeder Jahreszeit bereist werden. 362 Tage Sonnenschein pro Jahr sind z.B. in St. Petersburg die statistische Norm. Die langgestreckte Halbinsel Florida im Südosten der USA liegt auf demselben Breitengrad wie die Sahara oder die Wüste Gobi. Dieses Schicksal blieb dem Sunshine State jedoch durch die umgebenden Meere erspart: Im Osten spendet der Atlantik, im Westen der Golf von Mexiko die nötige Feuchtigkeit. Und aus der Karibik im Süden ziehen die Wolken der tropischen Stürme auf. Die Regenfälle und die allgemein hohe Luftfeuchtigkeit verhelfen Florida zu einer saftig grünen, subtropischen Vegetation, die das ganze Jahr gedeiht und blüht.

Ideale Zeiten für die in diesem Buch beschriebene Reise sind der **Herbst** (September–Dezember) und das Frühjahr (April–Mitte Juni). Die Tageshöchsttemperaturen liegen dann zwischen 25 und 32 °C, es regnet nur selten, und die Luftfeuchtigkeit hält sich in Grenzen.

Im Winter kann es in Zentral- und Nordflorida schon mal kühl werden und bei Kälteeinbrüchen aus dem Norden sogar gefrieren. Aber im Süden ist es auch in den Wintermonaten möglich zu baden und zu bräunen.

Regenzeit ist der Sommer; doch keine Angst, der aus Europa bekannte Dauerregen ist nicht zu befürchten. Im Juni und Juli ist in ganz Südflorida das Wetter des Tages wie folgt: morgens strahlender Sonnenschein, mittags kleine Wolken, nachmittags ein heftiger Gewittersturm, abends schöner Sonnenuntergang und Aufklaren.

Zu anderen Jahreszeiten sollte man den Schwerpunkt der Reise und besonders den Badeaufenthalt entsprechend planen: In den Wintermonaten locken die Keys und Südflorida mit Tageshöchsttemperaturen von etwa 25 °C, im Hochsommer sollte man mehr Zeit im Panhandle, im Gebiet von St. Augustine und an der nördlichen Golfküste verbringen.

Noch einige Tipps: Disney World und die Region um Orlando haben immer Saison, besonders aber im Sommer während der amerikanischen Schulferien und an Feiertagswochenenden. Wenn die amerikanischen Unis Ferien machen (März und April), sind Orte wie Daytona Beach brechend voll, laut und partytrunken.

Zu guter Letzt noch eine Warnung. In den Monaten Juni bis September ist **Hurrikan-Saison** und man sollte diese tropischen Wirbelstürme und die begleitenden Tornados nicht unterschätzen. Die Wahrscheinlichkeit, einen solchen Sturm zu erleben, ist zwar denkbar gering, doch sollte man gewappnet sein. Den Evakuierungsbefehlen der Polizei ist unbedingt Folge zu leisten; Fluchtrouten sind überall ausgeschildert. In aller Regel werden Hurrikane bereits einige Tage zuvor erkannt und man hat genügend Zeit, an einen sonnigeren Strand zu flüchten.

Unterkunft

Der Standard der Hotels und Motels in Florida ist im allgemeinen sehr gut. Es gibt überall in den kleineren Orten und Strandregionen preiswerte Motels und kleine Hotels, bei denen der Parkplatz praktisch vor der Zimmertür liegt. Klimaanlage und Swimmingpool (oder natürlich der eigene Strand) sind in Florida selbstverständlich. Für Tennis, Golf, Bootsvermietung und all die anderen Ferienannehmlichkeiten steigt man in einem der Resorthotels ab, die oft recht luxuriöse und weitläufige Baukomplexe oder gar Feriendörfer sind.

Für die Rundfahrt kann man auf die einfacheren Motels zurückgreifen – man ist tagsüber sowieso viel unterwegs. Für einige Badetage zwischendurch und/oder eine zusätzliche Erholungswoche lohnt es sich aber, ein besseres Resorthotel zu mieten. (Nehmen Sie ein Zimmer *oceanview* oder *oceanfront*. Es ist den Aufpreis wert, das Meer zu sehen – und nicht den Parkplatz!)

Die meisten angegebenen Hotels können über Reisebüros und Veranstalter schon von Europa aus vorbestellt werden. Besonders zur Hochsaison zwischen Weihnachten und Ostern sowie im Hochsommer und in vielbesuchten Ferienregionen wie den Keys oder Orlando sollte man diese Möglichkeit nutzen (Adressen siehe Tagesinformationen).

Wichtig ist, sobald die Buchung für den Flug feststeht, ein Hotel für die erste Nacht nach der Ankunft zu reservieren, damit Sie nicht eventuell spätabends und müde vom langen Flug auf Zimmersuche gehen müssen.

Außerhalb der Saison können Sie die Hotels für die Rundfahrt auch erst einige Tage zuvor direkt oder über die Reservierungszentralen (kostenlose 1-800, -888-, 877- oder 866-Nummern) vorbestellen. Eine Kreditkarte erleichtert dies, weil dann das Zimmer garantiert wird. Sonst muss man bis **spätestens 18 Uhr** einchecken.

Bei der kurzfristigen Zimmersuche sind die örtlichen Visitors Bureaus behilflich. Falls man im heimischen Reisebüro ein besonders günstiges Flugangebot mit einigen Hotelübernachtungen findet, kann man aber auch die Rundfahrt danach umstrukturieren.

Von den großen Hotelketten kann man sich vorab ein Verzeichnis ihrer Häuser zusenden lassen oder im Internet nachschauen:

Best Western Hotels
✆ (01 80) 221 25 88, www.bestwestern.com
Choice Hotels (Quality Inn, Comfort Inn, Rodeway Inn, Econo Lodge etc.)
✆ 0800-185 55 22, www.choicehotels.com
Days Inn, Howard Johnson Hotels, Ramada Hotels, Super 8 Motels und TraveLodge
✆ (01 80) 524 10 10
www.daysinn.com
Hilton Hotels
✆ 0800-88 84 48 88, www.hilton.de
Holiday Inns
✆ 0800-181 60 68, www.holiday-inn.de
Motel 6
✆ 001-800-466-8356, www.motel6.com
Starwood Hotels (Sheraton, Westin, Four Points)
✆ 001-888-625-5144, www.starwood.com

Die in den Tagesinformationen angegebenen Preiskategorien gelten jeweils für ein Doppelzimmer. Einzelzimmer sind nur unwesentlich billiger, während man für ein zusätzliches Bett etwa 10–15 $ aufzahlen muss. Für Kinder, die im Zimmer der Eltern schlafen, wird meist kein Aufpreis berechnet (vgl. auch *Checking in?*, S. 261).

Die Bedeutung der Dollarsymbole in diesem Buch für eine Übernachtung im Doppelzimmer:

$ – bis 70 Dollar
$$ – 70 bis 110 Dollar
$$$ – 110 bis 180 Dollar
$$$$ – über 180 Dollar

Apartment oder **Vacation Rental**, also die Miete eines Ferienhauses oder einer Ferienwohnung, ist nur für Aufenthalte von einer Woche und länger interessant. Es gibt in allen Regionen Floridas *Property* oder *Vacation Rental Agencies*, die individuell eingerichtete Privathäuser und Wohnungen *(condos)* vermitteln. Besonders in der Nebensaison kann man bei ihnen auch kurzfristig noch preisgünstig an ein Apartment oder ein hübsches Strandhaus kommen.

Bed & Breakfast kommt in Florida immer mehr in Mode. Oft sind es historische, hübsch renovierte Villen, in denen man wohnt. Dazu ergeben sich mit den Gastfamilien interessante Kontakte, man erfährt Details über die Region und bekommt noch Tipps für Besichtigungen mit auf den Weg. Adressen von kurzfristig verfügbaren Gästezimmern erhält man in den Visitors Bureaus vor Ort.

Camping ist für Florida außerhalb von Miami eine durchaus sinnvolle Unterkunftsart. Die meist sehr großzügig angelegten Plätze haben oft eine herrliche Lage, direkten Anschluss an Wanderwege, Sandstrand und andere Naturgenüsse. Staatliche Campingplätze liegen meist in Parks, haben Feuerstellen, Holzbänke und -tische sowie Waschanlagen.

Vorbestellung ist bis zu zwei Monate vorab möglich. Zur Nebensaison braucht man jedoch nicht zu reservieren. Man sollte aber einchecken, sobald man am jeweiligen Ort angekommen ist, man kann ja danach immer noch mit Besichtigungen weitermachen.

Die privaten Campingplätze sind meist exzellent ausgestattet, mit sauberen Duschen, Grillplätzen und dazu oft mit kleinem Laden und sogar Restaurant. Wildcampen für mehrere Tage wird nicht gern gesehen, doch kann man durchaus über Nacht sein Motorhome auf einem Parkplatz abstellen – aber nicht in den staatlichen Parks. Dort kontrollieren die Ranger und verscheuchen den ahnungslosen Touristen ohne Gnade.

Zoll

Zollfrei in die USA mitbringen darf man natürlich die persönliche Reiseausrüstung (Kleidung, Fotoapparat etc.). Darüber hinaus sind zollfrei:
- 200 Zigaretten oder 50 Zigarren oder 2 kg Tabak
- 1 Liter Alkohol
- Geschenke im Wert von bis zu 100 $.

Tierische und pflanzliche Frischprodukte (Obst, Wurst, Gemüse) dürfen nicht eingeführt werden. Die Zollbeamten sind da unerbittlich – Wurststullen und Orangen werden konfisziert. Dagegen sind Gebäck, Käse und Süßigkeiten (keine Schnapspralinen!) erlaubt. Der eigene Wagen darf bis zu einem Jahr mitgebracht werden, es lohnt sich aber erst ab einer Aufenthaltsdauer von mindestens 2 Monaten.

Bleibt man länger als 12 Monate in den USA, dann muss das Fahrzeug nach den amerikanischen Sicherheitsbestimmungen umgerüstet werden. Wenn man seinen Wagen nach einer Reise in den USA verkaufen möchte, heißt es ebenfalls umrüsten und zusätzlich noch Zoll bezahlen.

Reisedaten

Achtung Überfall

Die Sicherheit Floridas als Urlaubsziel kam nach Überfällen auf Touristen vor einigen Jahren ins Gerede. Mittlerweile hat sich die Lage wieder beruhigt und gebessert: Die Straßen in Miami sind gut ausgeschildert, die Mietwagen nicht mehr am Kennzeichen auszumachen. Die zugrundeliegenden sozialen Probleme in den Großstädten haben sich allerdings nur wenig geändert. Also: Während in Miami die Strandregionen im allgemeinen sicher sind, sollten Sie vor allem abends im Gebiet um den International Airport sehr vorsichtig sein und Slumviertel wie Liberty City oder Opa Locka völlig meiden.

Studieren Sie vorab eine Straßenkarte, und legen Sie ihren Flug so, dass Sie **nicht nachts ankommen**. Bei einem – eventuell vorgetäuschten – Unfall fahren Sie am besten bis zur nächsten Tankstelle weiter und alarmieren von dort die Polizei. Falls Ihr Flug doch nach Einbruch der Dunkelheit ankommt, empfiehlt es sich, mit dem Taxi oder Shuttle-Bus ins Hotel zu fahren und den Mietwagen erst am nächsten Tag in Miami Beach zu übernehmen.

Allgemein gilt für ganz Florida – wie überall in den USA: Fahren Sie nicht nachts durch schlecht beleuchtete, ärmere Wohnviertel, bleiben Sie auf belebten Straßen, und lassen Sie nichts im geparkten Auto liegen. Noch ein Tip: Wenn Sie bei der Abreise in Miami Ihre Mietstation für die Autorückgabe nicht finden, fahren Sie am besten zum Terminal und folgen einfach dem Shuttle-Bus Ihrer Mietfirma.

Auskunft vor Ort

Erster Anlaufpunkt für Wegbeschreibungen, Fragen nach Bootsvermietern, Tennis- und Golfplätzen und nach Veranstaltungen ist das oft recht kundige Hotelpersonal. Für detaillierte Unterkunfts- und Restaurantverzeichnisse wendet man sich an das örtliche – meist gut ausgeschilderte – *Visitors Bureau* oder die *Chamber of Commerce*. Die hilfreichen Engel in diesen Büros können auch Unterkünfte vermitteln und Tipps für Unternehmungen geben (Adressen auf den blauen Info-Seiten).

Man muss dort nicht unbedingt hinfahren, sondern kann auch telefonisch anfragen. In den staatlichen Parks erhält man bereits am Eingang eine kleine Broschüre mit Landkarte und kann sich dann im jeweiligen Visitor Center (nur bei größeren Parks) genauer über Führungen und Veranstaltungen informieren.

Autofahren

Als verkehrsgeschulter Europäer hat man es in Florida leicht: Die Amerikaner sind vergleichsweise immer noch rücksichtsvolle und gemächliche Fahrer. Was aber nicht heißen soll, dass die Trucks und Flitzer auf den Autobahnen nicht auch mal drängeln und dicht auffahren.

Landkarten erhält man an den Tankstellen oder in Drugstores. Als Mitglied eines europäischen Autoclubs kann man sich von der amerikanischen Schwestervereinigung **American Automobile Association** mit Karten versorgen lassen (Adressen im Telefonbuch). Dort erhält man auch Auskunft über den Straßenzustand:

AAA Florida
6643 S. Dixie Hwy.
Miami (Süd-Miami nahe Hwy. 1)
✆ (305) 661-6131
Mo–Fr 8.30–17.30 Uhr

Einige Verkehrsregeln und Verhaltensweisen unterscheiden sich von denen Europas:
– Die **Höchstgeschwindigkeit** ist überall ausgeschildert; auf Interstate und Toll Highways (mautpflichtige Straßen) 70 oder 65 Meilen/h (113 bzw. 105 km/h), auf US- und State-Highways 55 Meilen/h (89 km/h), in Ortschaften 25–30 Meilen/h (40–48 km/h).
– **Schulbusse** mit blinkender Warnanlage, die Kinder ein- und aussteigen lassen, dürfen nicht passiert werden. Das gilt auch für Fahrzeuge aus der Gegenrichtung!
– **Rechtsabbiegen an roten Ampeln** ist erlaubt – aber erst nach vollständigem Halt und Vergewisserung, dass kein Fußgänger oder anderer Wagen behindert wird.
– Außerhalb von Ortschaften muss man zum Parken oder Anhalten mit dem Fahrzeug **vollständig von der Straße runter**.
– Fußgängern, besonders Kindern, sollte man immer Vorfahrt einräumen. Sobald man als Fußgänger auch nur einen Zeh auf die Straße setzt, halten die Amerikaner an – kein schlechtes Vorbild.
– Beim **Parken** ist unbedingt die Beschilderung zu beachten und – falls nötig – die Parkuhr zu füttern. Die Parkwächter finden Ihren falsch geparkten oder überfälligen Wagen mit unglaublicher Zielsicherheit, und urplötzlich flattert ein Strafzettel an der Scheibe. Diesen sollte man besser bezahlen (in den kleinen Lebensmittelläden und auf der Post gibt es die dazu nötige *money order*), denn sonst kommt die Mahnung über die Autovermietfirma nach Europa.
– **Parken** Sie nicht an Bushaltestellen und vor Feuerhydranten! Die Abschleppwagen der Polizei sind schnell zur Stelle, und ein paar Minuten Parken kann dann 100 Dollar Strafe und dazu noch Abschleppgebühren kosten.
– Bei **Pannen** sollte man sich als Mietwagen- oder Wohnmobilfahrer zunächst mit seiner **Vermietgesellschaft** in Verbindung setzten, um die weiteren Schritte abzusprechen. Notrufsäulen sind in USA kaum verbreitet; man wendet sich also vom nächsten Telefon aus an die örtliche Polizei oder – auf Autobahnen – an die Highway Patrol. Diese informiert dann Abschleppdienste, Notarzt usw. Auch der AAA unterhält einen eigenen Pannendienst, den man als Mitglied des ADAC, ÖAMTC und anderer Clubs beanspruchen kann (Ausweis mitbringen).
– Einige Brücken, kleinere Straßenstücke sowie der Florida Turnpike von Orlando nach Miami sind als *toll highways* gebührenpflichtig; man zahlt an den Mautstellen der Autobahn.

Einkaufen

Picknickbedarf und andere Kleinigkeiten für die Rundfahrt sind ohne Probleme in den kleinen Supermärkten (Circle K, Seven-Eleven, etc.) und den Läden der Campingplätze zu haben. Das gepflegte Shopping in Boutiquen und Kaufhäusern findet in den großen, klimagekühlten Malls statt: im Bayside Marketplace in Miami oder in der Florida Mall in Orlando zum Beispiel. Gefragte Souvenirs aus Florida sind besonders die lustig bedruckten T-Shirts und Badetücher, handgedrehte Zigarren (Tampa, Miami), Modeschmuck und verrückte Neuheiten (zu finden in kleinen Strandläden und in schicken Shopping Malls).

Vorsicht übrigens beim Kauf von Muscheln oder Korallen – viele dieser Andenken fallen unter das Washingtoner Artenschutzabkommen und dürfen nicht nach Europa importiert werden.

Eintrittsgebühren

In den Museen zahlt man meist 6–12 $ Eintritt. Die großen Ozeanarien und Vergnügungsparks sind mit 40–70 $ weit teurer, aber dafür kann man den ganzen Tag über alle Shows, Achterbahnen und andere Attraktionen besuchen.

Im Everglades National Park bezahlt man am besten die Einzelgebühr von 10 $ pro Fahrzeug. Der ein Jahr lang für alle Nationalparks der USA gültige *National Parks Pass* lohnt sich nur, wenn man auch noch andere Staaten und weitere Nationalparks bereist. Dagegen können Sie sich bei einer längeren Rundreise in Florida bereits im ersten State Park den für alle State Parks gültigen *Annual Entrance Pass* für 86 $ kaufen, sonst müssen Sie in jedem einzelnen der rund 80 Parks 4–5 $ Eintritt bezahlen. Diese Permit gilt auch für die vielen staatlichen Strandparks.

Feiertage

An den großen Feiertagswochenenden im Sommer sind die Strände, die Keys, die der Westküste vorgelagerten Inseln und natürlich auch die Parks bestens besucht und die Unterkünfte ausgebucht. Mörderisch dicht ist dann auch der Verkehr, und dementsprechend hoch sind die Preise.

Vorplanung und frühe Reservierung von Hotels und sogar Campingplätzen sind an diesen Tagen unerlässlich. Als Trostpflaster gibt es dafür in vielen Strandzentren Freiluftkonzerte, Wettbewerbe, Paraden und andere Zuschaueraktivitäten.

Zu beachten ist, dass viele amerikanische Feiertage auf Montage fallen – also ein langes Wochenende bilden. Banken, öffentliche Gebäude und viele Museen sind an den Feiertagen geschlossen.

Offizielle Feiertage:

Neujahrstag (1. Jan.)
Martin Luther King Day (3. Mo im Jan.)
President's Day (3. Mo im Feb.)
Memorial Day (letzter Mo im Mai, Beginn der Hauptsaison in Zentral- und Nordflorida)
Unabhängigkeitstag (4. Juli)
Labor Day (1. Mo im Sept.)
Columbus Day (2. Mo im Okt.)
Veterans Day (11. Nov.)
Thanksgiving (4. Do im Nov.)
Weihnachten (25. Dez.)

Dazu werden in manchen Städten und Regionen noch weitere Feiertage begangen, so etwa General Lee's Birthday (3. Mo im Feb.) oder der Confederate Memorial Day (26. April).

Feste und Veranstaltungen

Von den staatlichen Feiertagen wird eigentlich nur der Unabhängigkeitstag am 4. Juli richtig gefeiert – mit Picknick am Strand, Feuerwerk, Parties und Paraden in jedem noch so kleinen Nest. An diesem Tag verschafft sich der enorme Patriotismus der Amerikaner Luft. Das ganze Jahr über finden jedoch Karnevals der Einwanderer, große Musikfestivals, verrückte Bikiniwettbewerbe, Sportturniere und natürlich Angelwettbewerbe statt.

Zu den einzelnen Veranstaltungen gibt es meist noch ein Rahmenprogramm mit Bands, Paraden und vielen Aktivitäten. Es lohnt sich, dafür auch einen kleinen Umweg in Kauf zu nehmen. Tipps für aktuelle Veranstaltungen bekommen Sie vor Ort bei der Hotel-Concierge oder im Visitors Bureau. Hier einige der schönsten Ereignisse und Festivals, die jedes Jahr stattfinden:

Januar

Epiphany: Dreikönigsfest der griechischen Schwammtaucher (6. Jan., Tarpon Springs)

Art Deco Weekend: Nostalgie-Parties, Bands und Oldtimer-Parade am Ocean Drive (2. Wochenende, Miami Beach)

Februar

Gasparilla Pirate Fest: buntes Volksfest, bei dem eine Piratenflotte die Stadt »einnimmt« (Anfang Febr., Tampa)

Coconut Grove Art Festival: Kunstmarkt, Ausstellungen und Straßenfest im alten Künstlerviertel Coconut Grove (Mitte Febr., Miami)

Edison Festival of Lights: zweiwöchiges Festival zu Ehren des Erfinders der Glühbirne, Höhepunkt ist eine gigantische Lichterparade (Mitte Febr., Fort Myers)

Silver Spurs Rodeo: seit 80 Jahren das größte Rodeo im Osten der USA (3. Wochenende, Kissimmee)

Daytona 500: das berühmteste Stockcar-Rennen Amerikas, weitere große Rennen den ganzen Monat über (Mitte Febr., Daytona Beach)

März

Daytona Bike Week: das größte Biker-Treffen der Welt – mit mehr als 500 000 Motorradfahrern, Bike-Ausstellungen und vielen Rennen (erste Woche, Daytona Beach)

Kissimmee Bluegrass Festival: *das* Ereignis für Country-Fans: Bluegrass-Fiddler aus den ganzen USA (1. Wochenende, Kissimmee)

Carnaval Miami: einwöchiger lateinamerikanischer Straßenkarneval auf der Calle Ocho in Little Havana (Anfang März, Miami)

Sanibel Shell Fair: Treffen der Muschelsammler mit Ausstellungen und Auktionen (Anfang März, Sanibel Island)

Swamp Buggy Races: Verrückte Schlammrennen im Sumpf der Everglades (Jan., Mitte März und Ende Okt., Naples)

Nasdaq-100 Championships: berühmtes Tennisturnier mit allen großen Racket-Stars (Mitte März, Miami)

St. Augustine Easter Festival: Osterparade in der Altstadt mit Segnung der Fischereiflotte (Osterwoche, St. Augustine)

April

Sarasota Jazz Festival: Big-Bands, Blues- und Jazzcombos (Anfang April, Sarasota)

Seven-Mile Bridge Run: Volkslauf über die längste Brücke der Keys – 11 Kilometer (Mitte April, Marathon)

Bausch and Lomb Tennis Championship: Internationales Tennisturnier (Mitte April, Amelia Island)

Mai

Isle of Eight Flags Shrimp Festival: ein Wochenende lang Musik, Paraden und Krabbenessen in der Altstadt von Fernandina Beach (Anfang Mai, Amelia Island)

Juni

Goombay Festival: Straßenfest der Bahamesen mit heißen Rhythmen in Coconut Grove (Anfang Juni, Miami)

Fiesta of Five Flags: großes Festival zur Erinnerung an die Landung der Spanier 1559; Umzüge, historische Aufführungen (Anfang Juni, Pensacola)

Billy Bowlegs Festival: wilde Seeräuberparty mit Bootsparaden, Feuerwerk und viel Bier (Anfang Juni, Fort Walton Beach)

Juli

Suncoast Offshore Grand Prix: großer Sport-Event mit Speedboat-Rennen (eine Woche um den 4. Juli, Sarasota)

Hemingway Days Festival: eine Partywoche rund um »Papa Hemingway«; mit »Look-Alike Contest« (Mitte Juli, Key West)

August

Miami Reggae Festival: zweitägiges Musikfestival mit vielen Bands aus Jamaika (Anfang Aug., Miami)

September

Seafood Festival: Budenzauber und historisches Entertainment am Seville Square (Anfang Sept., Pensacola)

Oktober
West Indian Carnival: Spektakel mit karibischem Flair und viel Musik (Anfang Okt., Miami Beach)
John's Pass Seafood Festival: riesiges Hafenfest mit Musik, viel Fisch und Krabben satt (Mitte Okt., Madeira Beach)
Cedar Key Seafood Festival: 3 Tage Musik und Parties mit Unmengen von Shrimps und Fisch (3. Wochenende, Cedar Key)
Jacksonville Jazz Festival: 3 Tage Free Jazz im Stadtpark mit Bands aus allen Teilen der USA (Ende Okt., Jacksonville)
Fantasy Fest: Karneval zu Halloween mit buntem Maskenball und verrücktem Treiben auf der Duval Street (31. Okt., Key West)

November
Florida Seafood Festival: 2 Tage Wettbewerbe im Austernknacken und -essen (1. Wochenende, Apalachicola)
Riverwalk Blues Festival: 3 Tage Blues mit Bands aus den ganzen USA im Bubier Park (Anfang Nov., Fort Lauderdale)
Fort Myers Beach Sand Sculpting Contest: Wer baut die größte Sandburg? Dazu ein großes Volksfest (Mitte Nov., Fort Myers Beach)

Dezember
X-mas Parades: abendliche Paraden von lichtergeschmückten Yachten auf den Kanälen zahlreicher Küstenstädte wie Fort Lauderdale, Palm Beach, St. Petersburg, Panama City oder Fort Myers (verschiedene Wochenenden)
King Mango Strut: verrückte Silvester-Parade der alternativen Szene in Coconut Grove (letzte Woche, Miami)
King Orange Jamboree: riesige Parade entlang dem Biscayne Boulevard am Silvesterabend, anschließend Party im Bayfront Park (Miami)

Hinweise für Behinderte

Wie überall in den USA sind die Einrichtungen für Behinderte sehr gut: Hotels, öffentliche Gebäude, Shopping-Malls und Museen haben durchweg Rampen oder Fahrstühle, die Bordkanten der Gehwege sind an den Übergängen abgeflacht. Vielfach bieten die Hotels auch rollstuhlgerechte Zimmer an, und manche Autovermieter haben Fahrzeuge mit Handbetrieb im Programm.

Kinder

Zwar ist der lange Flug für Kinder anstrengend, doch einmal vor Ort, gibt es kaum noch Probleme. Wie überall in den USA ist auch in Florida die touristische Infrastruktur sehr kinderfreundlich: Es gibt Kindermenüs, eigene Sitzkissen und Tische in den Restaurants. Und billige, wenn nicht gar kostenlose Unterbringung in Hotels und Motels ist eine Selbstverständlichkeit. Viele Attraktionen sind speziell für Kinder eingerichtet, wie etwa die Wasserparks, Busch Gardens und natürlich Disney World.

Besonders mit dem Camper macht den Kindern die Rundfahrt Spaß: Lagerfeuer, Angeln und Grillen oder auch kleine Wanderungen lassen keine Langeweile aufkommen. Auch die Amerikaner reisen viel mit Kind, so dass Kontaktmöglichkeiten nicht ausbleiben: Kinder mit Kindern und Eltern mit Eltern.

Wenn man mit Kind(ern) unterwegs ist, empfiehlt es sich, die Tagesplanung etwas lockerer zu gestalten, mehr Zeit am Strand zu verbringen und evtl. einige Zusatztage einzuschieben. Vielleicht lässt man sogar die eine oder andere Sehenswürdigkeit weg, um sich mit anderen – und den Kindern – mehr beschäftigen zu können. Viele Hotels vermitteln zuverlässige Babysitter oder haben sogar eigene Programme für Kinder.

Maße und Gewichte

Vor 20 Jahren war die Umstellung der USA auf das metrische System schon einmal in Sicht, doch heute ist wieder alles beim Alten: *inch* und *mile*, *gallon* und *pound*. So muss man sich wohl oder übel umstellen. Die Tabellen auf S. 253 sollen dabei helfen:

Reisedaten

Temperaturen:

°Fahrenheit	104	100	90	86	80	70	68	50	40	32
°Celsius	40	37,8	32,2	30	26,7	21,1	20	10	4,4	0

Bekleidungsmaße:

Herrenkonfektion

Deutsch	46	48	50	52	54	56	58
Amerikanisch	36	38	40	42	44	46	48

Damenkonfektion

Deutsch	38	40	42	44	46	48
Amerikanisch	10	12	14	16	18	20

Kinderbekleidung

Deutsch	98	104	110	116	122
Amerikanisch	3	4	5	6	6X

Kragen/*collars*

Deutsch	35–36	37	38	39	40/41	42	43
Amerikanisch	14	14½	15	15½	16	16½	17

Strümpfe/*stockings*

Deutsch	35	36	37	38	39	40	41
Amerikanisch	8	8½	9	9½	10	10½	11

Schuhe/*shoes*

Deutsch	36	37	38	39	40	41	42	43	44	45	46	47
Amerikanisch	5	5¾	6½	7¼	8	8¾	9½	10¼	11	11¾	12½	13¼

Notfälle

Bei allen Notfällen kann man sich telefonisch an die Notrufzentrale unter der landesweiten Nummer »911« oder an den Operator (»0«) wenden. Man nennt Namen, Adresse oder Standort und die Sachlage. Der Operator informiert dann Polizei, Rettungsdienst oder Feuerwehr. Im Everglades-Nationalpark wird die Polizeigewalt von den Parkrangers augeübt, die auch für sämtliche Notfälle zuständig sind.

Falls die Papiere (Reisepass etc.) verlorengegangen sind, wendet man sich am besten an das zuständige Konsulat, das alle notwendigen Schritte veranlaßt:

Längenmaße:	1 *inch (in.)*	= 2,54 cm
	1 *foot (ft.)*	= 30,48 cm
	1 *yard (yd.)*	= 0,9 m
	1 *mile*	= 1,6 km
Flächenmaße:	1 *square foot*	= 930 cm^2
	1 *acre*	= 0,4 Hektar (= 4 047 m^2)
	1 *square mile*	= 259 Hektar (= 2,59 km^2)
Hohlmaße:	1 *pint*	= 0,47 l
	1 *quart*	= 0,95 l
	1 *gallon*	= 3,79 l
Gewichte:	1 *ounce (oz.)*	= 28,35 g
	1 *pound (lb.)*	= 453,6 g
	1 *ton*	= 907 kg

Deutsches Generalkonsulat
100 N. Biscayne Blvd.
Miami, FL 33132
✆ (305) 358-0290, Fax 358-0307

Österreichisches Honorarkonsulat
1454 N.W. 17th Ave., Suite 200
Miami, FL 33125
✆ (305) 325-1561, Fax 325-1563

Schweizerisches Konsulat
825 Brickell Bay Dr., Suite 1450
Miami, FL 33131
✆ (305) 377-6700, Fax 377-9936

Ist auch das **Geld** abhanden gekommen oder eine größere Ausgabe erforderlich, für die man Geld aus Europa benötigt, so lässt man dies am besten durch **Western Union** telegrafisch überweisen.

Der Betrag ist nach etwa 48 Stunden im nächstgelegenen Western-Union-Büro abzuholen. Banküberweisungen dauern oft mehr als eine Woche.

Post

Postämter gibt es in allen – sogar den winzigsten – Orten Floridas. Je kleiner as Nest, um so kürzer sind die Wartezeiten. Die Beförderung einer Postkarte (Porto 70 ¢, Briefporto 80 ¢) zurück in die Heimat dauert von Miami etwa 4–5 Tage, aus dem Hinterland etwas länger.

Man kann sich auch postlagernde Sendungen nachschicken lassen, die dann wie folgt adressiert werden muss:

Name (Nachname unterstrichen)
c/o General Delivery
Main Post Office
Stadt, FL (Postleitzahl/*zip code*)
USA

Das Telefonsystem hat in den USA mit dem Postwesen nichts zu tun, daher findet man in den Postämtern auch keine Telefonzellen. Faxe empfangen und verschicken Sie am besten über die Hotelrezeption.

Presse/Radio/TV

Neben der Tageszeitung *Miami Herald* gibt es noch zahlreiche weitere Zeitungen in anderen Großstädten *(Orlando Sentinel, Tampa Tribune, St. Petersburg Times)* und mehr als 100 örtliche Wochenblätter. Erhältlich sind die Zeitungen am Automaten, Kiosken und in Supermärkten.

In den Wochenend- oder Freitagsausgaben der jeweiligen Zeitungen findet man eine Beilage mit aktuellen Veranstaltungen und Konzerten. Auch die zahlreichen in den Hotels ausliegenden Werbehefte, z.B. *Where in Miami* oder *See Key West,* informieren über Konzerte, Restaurants und Theaterspielpläne.

Internationale News, und gar noch über Deutschland, sind selbst in den großen Zeitungen dünn gesät – nur die ganz kuriosen und ganz wichtigen Neuigkeiten dringen durch. Allerdings erhält man in manchen Hotels und Zeitschriftenläden auch deutsche Zeitungen und Zeitschriften.

Fernsehen kann man in Florida, was das Herz begehrt: auf etwa 10 Kanälen (Dutzende weitere über Kabel und Satellit) und 24 Stunden am Tag. Viele Hotels bieten auch Videofilme auf hauseigenen Kanälen an, die dann allerdings extra berechnet werden (ca. 8–10 $). Nur in ganz abgelegenen Landstädtchen und in winzigen Motels wird es sogar im fernsehwütigen Amerika dürftig. Ein oder zwei Kanäle sind dort manchmal das höchste der Gefühle – außer das Motel ist an das Kabelnetz angeschlossen, dann locken HBO und andere Privatkanäle mit werbefreien Kinofilmen.

Im Radio ist immer was los. Meist sogar in Stereo, also auf FM (UKW), Sprachprogramme auch auf Mittelwelle (AM). Zahllose Stationen tönen tagein, tagaus aus dem Autoradio mit Musik, Nachrichten und (örtlichen) Neuigkeiten. Verblüffend ist in Florida auch die Vielzahl von Musikkanälen, die sich rein auf »Oldies« spezialisiert haben: Bigband-Sound und Schlager der 50s und 60s beschwingen oft die Fahrt der *little old lady*, die mit gemächlichen 40 Meilen pro Stunde vor einem auf der Autobahn zockelt. Ethnische Töne hört man im Radio vielfach in Miami und Tampa, wo die Sender der Exilkubaner heiße Rhythmen verbreiten.

Restaurants/Verpflegung

Hamburgerlokale? Gibt's wie Sand am Meer. Pizzalokale? So viele, wie Muscheln auf Sanibel Island. Trotzdem, Florida hält eine überraschende Vielfalt kulinarischer Genüsse bereit. Die Restaurants und ethnischen Küchen sind so breitgefächert wie die Herkunftsorte der Einwohner.

Obst und Gemüse sind im Sunshine State stets frisch und knackig, ein frischgepresster Orangensaft allerorten zu haben. Fisch- und Schalentiere führen natürlich die Liste der Hauptgerichte an: delikater Hummer von den Keys oder aus Neuengland, Shrimps und Austern aus Apalachicola und Fisch von allen Küsten.

Die Fischlokale in den Hafenorten zeigen meist an einer Tafel, was heute frisch aus dem Wasser kam, den *catch of the day.* Das kann dann Pompano, Grouper, Mullet oder auch Dolphin sein. Steht Dolphin auf der Speisekarte, so ist damit übrigens eine schmackhafte Makrele gemeint und nicht der freundliche Flipper mit dem gleichlautenden Namen. Delphinfleisch würde man im tierlieben Florida nie essen, ebensowenig wie die heute streng geschützten Meeresschildkröten. Neben Meerestieren findet man auch Steaks in allen Variationen auf der Speisekarte – oft sogar aus eigener Zucht in Zentral- und Nordflorida.

Besondere Spezialitäten der Keys sind *conch*, ein etwas zähes Schalentier, und süßer *Key lime pie*, ein Obstkuchen mit cremiger Füllung aus Limonen. Wenn im April in Zentralflorida Erdbeeren geerntet werden, erfinden sämtliche Restaurants des Staates köstliche Nachspeisen aus den süßen Früchten.

Nicht versäumen sollte man auch einen Gaumenabstecher in die ethnische Küche der Kubaner: typisch kubanische Sandwiches, schwarze Bohnen mit Reis oder die vorzüglichen gebratenen Bananen. Die Vorschläge auf den blauen Info-Seiten dieses Buches sollen ihnen die Wahl der Leckerbissen entlang der Route erleichtern. (Erläuterungen zu manch seltsamen Begriffen auf der Speisekarte finden Sie auf S. 258 f., 262).

Auf der Rundreise wird es sich vor allem in den Strandparks anbieten, mittags in freier Natur zu picknicken. Das erspart zugleich Zeit und gelegentliche Reinfälle in Coffeeshops oder Imbisshütten, die manchmal nur Karges (und Ungesundes) auf den Plastiktisch bringen. Doch findet man besonders in den kleinen Hafenrestaurants an der Küste oft ausgezeichnete Salate und andere Kleinigkeiten zum Lunch.

Kalte Getränke gibt es entlang der Strecke an Tankstellen und in den kleinen Lebensmittelläden, die oft eine Selbstbedienungstheke für eisgekühlte Getränke haben. Sehr erfrischend ist der überall erhältliche Eistee mit Zitrone.

Die empfohlenen Restaurants auf den blauen Info-Seiten sind nach folgenden Preiskategorien (für ein Abendessen ohne Getränke) gestaffelt und bieten durchweg verläßliche, oft auch exzellente Küche:

$ – bis 20 Dollar
$$ – 20 bis 40 Dollar
$$$ – über 40 Dollar

Telefonieren

Die silbrig und schwarz glänzenden Apparate sind in Florida allgegenwärtig: an den Tankstellen, in den Supermärkten und sogar in freier Wildbahn. Benutzen Sie sie! Besonders bei der Reservierung von Unterkünften, Ausflugstouren und Führungen lohnt es und erspart Enttäuschungen. Hilfreich ist zu allen Zeiten der *Operator (»0«),* meist eine freundliche Dame, die Rufnummern vermittelt, Vorwahlnummern *(area codes)* durchgeben und auch den Preis eines Gesprächs vorhersagen kann. Bei allen Problemen und auch Notfällen (für Polizei, Arzt oder Feuerwehr) kann man sich an die »0« wenden.

Um eine Nummer herauszufinden, ruft man die *directory assistance*. Innerhalb des eigenen Vorwahlbezirks erreicht man sie über die Nummer 411, für andere Bezirke wählt man 1, die jeweilige Vorwahl und dann die Nummer 555-1212. Auskünfte über die gebührenfreien 800-Telefonnummern (oder auch 888, 877 und 866) gibt es unter 1-800-555-1212.

Die Vorwahlnummern in Florida:

904 St. Augustine, Daytona und der Nordosten
386 Daytona Beach
321 Cape Canaveral
850 Tallahassee und Panhandle
352 Nordwestliche Golfküste
813 Tampa
727 Zentrale Golfküste und St. Petersburg
941 Südliche Golfküste
239 Fort Myers, Naples
407 Orlando
561 West Palm Beach/Palm Beach
954 Südliche Atlantikküste (Fort Lauderdale)
305 Miami und die Keys (Miami auch 786)

Das Telefonieren aus der Telefonzelle, dem *payphone*, erfordert etwas Übung. Ortsgespräche, die *local calls*, sind noch einfach: Man wirft 25 ¢ ein und wählt die immer siebenstellige Nummer. Ferngespräche, *long distance calls*, werden in der Aufschrift am Telefon erläutert. Innerhalb des eigenen Vorwahlbezirks wählt man meist eine 1 und dann die siebenstellige Nummer. Außerhalb des Vorwahlbezirks wählt man die 1, die dreistellige Vorwahl und die Nummer.

Danach meldet sich der Operator oder eine Computerstimme und verlangt die Gesprächsgebühr für die ersten 3 Minuten. Spricht man länger, kommt die Stimme wieder und möchte mehr Geld. Es empfiehlt sich also, 25-¢-Stücke zu horten, um allzeit telefonbereit zu sein.

In den USA gibt es auch **R-Gespräche**, die der Angerufene bezahlt. Man wählt dafür 0-Vorwahl-Nummer und bittet den Operator um einen *collect call.* Außerdem gibt es die Möglichkeit eines *person to person call,* bei dem man nur bezahlen muss, wenn sich der Angerufene selbst meldet oder geholt werden kann. Man wählt dafür ebenfalls 0-Vorwahl-Teilnehmernummer und teilt dem Operator seinen Wunsch mit.

Gespräche nach Europa kosten für 3 Minuten ca. $ 6–8: Man lässt sich vom Operator verbinden oder wählt 011, Landes-, Stadtvorwahl (ohne die erste Null) und Nummer. Man kann sich auch in der Telefonzelle zurückrufen lassen. Vom Hotel/Motel aus kann man entweder über den Hotel-Operator oder direkt innerhalb der USA und auch nach Europa telefonieren. ***Calling cards*** bringen nicht nur Geschäfts-, sondern auch Privatreisenden in den USA eine Reihe Vorteile. Man kann mit ihnen praktisch von jeder Straßenecke aus den Rest der Welt erreichen. Man spart die erheblichen Aufschläge der Hotels auf die Gebühreneinheiten, die Handhabung ist simpel und man bekommt für alle geführten Gespräche einen schriftlichen Beleg mit Nummer, Zeit, Datum und Betrag. Vergleichen Sie die Konditionen der verschiedenen Telefongesellschaften!

Wer nicht schon seine eigene Telefonkarte mitbringt, kann in fast jedem Supermarkt in den USA eine solche ***Pre Paid Phone Card*** für ca. $ 10–20 erwerben. Über eine Servicenummer und den *Authorization Code* (beide auf der Karte angegeben) wählt man sich ein und danach wie üblich: *country code, area code* (ohne die »0«) und die gewünschte Nummer. Gegenüber normalen Telefongesprächen kann man mit diesen Karten fürs gleiche Geld 4–6 mal so lange telefonieren.

Neuerdings funktionieren in den USA auch europäische Handys.

Trinkgeld

Man gibt, man gibt: bei den *bellboys*, den Kofferträgern, je nach Hotelklasse etwa 1 bis 2 $ pro großem Gepäckstück, Taxifahrern und Frisören etwa 15–20 % vom Rechnungsbetrag. In den Bars sollten es etwa 50 ¢ je Drink sein, das Zimmermädchen bekommt bei mehrtägigem Aufenthalt 3–4 $.

Ein eigenes Kapitel sind die Restaurants. Hier lässt man rund 15 % des Rechnungsbetrages als *tip* auf dem Tisch liegen. Dies ist allerdings nicht als hohes Trinkgeld aufzufassen, da in den USA das Bedienungsgeld nicht im Preis enthalten ist und die Bedienung überwiegend von den Trinkgeldern lebt und nicht vom Gehalt.

Einige der größeren Hotels und Restaurants in Touristengebieten wie Miami oder Orlando sind dazu übergegangen, das Trinkgeld gleich mit auf die Rechnung zu setzen. Dies ist dann auf der Speisekarte angegeben *(15 % service charge included).*

Reisedaten

Zeitzone

Der Hauptteil Floridas liegt in der Zeitzone *Eastern Standard Time* (MEZ minus 6 Stunden). Nur im äußersten Nordwesten, im Gebiet des Panhandle von Panama City westwärts, gilt *Central Time* (MEZ minus 7 Stunden). Zwischen Ende April und November wird in ganz Nordamerika die Uhr ähnlich wie in Europa um eine Stunde auf Sommerzeit *(Daylight Saving Time, DST)* vorgestellt.

Sprachhilfen

How would you like your eggs? – Im Labyrinth der Speisekarten

Bevor es im Restaurant etwas zu essen gibt, muss sich der Gast in der Regel einer kleinen sprachlichen Aufnahmeprüfung unterziehen.

Meist steht am Eingang zum Speiseraum schon ein Schild: WAIT TO BE SEATED. Das heißt, man sollte nicht geradewegs auf den nächsten leeren Tisch zustürzen, sondern auf die Empfangsdame warten, die einen Tisch zuweist.

Warten bereits andere Gäste, tritt eines der auffälligsten angelsächsischen Rituale in Kraft: das geduldige Anstehen, das *standing in line*. Wer's nicht tut, wird schon mal sanft angemahnt: *There is a line*. So was kann besonders Europäern (Briten ausgenommen) leicht passieren, denn nicht immer wird sofort klar, dass es sich bei einer kleinen Ansammlung von Leuten im Grunde schon um eine *line* handelt.

Also fragt man im Zweifelsfall lieber: *Excuse me, is this a line?* Amerikaner lieben *lines* – im Lokal, bei der Post, an Bankschaltern, Kinokassen, an der Rezeption im Hotel. Sie verachten Drängelei und Klumpenbildung. Mit gutem Grund. *Lines* schonen Nerven und ersparen unnötige Reibereien.

Two for breakfast? wird z.B. beim Empfang gefragt, wenn man morgens zu zweit das Frühstücksrestaurant betritt. Da kommt man noch mit einem schlichten *yes* über die Runden. Dann wird man zum Tisch geleitet: *This way please*. In den meisten Coffeeshops kann man auch an der Theke (*counter*) sitzen, da geht's schneller.

Während man die Speisekarte *(menu)* studiert, wird meist schon Kaffee angeboten: *Do you care for some coffee?* oder *How about some coffee?- Yes, please.* Klappt das nicht sofort, heißt es schon mal tröstend: *I'll be with you in a minute*.

Schließlich: *Have you decided?* Oder: *Can I take your orders, please?* Dann, spätestens, ist es soweit! Wie bekommt man das gewünschte

eggs
- *scrambled* (Rührei)
- *over easy* (gewendet in der Pfanne, von beiden Seiten gebraten)
- *poached* (pochiert)
- *sunny side up* (Spiegelei)
- *boiled* (gekocht)

bread
- *onion roll* (Zwiebelweckchen)
- *coffee cake* (festes Küchlein, etwas süß)
- *English muffin* (eigentlich nicht übersetzbar: ein flaches, meist halbiertes Brötchen)
- *biscuit* (zwieback- oder keksartiges Gebilde)
- *bagel* (festes Brötchen mit Loch in der Mitte)
- *Danish* (Kleingebäck)
- **toast**
  - *wheat* (Weizen)
  - *rye* (Roggen)
  - *raisin* (Rosinenbrot)
  - *sourdough* (Sauerteigbrot)

Sprachhilfen

Frühstück? Das einfache Vorlesen der Dinge auf der Karte ist zwar schon ein Anfang – etwa beim unverfänglichen *French toast* (eine US-Version unseres alten »Armen Ritters«).

Aber bei nahezu allen anderen Frühstücksarten wird mindestens an zwei Punkten unerbittlich nachgehakt: *How would you like your eggs?* und *What kind of bread?* Da hilft es nicht, so zu tun, als hätte man nichts verstanden. Da muss, auch wenn es noch früh am Morgen ist, linguistisch Farbe bekannt werden (siehe Kasten S. 257).

Man sollte auch den Unterschied zwischen *American* und *continental breakfast* kennen. Das erstere wird morgens landesweit verdrückt, das zweite bedeutet karge Kost am Morgen: ein Croissant oder Toast, etwas Marmelade, Kaffee und Saft). Kaffee wird meist unaufgefordert nachgeschenkt. *Some more coffee?* Ansonsten ruft man die Bedienung: *Miss!* oder ein vernehmliches *Excuse me, please!* Sonntags, beim *brunch* – spätes Frühstück und frühes Mittagessen in einem –, läuft alles gemächlicher.

Abends fragt man Sie am Eingang der besseren Lokale als erstes nach der Reservierung: *Did you make a reservation?* Wenn ja, nennt man seinen Namen und die Anzahl der Personen: also z.B. »Müller, *party of four*«. Hat man nicht reserviert, kann man sich meist noch auf die Liste setzen lassen: *It'll be twenty minutes. You want me to put your name down?* wird gefragt. Also Zeit für einen Drink an der Bar.

Am Tisch lautet die erste Frage meist: *Would you care for anything from the bar?* Bei Wein unterscheidet man zumindest zwischen *dry* (oder *on the dry side*) und *sweet*. *Soft drinks*, also Cola, Sprudel oder Limonade, sowie auch härtere Drinks werden *with ice* oder *without ice* serviert. Eis gibt es *on the rocks* (Würfel) oder – bei Cocktails – *blended* (schaumig geschlagen). Man kann die Getränke sofort *(right away)* oder später *with our meal* haben. Nachbestellungen sind *another drink* oder *another round*.

Als nächstes geht es um die Vorspeise: *Would you care for an appetizer*? Das Hauptgericht heißt *entree*. Angesichts der meist üppig bemessenen Portionen ist es kein Problem, sich Gerichte zu teilen *(to share)*.

Um die Treffsicherheit bei der Auswahl zu erhöhen, hier eine kurze Liste der **geläufigsten Nahrungsmittel:**

seafood	– Meeresfrüchte
amberjack	– Amberfisch
bass	– Barsch (verschiedene Arten)
dolphin	– zwei Bedeutungen: 1. Delphin, 2. (auf Speisekarten) Bezeichnung für die Goldmakrele
halibut	– Heilbutt
pompano	– Makrele
red snapper	– Seebarbe
swordfish	– Schwertfisch
salmon	– Lachs
lox	– geräucherter Lachs
trout	– Forelle
tuna	– Thunfisch
shellfish	– Schalentiere allgemein
clams	– Muscheln
chowder	– Muschel- oder Fischsuppe
crabs	– Krebse
lobster	– Hummer
oyster	– Auster
prawns	– Steingarnelen
shrimps	– Garnelen, Krabben
scallops	– Kamm- oder Jakobsmuscheln
stone crabs	– in Südflorida beheimatete Krebsart mit vorzüglich schmeckenden Scheren

lamb	– Lamm
veal	– Kalbfleisch
pork	– Schweinefleisch
beef	– Rindfleisch
ham	– gekochter Schinken
bacon	– Speck, Schinkenspeck
chicken	– Hühnchen
turkey	– Truthahn
duck	– Ente
prime rib	– gedünstete Hochrippe
prime rib steak	– Hochrippe als Steak gebraten

Bei Fisch und Fleisch sollte man die **Zubereitungsarten** kennen:

boiled – gekocht
broiled – gebraten
fried/deep fried – fritiert, meist paniert
sauteed – gedünstet
steamed – gedämpft
grilled – gegrillt
coated – im Schlafrock

Bei **Steaks** lautet die Standardfrage: *How would you like your steak cooked – rare, medium rare, medium, well done?* Bei der Bestellung eines Hauptgerichts hat man in der Regel die Wahl zwischen *soup* (Frage nach der Tagessuppe: *What is your soup today?*) und *salad*, bei den Beilagen zwischen *potatoes, rice* oder *vegetables*.

Wer mit Soßen so seine Probleme hat, dem sei geraten hinzuzufügen, dass die *sauce* (etwa bei Shrimps) bzw. die Salatsoße *(dressing)* auch separat, d. h. *on the side*, serviert werden soll. – Bei der Zubereitung von **Kartoffeln** unterscheiden man:

baked potatoes – in der Schale gebacken und meist mit saurer Sahne *(sour cream)* und Schnittlauch *(chives)* serviert
French fries – Pommes frites
hashed browns – angebratene, geriebene Kartoffeln, eine Art Reibekuchen
mashed potatoes – Kartoffelpüree
potato salad – Kartoffelsalat
potato skins – kross gebratene Kartoffelschalen, gefüllt mit Käse und/oder saurer Sahne
potatoes au gratin – gratiniert
home fried potatoes – entsprechen heimischen Bratkartoffeln
potato pancakes – Kartoffelpuffer

Rund ums Trinken:

booze – (umgangssprachlich) jede Form von Alkohol
wine by the glass – offener Wein (Glas)
beer on tap – Bier vom Fass
on the rocks – mit Eiswürfeln
blended – zusammen mit Eisstücken schaumig geschlagen
decaffeinated (decaf) – koffeinfrei

Nach einer Weile erkundigt sich die Bedienung häufig noch einmal nach dem Stand der Dinge: *How are we all doing?* Antworten: *Fine, thank you.* Oder: *Could we have some more bread, please?* Steakfreunde werden gefragt: *How is your steak?* Nun, es sollte *delicious, great, fabulous, excellent* sein. *Good* sollte man möglichst nicht sagen, denn das heißt soviel, als dass man's gerade noch essen kann.

Nächste Hürde: Nachtisch. *Is there anything else you want tonight? What about one of our desserts? We've got ...* (dann folgt das Sortiment vom Tage). Ist was Leckeres dabei: *Yes, I'll try ... the chocolate cake.*

Wen es zur Toilette drängt, der muss vielleicht fragen: *Where are (is) the restrooms (ladies room), please?* Schließlich, wenn's ans Bezahlen geht: *Could we have the check, please.* Sitzen mehrere Personen am Tisch, sollte man es der Bedienung schon vorab wissen lassen, wenn man getrennte Rechnungen möchte: *We'll have separate checks.* Das Trinkgeld *(tip)* lässt man auf dem Tisch liegen, die Rechnung wird in einfacheren Restaurants meist an der Kasse am Ausgang, in besseren Lokalen am Tisch bezahlt. In beiden Fällen kann man sich erkundigen: *Do you take credit cards (or traveler's checks)?*

Wer im Restaurant nur etwas zu essen holen möchte, für den sind die FOOD TO GO-Schilder in den Fenstern interessant. Bei der Bestellung – auch bei einem Kaffee oder einem *soft drink* an der Verkaufstheke – sagt man: *One coffee to go, please.*

No U-Turn – Autofahren

Bei den Verleihfirmen zückt man meist den im voraus bezahlten Gutschein *(voucher)*, die Kreditkarte, deren Nummer auf die Vertragspapiere kopiert wird, und den Führerschein (*driver's license*). **Rund ums Auto:**

Sprachhilfen

AAA (sprich: triple-A)	– Amerikanischer Automobilclub
air pressure	– Luftdruck
to accelerate	– beschleunigen
brake	– Bremse
engine	– Motor
fender	– Kotflügel
gear	– Gang
hood	– Motorhaube
licence plate	– Nummernschild
muffler	– Auspuff
steering wheel	– Lenkrad
tire	– Reifen
transmission	– Antrieb
trunk	– Kofferraum
windshield	– Windschutzscheibe
wiper	– Scheibenwischer

Tankstellen *(gas stations)* haben oft zwei Zapfreihen, eine für *self serve* und eine (teurere) für *full serve*, wo u.a. auch das Öl nachgesehen wird *(to check the oil)* und die Fenster gesäubert werden. Hier lautet die Anweisung an den Tankwart normalerweise: *Fill it up, please.* Sprit *(gas oder fuel)* gibt es als unverbleites *(unleaded)* und und verbleites Normalbenzin *(regular)* bzw. als Super *(premium)*. Nahezu alle Mietwagen laufen mit unverbleitem Benzin.

PAY FIRST steht angeschlagen, wenn man vor dem Zapfen erst mal bezahlen bzw. eine Kreditkarte hinterlegen muss.

Unterwegs gibt es einiges auf **Schildern** zu lesen:

DEAD END oder NO THROUGH STREET	– Sackgasse
YIELD	– Vorfahrt beachten
WATCH FOR PEDESTRIANS	– auf Fußgänger achten
SLIPPERY WHEN WET	– Rutschgefahr bei Nässe
DIP	– Bodensenke
MPH	– Meilen pro Stunde
SPEED LIMIT	– Tempolimit
MAXIMUM SPEED	– Höchstgeschwindigkeit
MERGE	– einfädeln
U-TURN	– wenden
NO PASSING ROAD	– Überholverbot
CONSTRUCTION AHEAD	– Baustelle
FLAGMAN AHEAD	– Baustelle (Straßenarbeiter mit roter Warnflagge)
MEN WORKING	– Straßenarbeiten
DETOUR	– Umleitung
R.V.	– *recreational vehicle* (Wohnmobil)
TOLL ROAD	– gebührenpflichtige Straße
TOLL BOOTH oder TOLL PLAZA	– Mautstelle
EXACT CHANGE LANE	– Fahrbahn nur für Autofahrer, die die Mautgebühr abgezählt bereithalten
INTERCHANGE	– Autobahnanschlussstelle
JUNCTION	– Kreuzung (Abkürzung Jct.)
TURNPIKE, EXPRESSWAY, PARKWAY	– autobahnähnliche Schnellstraßen (oft mautpflichtig)
CAUSEWAY	– über Wasser verlaufende Straße

Geparkt wird meist am Straßenrand *(curb)*, dessen Bordsteinkante in den Städten verschiedene Farben haben kann:

LOADING ZONE (gelb) – Ladezone
PASSINGER LOADING ZONE (weiß) – nur Ein- und Aussteigen
HANDICAPPED PARKING (blau) – nur für Behindertenfahrzeuge
RESTRICTED PARKING ZONE – zeitlich begrenztes Parken; bei Feuerhydranten herrscht ein ebenso striktes Park-Tabu wie in den *tow away zones* (rot), wo man nicht nur einen Strafzettel *(ticket)* bekommt, sondern abgeschleppt wird. Tickets sind auch immer dann fällig, wenn die Parkuhr *(parking meter)* abgelaufen

ist *(expired)*, und bei zu schnellem Fahren *(speeding)*.

In größeren Städten findet man den Hinweis auf *public parking*, d.h. auf öffentliche und/oder gebührenpflichtige Parkplätze; oder es heißt bei Restaurants und Läden schlicht PARK IN REAR (Parken im Hinterhof). Wenn dies was kostet, übernehmen die Firmen oft die Gebühr ganz oder teilweise *(they validate parking)*. Steht am Parkplatz oder bei der Einfahrt zum Hotel VALET PARKING, dann parkt das Personal Ihren Wagen – gegen Gebühr und Trinkgeld, versteht sich.

May I help you? – Einkaufen

Gefragt wird etwa: *Hi, can I help you?* Antworten: *No, thank you, I'm just looking.* Oder: *Yes, please, I'm looking for/I would need ...* Geläufige Fragen des Kunden lauten z.B.: *How much is ... /Is this my size? May I try it on?* An der Kasse wird man gefragt: *Will it be cash or credit card?* ON SALE heißt, hier geht es um Sonderangebote, was in den USA aber eigentlich ständig der Fall ist.

Checking in – Hotels/Motels/Campgrounds

Am Telefon geht das Reservieren von Zimmern und Campingplätzen leicht: *I'd like to reserve a room* (bei Campingplätzen: *space*) *for next Tuesday, July 15. Two people, two beds, if possible. We'll be arriving ...*

Ist man spät dran und muss befürchten, dass man nach 18 Uhr im Hotel eintrifft, sollte man die Reservierung sicherheitshalber telefonisch bestätigen: *I'd like to confirm my reservation for tonight. We are running late and will be there around 8 p.m.* muss man absagen: *I'm sorry, I have to cancel my reservation for tonight.*

Im Motel/Hotel geht man durch die *lobby* zur *reception (front desk): I've got a reservation for tonight. My name is ... I'd like to check in now.* Hat man nicht reserviert, muss man sehen, was frei ist und was das kostet. Zum Beispiel: *I'm looking for a room for tonight/for two nights. What are your rates?* Die üblichen Rückfragen beziehen sich meist auf die Bettenform und die Anzahl der Gäste:

double	– Doppelbett
twin	– zwei getrennte Betten
Queen	– überdurchschnittlich großes Doppelbett
King	– überhaupt das Größte, was es gibt

Entscheiden Sie sich! *Well, I'll take ...* – Bezahlt wird meist im voraus *(to pay in advance)* oder man hinterlässt die Spuren seiner Kreditwürdigkeit durch den Abdruck der *credit card* auf der offenen Rechnung, in die dann außer dem Übernachtungspreis alle Nebenkosten *(incidentals)* wie Frühstück, Bedienung auf dem Zimmer *(room service)*, Steuern *(tax)*, Videofilme *(in-room-movies)*, Telefongebühren etc. eingetragen werden. Abreise und Schlüsselrückgabe bedeuten: *I'm checking out.*

Ebenfalls sollte man wissen ist, dass der Aufzug nicht *lift*, sondern *elevator* heißt und dass der *second floor* die erste Etage bezeichnet: *Room No 471* liegt also auf dem dritten Stock.

Camper sind noch häufiger als Hotelgäste auf sich gestellt. Deshalb der folgende Wortschatz, der beim Wohnmobil-Urlaub nützlich sein kann.

RV Park	– Campingplatz (für *recreational vehicles*: Wohnmobile)
campground	– Campingplatz auch für Zelte
motorhome	– Wohnmobil
hook-up	– Anschluss
full hook-up	– sämtliche Anschlüsse: Wasser, Abwasser, Strom
sewage	– Abwasser
dump (station)	– Abwasserstelle, -anschluss
waste	– Abfall
plug	– Stecker
light bulb	– Glühbirne
fuse	– Sicherung
hose	– Schlauch
tent	– Zelt
barbecue	– Grill
refrigerator	– Kühlschrank
chemical toilet	– chemische Toilette

laundromat – Waschmaschine/Trockner
coin laundry – Münzwäscherei

Kulinarische Begriffe in Florida

Küche der Keys

Key – Insel (vom spanischen *cayo*)
Key lime pie – Limonenkuchen (Spezialität der Keys)
bollos – Gemüsebeilage aus zerstampften, frittierten Erbsen
conch – riesige Schneckenmuschel Südfloridas, die geschnetzelt in Suppen *(conch chowder)* oder frittiert auf den Tisch kommt; auch der Spitzname der Bewohner der Keys.

Südstaatenküche

hush puppies – die Pommes frites des Südens: frittierte Kugeln aus Maismehl
yam – süße Kartoffel
grits – Frühstücksbrei aus Maismehl
cheese grits – mit Käse überbackene *grits* als Beilage zu Hauptgerichten
black beans with rice and onions – schwarze Bohnen mit Reis und Zwiebeln (Beilage)
catfish – kleine Wallerart
Cajun cuisine – scharfgewürzte Küche aus Louisiana
Southern fried – kroß gebraten mit würziger Panade
blackened – scharf angebratene Fleisch- oder Fischgerichte

Kubanische Küche

café cubano, buchito – starker, gesüßter Kaffee, serviert in winzigen Tassen
cortadito – *café Cubano* mit Milch
batido – Milchshake mit frischem Obst
coco frío – frische Kokosmilch aus der Schale
guarapo – frisch gepresster Zuckerrohrsaft
Cuba libre – Mixgetränk aus Rum, Limonensaft und Cola
mojito – Mixgetränk aus Rum, Zitronensaft und Angostura mit frischem Pfefferminzblatt
Cuban sandwich – großes, dick belegtes und gut gewürztes Sandwich auf Stangenweißbrot
sandwich de pan con bistec – Sandwich mit kleinem Steak
frita cubana – pikant gewürzter Hamburger mit Pommes-Einlage
lechon asado – mariniertes und gegrilltes Spanferkel
arroz con pollo – Hühnchen mit gelbem Reis
boliche – Rinderrostbraten mit Paprikagemüse
tasajo – Eintopf aus geschmortem Dörrfleisch
picadillo – Eintopf aus Hackfleisch, Oliven, Tomaten, Rosinen und Paprika
platanos (engl.: *plantains*) – gebratene Gemüsebananen (Beilage)
yuga – Wurzelgemüse mit Knoblauch (Beilage)
frijoles – schwarze Bohnen
morros y christianos – »Mohren und Christen«: Reis mit schwarzen Bohnen

Sport

(bike/canoe) rental – (Fahrrad/Kanu-) Vermietung
sailboard – Windsurfbrett
surfboard – Wellensurfbrett
waterskiing – Wasserskifahren
jetski – Wassermotorrad
parasailing – Fallschirmgleiten im Schlepptau eines Motorbootes
snorkeling – Schnorcheln
diving oder *scuba diving* – Tauchen
trail-riding – geführter Ausritt
self-guiding trail – meist kurzer Lehrpfad in einem Naturpark

Orts- und Sachregister

(Die *kursiv* gesetzten Begriffe bzw. Seitenzahlen beziehen sich auf Angaben im Serviceteil, **fette** Ziffern verweisen auf ausführliche Erwähnungen.)

Namenregister

Fotonachweis

Christoph Birnbaum, Bonn: S. 241
Florida Department of Commerce, Tallahassee: S. 130/131, 132
Fridmar Damm, Köln: S. 25, 46 u., 88/89, 95, 125, 145, 146, 165, 166/167, 173, 186 o., 186/187, 193
Walt Disney World, Orlando, Florida: S. 31, 144
Fotolia/Butorétoilé: S. 207 o.; Andrew Steele: S. 143; Christian Wheatley: S. 227
Franz Marc Frei, München: Titelbild, vordere Klappe, Schmutztitel-Dia, S. 6, 21, 35, 38 o., 40, 42, 45, 49, 51, 60/61, 77, 91, 147, 148/149, 220, 221 o., 222, 226, 233
Peter Ginter, Köln: S. 2/3, 7, 41, 43, 47, 70 o./u., 70/71, 72
Hemingway House, Key West: S. 232
Monroe County TDC, Florida: S. 8, 62, 63, 64, 65, 75
Horst Schmidt-Brümmer, Köln: S. 55, 197, 199, 218/219
Andreas Schulz, Köln: S. 56, 59, 83, 108/109
Karl Teuschl, München: S. 9, 33, 44, 46 o., 50, 68/69, 73, 76, 78, 79, 81, 84, 87, 90, 92, 93, 94, 100, 103, 107, 110, 111, 113, 115, 117, 119, 122, 126/127, 133, 135, 136, 141, 149, 151, 152, 154, 155, 156, 157, 160, 163, 169, 170, 174, 175, 178, 182, 189, 191, 195, 203, 205, 206/207, 208, 211, 212, 213, 214, 215, 216, 217, 221 u., 223, 225, 229, 230, 231, 237, 240
Visit Florida, Frankfurt/Main: S. 176/177
Archiv Vista Point Verlag, Köln: S. 82
Walt Disney Company: S. 139

Alle historischen Aufnahmen stammen aus dem Archiv des Autors.

Textnachweis

Der Originalbeitrag von Burkhard Riedel über E. Hemingway (Kapitel VII) ist namentlich gekennzeichnet. Das Kapitel »Sprachhilfen« im Serviceteil ist eine modifizierte Fassung eines Textes von Horst Schmidt-Brümmer.

VISTA POINT: DIE EN

DECKUNG AMERIKAS

EXPERIENCE THE REAL THING...
ILLINOIS | INDIANA | MICHIGAN | MINNESOTA | OHIO | PENNSYLVANIA | WISCONSIN
1 3 7 4 6 2 5
GREAT LAKES
OF NORTH AMERICA
WWW.GREATLAKES.DE

Danksagung

An erster Stelle möchte der Autor Burkhard Riedel, München, danken, der zu diesem Buch einen eigenen Textbeitrag beigesteuert hat. Gedankt sei auch Kristina Linke, Köln, für die vorzügliche redaktionelle Umsetzung des Manuskripts zum Buch.

Herzlicher Dank gilt auch all jenen Floridianern, die dieses Buch tatkräftig unterstützt und viele wertvolle Ratschläge für die Recherche vor Ort gegeben haben: Philip Chryst; Joan Morris und Jody Norman, Florida State Archives; Richard Hoberman von der Miami Beach Preservation Society; Mary Louise English, Alice M. McDaniel, Jeanne Sullivan und Andrew Newman, Miami; Nancy Hamilton, Vera Sommer und Sandy Cotter, Fort Myers; Lee Daniel und Witt Tuttel, St. Petersburg; Nancy Hahn-Bono und Danielle Courtenay, Orlando; Tony Altobelli (Walt Disney World); Mark Epstein, Biologe des National Wildlife Refuge, Cape Canaveral, und Gregory Lepera, Alligatorzüchter aus St. Augustine.

K. T.

Umschlagvorderseite: Cadillac vorm Colony Hotel am Ocean Drive in Miami Beach. Foto: Franz M. Frei, München
Vordere Umschlagklappe (innen): Übersichtskarte von Florida mit den eingezeichneten Routen
Hintere Umschlagklappe (innen): Herausnehmbare Landeskarte von Florida

7., aktualisierte Auflage 2008

Reihenkonzeption: Horst Schmidt-Brümmer, Andreas Schulz
Lektorat: Kristina Linke; 7. Auflage: Vera Udodenko
Layout und Herstellung: Kerstin Hülsebusch-Pfau, Sandra Penno-Vesper
Reproduktionen: ceynowa lithographie, Köln
Karten: Berndtson & Berndtson Productions GmbH, Fürstenfeldbruck
Gedruckt auf chlorfrei gebleichtem Papier

ISBN13 978-3-88973-280-4

VISTA POINT VERLAG · Postfach 27 05 72 · 50511 Köln
Tel. 02 21/92 16 13-0 · Fax 02 21/92 16 13 14
www.vistapoint.de · info@vistapoint.de